이토록 쉬운 통계&R

이토록 쉬운 통계&R
최소한의 숫자로 데이터 분석까지

초판 1쇄 2018년 1월 8일
  2쇄 2018년 5월 15일
  3쇄 2020년 7월 1일
  4쇄 2023년 7월 24일

지은이 임경덕
펴낸이 한창훈
발행처 루비페이퍼

등록 2013년 11월 6일 제 385-2013-000053호
주소 경기도 부천시 중동 길주로 252 603호

전화 032) 322-6754
팩스 031) 8039-4526
홈페이지 www.RubyPaper.co.kr

ISBN 979-11-86710-24-1 13000

편집   이희영
본문디자인 손봄디자인

ⓒ 임경덕, 2017. Printed in Seoul, Korea

- 이 책은 저작권법에 따라 보호받는 저작물이므로 무단 전재와 무단 복제를 금하며, 이 책 내용의 전부 또는 일부를 이용하려면 저작권자와 루비페이퍼의 서면 동의를 받아야 합니다.
- 책값은 뒤표지에 있습니다.
- 잘못된 책은 구입하신 곳에서 바꾸어 드립니다.

임경덕 지음

최소한의 숫자로 데이터 분석까지
통계 & R

루비페이퍼

목차

머리말 우리는 내일이 궁금합니다 8
Prologue 10

PART 1 차이를 확인하는 데이터 요약

1% 줌아웃 — 18

5% 날줄과 씨줄 — 20
데이터의 구성 · 데이터와 데이터 공간
알파벳을 활용한 예제 데이터의 표현 · 기술 통계량과 변수 요약

10% 순서대로 한줄서기 — 30
정렬과 순서 통계량 · 분위수 · 사분위수와 다섯 숫자 요약 · 상자그림
히스토그램

15% 더치페이와 N빵 — 39
평균 · 분산 · 표준편차

20% 물수능과 불수능 — 48
표준화 · 표준화 예제

25% 먹고 싶은 거 먹어, 난 짜장 — 58
동전 던지기 · 파이 차트와 막대그래프

30% 0.000012%의 꿈, 로또 — 64
확률 · 확률을 활용한 당첨 번호 예측 · 데이터 분석과 확률

PART 2 **차이를 설명하는 통계 개념**

🌓 **31% 범인은 이 안에 있다** ——— 74

🌓 **35% 부전자전, 유전 연결고리** ——— 76
산점도 · 상관관계 · 상관계수

🌓 **40% 니가 하면 나도 한다** ——— 88
교차표 · 행 백분율과 열 백분율 · 열지도 · 독립

🌓 **45% 최저가, 알고 보니 옵션가** ——— 103
조건부 확률과 조건부 평균 · 심슨의 역설

🌓 **50% 아낌없이 주는 의사결정나무** ——— 110
모자이크 그림 · 의사결정나무 모형

🌓 **55% 점심 뭐 먹지?** ——— 122
ABCDEF 테스트 · 분산과 분산분석

PART 3　**차이를 예측하는 통계 모형**

● **56% 우연과 운명 사이** ——— 136

● **60% 지구는 우주의 티끌** ——— 138
　　표본과 모집단・통계량과 분포・자연스러운 확률

● **65% 웬만해선 이길 수 없다** ——— 155
　　유의수준・필요악과 같은 분포・키의 히스토그램과 정규분포

● **70% 남자 평균 174.9cm, 여자 평균 162.3cm** ——— 166
　　표본평균의 표준편차・표본평균의 표준편차 계산・t-값과 t-분포
　　t-분포・p-값과 t-테스트

● **75% 관계 검증을 위한 테스트** ——— 182
　　t-검정의 활용・카이제곱분포를 활용한 독립성검정
　　F-분포를 활용한 분산분석

● **80% 아빠 키 유전 확률, 25%** ——— 214
　　다시 한번 상관계수・선형회귀모형・부모 맘 같지 않은 자식

PART 4 **데이터 분석 도구, R**

- 🥧 **81% 그것이 R고 싶다** —— 232
- 🥧 **85% R 시작하기** —— 234
  R 설치 • RStudio 설치 • RStudio의 실행
- 🥧 **90% 순서대로 살펴보는 BR31** —— 244
- 🥧 **95% R로 분석 다시 보기** —— 289
  하나의 연속형 변수를 요약하기 • 하나의 범주형 변수를 요약하기
  두 개의 범주형 변수의 관계 찾기 • 두 개의 연속형 변수의 관계 찾기
  차이를 설명하는 간단한 통계 모형 살펴보기
- 🥧 **0% 대학만 가면 끝일 줄 알았는데** —— 340

찾아보기 342

머리말
우리는 내일이 궁금합니다

　우리는 내일을 예측하기 위해서 아주 오래전부터 수많은 방법들을 사용해왔습니다. 전쟁의 승패를 점치기 위해 신을 모시는 사제를 찾거나 하늘의 별을 보며 앞날을 예측했죠. 지금도 마찬가지입니다. 우리는 더 나은 전략을 위해 경험 많은 전문가에게 조언을 구하기도 하고, 더 나은 결정을 위해 많은 사람이 머리를 맞대고 생각을 모으기도 합니다. 과거와 달라진 점이 있다면 선택지가 수없이 많아져 내일을 예측하기가 더욱 어려워졌다는 것입니다. 사람들의 관심은 한여름 굵은 소나기처럼 갑자기 쏟아지다가 어디론가 흘러가고, 사람들의 선택은 화장품 매장에 진열된 립스틱 색깔 수보다 더 다양하게 뻗어 나갑니다. 이제 사람의 눈으로는 복잡하게 얽힌 오늘을 해석하는 것이 쉽지 않습니다. 그래서 필요한 것이 바로 데이터 분석입니다.

　데이터는 우리가 남긴 어제의 기록입니다. 그 당시에는 너무 빠르고 복잡해서 놓친 정보가 흔적이 되어 지금까지 남아 있습니다. 그래서 데이터를 잘 살펴보면 그 속에서 인사이트를 찾을 수 있고, 내일을 내다볼 수 있는 힌트를 얻을 수 있습니다. 그럼 이 유용한 데이터 분석을 배우기 위해서 우리는 어디서부터 시작해야 할까요?

　아무리 복잡한 데이터 분석도 목적과 과정을 살펴보면 어떤 차이를 확인하고 설명하려 합니다. 넷플릭스가 데이터에서 콘텐츠 이용 패턴을 찾아 성향 차이를 확인하고 사람들이 더 좋아할 영화를 추천해주듯이 말입니다. 데이터 분석은 이 차이라는 개념을 이해하는 것으로부터 시작됩니다. 그리고 차이를 설명하는 학문이 바로 통계학입니다.

  통계학은 차이를 수학이라는 도구로 풀어냅니다. 그래서 아무리 쉽게 설명하려 해도 수식을 피해갈 수는 없습니다. 그렇지만 데이터 분석을 위해서 그 많은 수식을 꼭 알아야 하는 것은 아닙니다. 수식은 통계의 개념을 논리적으로 설명한 표현이지 본질은 아닙니다. 그래서 이 책에서는 복잡한 수식보다 그 속에 담긴 통계의 개념들을 이야기하려고 합니다.

  통계 이야기를 마친 뒤에는 분석 도구 R을 소개합니다. 아무리 통계 개념이 중요하다 하더라도 실제 분석에 적용하지 못하면 아무런 쓸모가 없습니다. 간단한 예제 분석을 직접 따라 해보면 개념을 이해하고 적용하는 데 도움이 될 것입니다.

  많은 사람이 통계가 중요하다는 것을 알지만, 그만큼 통계를 어려워합니다. 이 책을 통해서 많은 사람이 통계와 조금 더 가까워지길 기원합니다.

Prologue

문법보다 회화

10년 넘게 영어를 배워도 정작 외국 가선 말 한마디 꺼내기 어렵습니다. 실전에 필요한 건 문법이 아닌 회화이기 때문이죠. 통계 역시 마찬가지입니다. 늘상 교과서 제일 마지막에 있어서 관심조차 주지 않았던 이 녀석이 큰맘 먹고 데이터 분석을 시작하려는 우리의 발목을 붙잡습니다. 장벽이 되어버리죠. 어쩐지 공부를 하면 할수록 더 어렵게 느껴지는 이 통계학은 도대체 언제까지 공부해야 할까요? 꼭 필요하긴 한 것일까요?

창밖으로 지나가는 사람들을 가만히 보면 모두가 다릅니다. 입고 있는 옷, 헤어스타일, 얼굴, 키, 나이 등 완전히 똑같은 사람을 찾기는 불가능합니다. 같은 유전자를 물려받은 일란성 쌍둥이도 자세히 살펴보면 어딘가 다릅니다. 식물, 동물 역시 같은 종이라도 완전히 똑같이 생긴 것은 없습니다. 이것이 불확실성이라고 불리는 자연의 섭리이고, 그야말로 자연스러운 일입니다. 우리는 이러한 다름을 감각적으로 인식할 수 있습니다. 그리고 비교하면서 더 나은 선택을 하려 하죠. 똑같은 과일을 두고 더 맛있어 보이는 것을 찾아서 골라 담는다거나 TV에 나오는 연예인 중에 누가 더 예쁜지 시시콜콜한 내기를 하면서 말이죠. 이렇듯 다름을 확인하고 비교하는 것은 불확실한 세상에서 더 나은 선택을 하기 위한 우리의 본능입니다. 그런데 비교의 대상이 많아지면, 감각으로 차이를 인식하기가 힘듭니다. 그래서 데이터를 만들고 분석을 합니다.

통계는 우리에게 분석의 방향을 제시합니다. 그리고 분석 방법을 수식으로 자세히 설명해 놓은 것이 통계학이죠. 데이터를 적절한 수식에 넣고 계산하기만 하면 답을 찾을 수 있습니다. 컴퓨터가 있기 때문에 직접 계산할 필요도 없습니다. 그럼 남은 문제는 수많은 수식 중에서 어떤 것이 적절한지 판단하는 것이네요. 영어를 잘하는 것과 영문법을 많이 아는 것이 다르듯이 수식을 많이 아는 것과 분석을 잘하는 것은 다릅니다. 그래서 통계학 말고 통계가 중요합니다.

차이를 이해하기 위한 통계

흔히 통계라고 하면 '데이터를 요약하는 과정' 혹은 '데이터를 요약해서 만든 정보'라고 생각합니다. 그러나 데이터 요약은 과정일 뿐, 통계의 진짜 목표는 **데이터 속에 있는 차이를 확인하고 설명하는 것**입니다. 우리가 감각으로 다루지 못할 만큼 어마어마한 양의 정보를 데이터라는 이름으로 저장한 뒤 그 속에 숨은 다름을 찾아내고 설명하는 것이죠. 간단하게 예를 들어, 선거 출구조사를 생각해볼까요? 출구조사가 단순히 후보들의 득표수를 확인하기 위한 것일까요? 그날 밤이면 나올 투표 결과를 단지 조금이라도 더 빨리 알기 위해서 돈과 시간을 쏟을까요? 모든 사람이 똑같은 후보를 뽑는다면 굳이 데이터 분석을 할 필요가 없습니다. 사람들은 각자의 판단에 따라 최선의 후보에게 투표합니다. 투표함을 열고 집계하면 각 후보의 득표수는 확인할 수 있지만, 투표함 속에서

뒤섞인 표가 누구의 것인지는 당연히 추측조차 할 수 없습니다. 그러나 출구조사는 다릅니다. 출구조사를 통해 모은 데이터를 이용하면 후보들의 득표수를 예측하는 것은 물론이고, 후보별 득표 차이를 출구조사 참여자의 지역, 연령, 성별로 설명할 수 있습니다. 이처럼 데이터 속 차이를 확인하고 설명하기 위해 통계가 꼭 필요합니다. 그 차이 속에 숨은 정보와 인사이트를 얻으려면 반드시 데이터 분석이 필요하고요.

불확실성을 설명하는 통계

통계라고 하면 제일 먼저 숫자와 데이터가 떠오릅니다. 그래서 마치 데이터만 넣으면 명확한 답이 숫자로 나오는 기계적인 분야처럼 느껴지지만, 전혀 그렇지 않습니다. 분석 결과는 시시때때로 변하고 관점만 조금 다르게 해도 결과가 완전히 뒤바뀌기도 하죠. 그래서 통계가 더더욱 어렵게 느껴지기 마련입니다. 도대체 왜 통계는 이렇게 어려울까요? 다시 출구조사 예를 이용해보겠습니다.

100명의 착한 사람들이 살고 있는 어느 마을에서 마을 대표를 뽑기로 했습니다. 후보 A, B 중 한 명을 선출하기 위해 투표를 실시했습니다. 그리고는 출구조사를 시행했죠. 만약 출구조사에 응답한 사람 수가 다를 경우 결과가 어떻게 달라지는지, 다음 3가지 상황으로 살펴보겠습니다.

1 100명 모두 출구조사에 응답함

후보	득표수	득표율
A	55	55.0%
B	45	45.0%

2 너무 바쁜 10명을 제외한 90명이 출구조사에 응답함

후보	득표수	득표율
A	50	55.6%
B	40	44.4%

3 100명을 모두 조사하기 힘들어서 45명만 조사함

후보	득표수	득표율
A	25	55.6%
B	20	44.4%

1의 경우에는 투표함을 열어보지 않아도 A가 100% 당선될 것입니다. 2는 어떤가요? 두 후보의 표 차이는 10표 차이지만, B에게도 실낱같은 희망이 있습니다. 출구조사를 못한 10명이 모두 B에게 투표했을 수 있기 때문입니다. 그러나 확률은 0.1%로 너무나도 희박합니다. 10명이 A와 B 둘 중 하나를 선택하는 1,024개에 달하는 경우의 수 중에서, 10명이 모두 B에게 투표하는 경우는 단 1개밖에 없으니까요. 반대로 말하면 A가 당선될 확률이 99.9%로 훨씬 높습니다. 3에서 A의 득표율은 2에서와 동일하게 55.6%입니다. 그럼 3에서 A의 당선 확률도 99.9%일까요? 아닙니다. 확실한 것은 남은 55명의 선택이 2에서 남은 10명의 선택보다

훨씬 다양한 경우의 수를 가지고 있고 A의 당선 확률이 99.9%보다는 낮을 것이라는 점입니다.

　이처럼 시간과 비용 등의 문제로 데이터는 우리가 관심 있는 대상 전체가 아닌 일부에서 얻는 경우가 부지기수입니다. 대신 데이터를 활용해 얻은 정보로 관심대상 전체를 미뤄 짐작하는 것이죠. 그리고 이 과정에서 불확실성을 설명하기 위해 어쩔 수 없이 랜덤이라는 개념이 들어옵니다. 전체 중에서 어떤 부분이 데이터로 들어올지 알 수 없고, 분석 결과로 얻은 정보 역시 무조건 신뢰할 수도 없는 것이죠. 그래서 확률과 같은 개념을 도입합니다. 데이터 분석의 결과는 'A의 당선 여부'가 아니라 'A의 당선 가능성'을 이야기하는 것이죠. 랜덤과 확률, 통계가 어려운 이유가 여기 있습니다. 그럼 도대체 이 통계를 어떻게 공부해야 할까요?

과거와 현재, 미래가 소통하는 언어

　통계는 불확실성으로 가득 찬 현실과 모든 것이 결정된 이상 세계를 이어주는 외국어와 같습니다. 영어를 예로 들어볼까요? 우리가 정규교육과정에서 영어를 배우는 시간만 수백 시간에 달합니다. 그런데도 정작 해외 여행을 가면 길을 잃어도, 물건을 사고 싶어도 말 한마디 내뱉기가 어렵습니다. 모두가 알고 있듯 문법 위주 교육의 결과입니다. 머릿속에서 주어, 동사, 목적어, 보어를 적절히 배열하고 시제를 생각하다 보면 어느새 손발로 말하고 있는 우리를 발견하게 됩니다. 소통을 위해서는 문법보다 상황에 맞는 문장 표현을 익히는 것이 더 중요합니다. 통계도 마찬가지입니다. 수식으로 설명된 통계학은 일종의 영문법과 같습니다. 물론 통계학을 잘 이해하면 더 명확하게 데이터를 설명할 수 있겠지만, 데이터 분석을 처음 접하는 사람이 복잡한 수식부터 배울 필요는 없습니다. 다양한 분석 상황에 맞게 데이터를 요약하고 분석하는 방법을 먼저 파악하고 데이터 속 차이를 설명하는 통계 개념을 이해하는 것이 더 중요합니다. 통계를 공식에 값을 넣고 풀어 답을 찾는 산수로 바라봐선 안 됩니다. 통계는 과거를 담고 있는 데이터와 오늘의 우리, 그리고 미지의 미래가 소통하는 언어입니다. 그럼 데이터의 구성과 데이터를 요약하기 위한 기술통계량부터 천천히 살펴보겠습니다.

PART 1

차이를 확인하는
데이터 요약

1% 줌아웃

데이터 속에 정보가 있다고 무작정 파고들어서는 안 됩니다.
나무를 보기 전 숲을 보는 게 먼저죠.

 경험과 직감으로는 답을 찾기 힘든 시대에서 데이터는 희망입니다. 데이터 속에는 우리가 몰랐던 정보와 인사이트가 숨어 있다는 달콤한 메시지에 기대가 부풀어 오릅니다. 어떻게든 데이터 속을 깊숙이 파고들면 뭐라도 건질 수 있을 것 같지만, 생각보다 쉽지 않죠. 만만해 보이는 데이터도 생각보다 복잡하고 쉽게 정보를 내놓지 않습니다. 열정만으로는 해결할 수 없습니다. 체계적이고 전략적인 데이터 분석 방법이 필요합니다.

 데이터는 나무 한 그루 한 그루가 모여 만들어진 큰 숲과 같습니다. 데이터 분석은 이 나무들의 특징을 살펴보는 과정이고요. 많은 사람이 데이터 분석은 나무를 한 그루 한 그루 살펴보는 것이라고 생각하지만, 그건 나중 일입니다. 데이터 분석을 위해서는 먼저 가장 높은 곳에 올라가 숲 전체를 살펴봐야 합니다. 누군가에게 이 숲을 설명해야 한다면 어떻게 할까요? '넓다', '초록빛이다'와 같이 눈에 보이는 특징을 말하겠죠. 데이터도 마찬가지입니다. 크고 복잡한 데이터도 멀리서 바라보면 몇 가지 특징을 확인할 수 있습니다. 다만 특징을 말로 설명하는 것이 아니라 통계를 활용해서 모두 숫자로 표현합니다. 예를 들어, 평균이라는 숫자를 확인하면 데이터 속 값들이 전반적으로 얼마나 큰지 또는 작은지를 한눈에 확인할 수 있죠. 이처럼 데이터의 특징을 숫자로 표현하는 과정을 **요약**이라고 합니다.

  데이터 요약이 단순히 데이터의 특징을 숫자로 표현하기 위한 것은 아닙니다. 아이러니하게도 데이터 속 값들을 한데 모아 요약을 하면, 그 속에서 차이를 확인할 수 있습니다. 예를 들어, 평균을 계산하는 순간 데이터는 평균보다 큰 쪽과 평균보다 작은 쪽으로 나뉩니다.

  급한 마음에 무턱대고 숲 깊숙이 들어가면 길을 잃기 쉽지만, 멀리서 숲을 관찰하면 나아갈 방향을 설정하는 데 도움이 됩니다. 데이터 분석에서도 마찬가지로, 잘 알지 못하는 데이터에 복잡한 분석을 바로 적용하는 것보다, 먼저 데이터 요약을 통해 데이터의 특징을 살피고 어떤 차이가 있는지 살펴보면 분석의 방향을 설정하는 데 도움이 됩니다. 먼저 숲을 보면 자연스럽게 나무가 보입니다.

  이번 파트에서는 통계에서 다루는 데이터가 어떤 모양을 하고 있고, 통계는 이 데이터들을 잘 요약하기 위해서 어떤 숫자들을 계산하는지 살펴보겠습니다. 먼저 데이터가 무엇인지부터 천천히 살펴봅시다.

5% 날줄과 씨줄

데이터는 어떻게 만들어질까요? 먼저 변수가 고정되면 관측치들이
줄을 맞춰 들어옵니다. 마치 날줄과 씨줄이 엮이며 옷감을 짜듯이 말이죠.

사람들은 각자 수많은 특징을 가지고 있습니다. 예를 들어서 제 친구 민형이는 키가 190cm고, 재민이는 몸무게가 100kg입니다. 대성이는 10년째 공부 중이고 혜은이는 10년 차 직장인이죠. 이 4명의 친구를 비교할 수 있을까요? 불가능합니다. 비교할 기준이 제대로 정해져 있지 않기 때문입니다.

다음 표에 머릿속에 떠오르는 5명의 이름을 적어봅시다. 그리고 그 사람들의 성별과 몸무게도 추측해서 적어봅시다(마땅히 떠오르는 사람이 없다면 연예인도 좋습니다).

이름	성별	몸무게

여러분은 방금 '내 머릿속에 떠오른 5명의 3가지 특징'이라는 데이터를 만들었습니다. 이 데이터는 관심 대상 5명에 대한 이름, 성별, 몸무게라는 3가지 관심 특징을 가지고 있습니다. 그렇다면 이 5명은 비교할 수 있을까요? 물론입니다. 누가 몸무게가 많이 나가는지, 누가 남자고 여잔지 바로 알 수 있죠.

저는 제 친구들을 '키', '몸무게', '교육연수', '근속연수'라는 각기 다른 관점으로 설명했습니다. 민형이가 키가 크긴 하지만 나머지 친구들의 키를 알 수 없기 때문에 누가 더 큰지는 비교를 할 수 없습니다. 역시 누가 더 무거운지, 공부를 많이 했는지, 일을 오래 했는지 알 수 없습니다. 비교를 할 수 없으면 차이를 확인할 수 없고 차이를 확인할 수 없으면 데이터 분석은 의미가 없습니다. 그래서 관심 대상을 바라보는 관점을 고정하는 과정이 필요합니다.

데이터의 구성

우리는 앞서 이름, 성별, 몸무게라는 3가지 관점으로 5명을 관찰했습니다. 이 중 몸무게를 예로 들어볼까요? 조금 전 작성한 표를 보면 세 번째 열(세로줄)은 몸무게라는 이름으로 5개의 칸이 있습니다. 몸무게라는 고정된 관점에서 5명은 서로 다른 값을 가집니다. 어떤 사람은 상대적으로 값이 크고, 또 어떤 사람은 값이 작습니다. 물론 같거나 비슷한 값을 가질 수도 있지만, 모든 사람이 똑같은 값을 가지지는 않습니다. 이렇게 데이터에서 열은 다양한 값들이 모여 있다고 해서 **변수**^{Variable}라고 부릅니다.

데이터를 만들기 위해서 먼저 관측의 단위^{unit}를 결정하고 변수를 정해야 합니다. '내 머릿속에 떠오른 5명의 3가지 특징' 데이터에서 관측의 단위는 '사람'이고 변수는 '이름', '성별', '몸무게'로 정해졌습니다. 그리고 나서 머릿속에 떠오르는 사람의 정보를 한 줄씩 기록했죠. 이렇게 행(가로줄)에는 각각의 관측 대상에 대해 변수별로 측정된 값이 입력되기 때문에 흔히 행을 관측치 혹은 관측 개체^{Observation}라고 합니다. 이처럼 데이터는 변수(열)와 관측치(행)로 구성됩니다.

데이터와 데이터 공간

앞서 작성한 '내 머릿속에 떠오른 5명의 3가지 특징' 데이터를 좀 더 시각적으로 비교하기 쉽도록 점으로 위치를 표현해봅시다. 예를 들어, 데이터를 다음과 같이 작성했다고 가정해보겠습니다.

이름	성별	몸무게
A	여자	55kg
B	여자	60kg
C	남자	65kg
D	여자	50kg
E	남자	80kg

이 데이터를 가로축과 세로축이 있는 2차원 공간에 점으로 표시하면 다음 그림과 같이 표현할 수 있습니다.

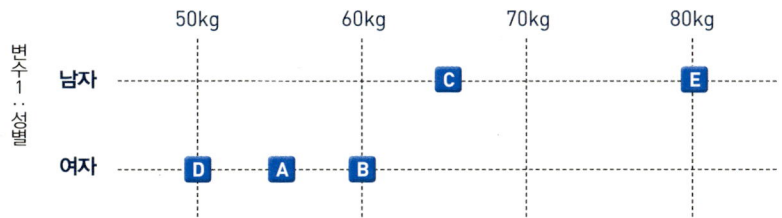

　가로축은 몸무게로, 왼쪽으로 갈수록 몸무게가 적게 나가고 오른쪽으로 갈수록 몸무게가 많이 나간다는 것을 의미합니다. 세로축은 성별로, 위쪽은 남자, 아래쪽은 여자를 의미합니다. 그리고 축 위에는 자신이 가진 값에 맞게 자리를 잡고 있는 관측치들을 볼 수 있습니다. 이렇게 데이터는 공간으로 표현할 수 있습니다. 성별, 몸무게와 같은 변수가 하나씩 늘어나면 공간의 차원도 하나씩 늘어나지만, 관측치는 변수들이 만드는 공간 속에 들어가는 하나의 점일 뿐 공간의 크기에는 영향을 미치지 않습니다. 그래서 변수가 하나라도 늘어나면 분석이 복잡해지지만, 관측치는 몇 개가 더 늘어난다고 해서 분석 과정이 크게 달라지지 않습니다. 예를 들어, 데이터에 친구 두 명을 추가해봐야 크게 달라지는 것은 없지만, 다섯 명의 '키'와 '허리둘레'를 변수로 추가하는 순간, 훨씬 복잡해진 4차원 데이터를 다뤄야 합니다.

　데이터를 구성하는 변수와 관측치가 이제 축과 점이 되었습니다. 데이터는 단순히 가로와 세로 격자에 값들을 가득 채운 것이 아니라 나름의 공간을 가집니다. 그리고 데이터 분석은 결국 변수들이 만들어 내는 공간의 특징을 설명하고 그 속에 점처럼 흩어져 있는 관측치의 패턴을 찾는 과정이라고 표현할 수 있습니다.

물론 처음부터 변수들이 만든 복잡한 공간과 수많은 점이 만들어 내는 패턴을 한꺼번에 설명하기는 어렵습니다. 예를 들어, 100개의 변수와 100만 개의 관측치가 있다면, 100차원 공간 속에 100만 개의 점이 흩어져 있다는 겁니다. 상상도 안 되는 복잡한 모양입니다. 그래서 데이터를 적절히 쪼개서 살펴봐야 합니다. 여기에는 두 가지 방법이 있습니다. 모든 관측치가 아니라 몇 개의 관측치만 선택해서 점의 수를 줄이거나, 모든 변수가 아닌 한두 개의 변수만 선택해서 1, 2차원 공간을 여러 번 설명할 수도 있습니다. 즉, 변수 또는 관측치의 개수를 줄여서 데이터를 잘게 쪼개 살펴보는 방식입니다. 어느 쪽이 더 합리적일까요?

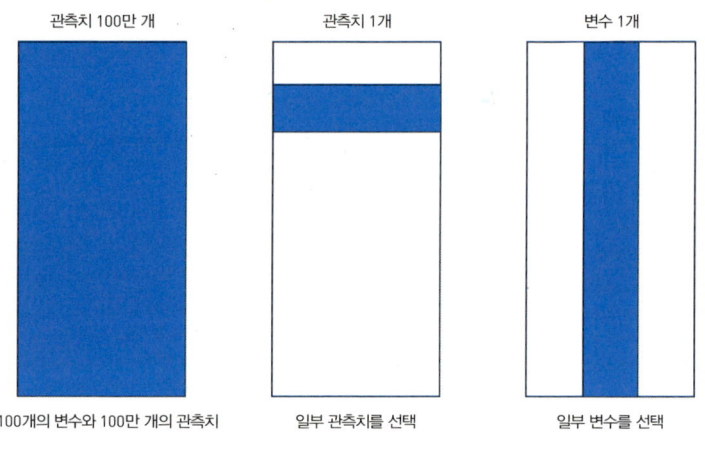

사실 통계는 한 사람의 이야기에는 관심이 없습니다. 데이터에서 하나의 관측치를 선택해서 살펴보면 '민형이는 남자고, 키는 190cm에 몸무게는 85kg…'과 같이 풀어 쓸 수 있습니다. 이렇게 한 사람의 여러 특징을 설명하는 것을 흔히 프로필 혹은 프로파일profile이라고 부릅니다. 마치 나무 한 그루를 자세히 살펴보는 것과 같죠. 그러나 이 방법으로는 어떠한 차이도 확인할 수도 설명할 수도 없습니다. 게다가 공간의 개념으로도 100차원이라는 광활한 공간에 찍힌 단 하나의 점을 도저히 설명할 수가 없습니다!

통계는 많은 사람이 만들어 내는 패턴, 큰 그림에서 의미를 찾아냅니다. 키라는 변수를 하나 선택하면 그 속에 100만 명의 키가 들어있습니다. 그중에 키가 큰 사람도 있고 작은 사람도 있죠. 이 키를 살펴보면 가장 키가 큰 사람은 얼마나 큰지, 작은 사람은 또 얼마나 작은지, 중간 정도 되는 사람의 키는 얼마인지, 키가 190cm인 사람은 키가 얼마나 큰지 등 다양한 차이를 확인할 수 있습니다. 즉, 관측치가 아닌 변수를 선택해야 차이를 확인하고 설명할 수 있습니다. 그래서 데이터 분석은 데이터를 변수 단위로 나눠서 분석하거나 변수 관계를 살펴보는 것으로 시작됩니다.

알파벳을 활용한 예제 데이터의 표현

데이터를 분석하기 위해서 통계는 우리가 가진 데이터로 적당한 계산을 하고 값을 만들어 냅니다. 물론 가장 중요한 것은 이 과정을 왜 하는 것인지 개념을 확인하는 것이죠. 하지만, 쉽게 이해시키기 위해 수식을 생략하면 오히려 복잡하게 둘러 말해야 하는 경우가 생길 수 있습니다. 그래서 최소한의 수식을 사용하려고 합니다. 따라서 설명하기 앞서 여러분이 수식을 봐도 당황하지 않도록 수식에 대한 몇 가지 약속을 함께 살펴봅시다.

변수의 개수 p, 관측치의 개수 n

데이터의 크기는 변수와 관측치의 개수로 결정됩니다. 하지만 개념을 설명할 이름도 없는 데이터의 크기를 알 수는 없겠죠. 그래서 일반적으로 데이터에서 변수의 개수를 알파벳 p, 관측치의 개수를 알파벳 n으로 표현합니다.

데이터의 크기 $n \times p$

데이터의 크기는 $n \times p$로 표현합니다. 곱하기 기호를 사용하지만, 실제로 곱하지는 않습니다. 그럼 일반적으로 데이터는 p차원 속에 n개의 점이 있다고 할 수 있겠네요!

변수 x

우리의 데이터 분석은 변수 p개가 아니라 변수 1개부터 시작됩니다. 그런데 그 변수 1개를 매번 '그 변수'라고 할 수는 없으니 알파벳 x라고 표현합니다. 필요해서 쓰긴 하지만 잘 모르는 변수라서 '미지의 것'이라는 의미를 가진 x를 사용합니다. 혹시나 하나의 변수가 더 필요하면 어떻게 할까요? 걱정할 필요는 없습니다. x 다음에는 y가 있고, z도 있으니까요.

관측치, 아래 첨자 알파벳

하나의 변수 속에는 무려 n개의 관측치가 있습니다. 반대로 말하면 관측치들이 모여서 변수가 되죠. 그래서 관측치는 변수와 같은 알파벳으로 표현하고 아래 첨자로 몇 번째 관측치인지를 표현합니다. 예를 들어, 변수 x의 i번째 관측치는 x_i로 적습니다. x_1은 x의 첫 번째 관측치, x_n은

x의 마지막 관측치를 의미하죠. 그럼 x를 x_i로 표현해볼까요?

$$x = \begin{bmatrix} x_1 \\ x_2 \\ x_3 \\ \vdots \\ x_{n-1} \\ x_n \end{bmatrix}$$

n개의 관측치가 세로로 길게 늘어서 변수 x가 됩니다. 값들이 흩어지지 않고 줄 맞춰 서 있다는 의미로 대괄호[ ]로 둘러쌌습니다. 그렇다면 x와 y, 두 개의 변수로 이뤄진 데이터는 어떻게 표현할 수 있을까요?

$$[xy] = \begin{bmatrix} x_1 & y_1 \\ x_2 & y_2 \\ x_3 & y_3 \\ \vdots & \vdots \\ x_{n-1} & y_{n-1} \\ x_n & y_n \end{bmatrix}$$

먼저 대괄호로 x와 y를 묶어 두 변수가 나란히 있다는 것을 표현하고, 첨자를 이용해서 각 변수를 나란히 두 줄로 풀었습니다.

합계, Σ(시그마, sigma)

데이터 분석을 위한 계산에는 합계^{Summation}가 자주 등장합니다. 우리가 자주 사용하는 평균도 일단 모든 값을 더해야 하죠. 변수 x의 n개 관측치를 모두 합하는 것은 x_i와 더하기 기호 +를 활용해 다음과 같이 표현할 수 있습니다.

$$x_1 + x_2 + x_3 + \cdots + x_{n-1} + x_n$$

물론 훌륭한 표현이지만, 깐깐한 수학자들은 x_i와 +가 반복되는 것이 보기 싫어 합계를 뜻하는 "Summation"의 첫 글자 "S"에 해당하는 그리스어 대문자 Σ를 가져와 다음과 같이 표현했습니다.

$$\sum_{i=1}^{n} x_i$$

x_i들의 합계를 구하는데 Σ의 위아래로 첨자 i가 1부터 시작해서 n까지라는 것을 말해줍니다. 즉, n개의 값을 모두 더하라는 의미가 됩니다.

지금까지 이 책에서 사용할 수식 표현에 대해서 살펴봤습니다. 이 정도만 알고 있으면 이 책에서 나올 수식을 이해하는 데는 큰 문제가 없습니다. 이제 준비를 마쳤으니 슬슬 데이터 분석 이야기를 시작해봅시다.

기술 통계량과 변수 요약

아무리 복잡한 데이터라도 변수를 하나씩 나눠 특징을 살펴보는 것은 어렵지 않습니다. 통계에서는 변수의 특징을 설명하기 위해 한 줄(열)의 데이터에 다양한 연산을 사용해 계산을 하는데, 이 계산된 숫자들을 **통계량**Statistic이라고 부릅니다. 특히 데이터의 특징을 설명하는 통계량을 **기술 통계량**Descriptive statistics이라고 합니다.

예를 들어, 100명의 몸무게라는 데이터가 있다면, 100개의 숫자를 전부 살펴보는 것이 아니라 100개의 숫자를 모두 더하고 100으로 나눈 값으로 몸무게라는 변수의 특징을 살펴보는 것이죠. 이 값이 바로 평균입니다. 평균 말고도 우리가 잘 알고 있는 최솟값, 최댓값, 중앙값, 분산 등이 모두 대표적인 기술 통계량입니다. 변수의 종류에 따라서 확인할 수 있는 차이가 다르고, 계산할 수 있는 기술 통계량도 다릅니다. 몸무게처럼 값이 한없이 다양한 **연속형**Continuous 변수는 순서를 정하거나 값들을 더해서 통계량을 계산합니다. 반면 성별처럼 관측치들이 정해진 몇 개의 값 중에서 하나의 값을 가지는 **범주형**Categorical 변수는 값이 같은 관측치들을 묶어 개수를 셉니다.

이처럼 변수에도 특징이 있고 그 특징에 따라 분석 방식을 다르게 할 수 있습니다. 그럼 변수의 특징에 따라 어떤 통계량을 계산해야 하고 또 어떻게 표현할 수 있는지 살펴보겠습니다. 먼저 연속형 변수입니다.

10% 순서대로 한줄서기

수없이 다양한 값을 가질 수 있는 연속형 변수는 언뜻 보기에는 복잡해 보입니다. 그렇지만 관측치들을 순서대로 한 줄로 세우는 순간, 숨어 있던 패턴이 보입니다.

큰 이슈가 되었던 아이돌 서바이벌 프로그램 〈프로듀스 101〉을 기억하시나요? 반드시 "프로듀스 원오원"으로 읽어야 하는 이 프로그램은 101명의 연습생이 경쟁하고, 시청자 투표를 통해 선정된 11명이 프로젝트 그룹으로 데뷔하기도 했습니다. 물론 101명 모두 각자의 개성이 있지만, 기준은 오로지 점수라서 탈락자가 발생할 수밖에 없습니다. 일면에선 경쟁 구도를 부추기는 점수 매기기에 불편하다는 시각도 있었지만, 이런 줄 세우기는 우리에게 전혀 낯설지 않습니다. 초등학교에 입학하면 키 순서대로 줄을 서고, 중·고등학교를 거쳐 대학을 졸업할 때까지 시험 점수에 따라 1등과 꼴등이 결정됩니다. 10점 만점에 9점을 받아도 나머지 친구들이 모두 10점을 받으면 내가 꼴등이 되는 무시무시한 줄 세우기입니다.

정렬과 순서 통계량

여기 10개의 숫자들이 섞여 있습니다.

4 5 3 8 9 7 0 1 2 6

작은 숫자부터 오름차순으로 줄 세워 볼까요? 먼저 제일 작은 숫자인 0을 제일 앞으로 옮깁니다. 그리고 나머지 9개 숫자 중에서 0 다음으로 작은 숫자인 1을 두 번째로 옮기고, 그다음으로 작은 2를 세 번째로 옮깁니다. 이렇게 가장 작은 숫자부터 순서대로 찾아서 배치하는 과정을 반복하면 숫자들의 순서는 다음처럼 바뀝니다.

0 1 2 3 4 5 6 7 8 9

이런 방법으로 값들을 크기에 따라 순서대로 줄 세우는 과정을 **정렬**이라고 합니다. 정렬을 하고 나면 순위가 결정되죠. 예를 들어, 10개의 값을 오름차순으로 세우면 원래 7번째 값이었던 0은 1등이 되고 5번째 값 9는 꼴등이 되네요. 비교도 쉽습니다. 6보다 작은 값은 6개가 있고, 8보다 큰 값은 1개가 있습니다. 이처럼 오름차순으로 정렬된 10개의 값을 통계학에서는 **순서 통계량**Order statistics이라고 부릅니다. 그리고 그중에서 가장 먼저 나오는 값, 즉 가장 작은 값을 **최솟값**Minimum, 가장 나중에 나오는 값, 즉 가장 큰 값을 **최댓값**Maximum이라고 특별한 이름을 지어줬습니다. 통계학은 모두가 아는 것을 이렇게 어렵게 표현합니다.

분위수

101명의 연습생 중에서 누가 상위 11명 안에 드는지 확인하기 위해서는 점수라는 기준이 필요합니다. 그래서 임의로 101명의 연습생에게 점수를 매기고 정렬해봤습니다.

50.8	50.9	54.5	55	56	56.7	57.4	58.2	59.1	60.4
60.9	61.4	61.4	61.6	61.7	61.8	62.2	62.4	63.2	63.3
64	64.1	64.1	64.2	64.3	64.6	64.7	66.4	66.4	66.7
67.6	67.8	67.9	68.1	68.5	68.6	68.7	68.7	68.8	69.1
70.4	70.5	71.8	73.2	73.2	73.6	73.6	73.8	74	74.7
75.1	75.2	75.2	75.4	75.5	75.7	75.9	76.3	77.2	77.3
77.8	78.1	78.3	78.3	78.5	78.5	79.1	80.3	80.7	81.1
81.7	81.9	82	82.2	82.7	82.8	82.8	83.1	83.1	83.2
83.4	83.4	83.5	83.6	83.8	84.4	84.4	84.6	84.8	84.8
84.9	85.8	86.4	89.8	90.7	92.5	93.7	94.3	96.2	98.8
99.7									

50.8점이 꼴등이고 99.7점이 1등이네요. 만약 이 중에서 하위 30명은 1차 탈락이라면, 적어도 몇 점을 받아야 1차에서 살아남을 수 있을까요? 31번째 값 67.6이 합격과 탈락을 구분하는 커트라인이 됩니다. 경쟁에서는 점수가 중요한 것이 아니라 위치가 중요합니다. 99점을 받아도 나머지가 모두 100점을 받았다면 억울해도 꼴등이죠. 내 점수를 기준으로 나보다 점수가 낮은 사람들과 높은 사람들도 나뉘는데요, 이렇게 기준이 되는 특정한 점수들을 **분위수**Quantile라고 합니다. 가장 대표적인 분위수가 100등분의 기준, 기호 %를 사용하는 **백분위수**Percentile입니다. 예를 들어, 101명의 연습생들은 31번째 값 67.6점을 기준으로 67.6점보다 점수가 낮은 30명과 67.6점보다 점수가 높은 70명으로 나눕니다. 다시 말해서 67.6점보다 점수가 낮은 연습생은 30%입니다. 그래서 이 67.6점을 '30번째 백분위수'라고 합니다. 흔히 쓰는 표현으로는 '하위 30% 지점'이고요. 통계에서는 기본적으로 오름차순이 기준이기 때문에 '하위'라는 표현을 생략하고 보통 30% 지점이라고 합니다. 덧붙이자면 최솟값보다 값

이 작은 관측치는 당연히 없겠죠? 그래서 최솟값은 0% 지점이 되고, 최댓값은 모든 관측치가 최댓값보다 작으니 100% 지점이 됩니다.

사분위수와 다섯 숫자 요약

분위수를 데이터 분석에 어떻게 활용해야 할까요? 101명의 연습생들은 백분위수를 사용하면 내가 몇 번째 위치인지를 확인할 수 있지만, 프로그램을 운영하는 PD의 입장에서는 전체적인 점수 패턴이 궁금합니다. 예를 들어, 중위권에 얼마나 몰려 있는가, 하위권의 평균은 어느 정도인가 하는 패턴을 한눈에 보고 싶습니다. 그렇다고 0% 지점부터 100% 지점까지 101개의 통계량을 확인하기엔 너무 번거롭습니다. 조금 더 큰 단위를 가지고 살펴보는 게 좋을 것 같습니다.

일단 최솟값과 최댓값은 당연히 필요합니다. 그러나 최솟값 1과 최댓값 101 사이의 거리가 너무 멀어서 그 중간인 50% 지점 값을 사용하는 것이 패턴을 파악하기에 편리합니다. 50% 지점에 있는 값을 기준으로 관측치들이 정확히 반반으로 나뉘기 때문에 **중앙값** Median이라는 이름을 붙여줍니다. 101명 중에서는 51번째 값이 중앙값이 됩니다.

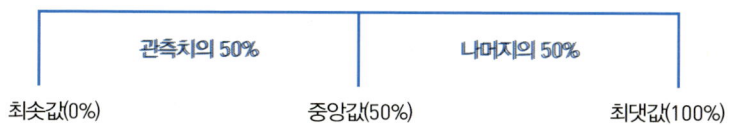

그러나 0%, 50%, 100%라는 세 값으로만 데이터를 살펴보기에는 아직

도 부족해 보입니다. 그래서 0%와 50%의 중간인 25%와, 50%와 100%의 중간인 75% 지점을 추가해줍니다. 그럼 0%, 25%, 50%, 75%, 100%로 총 5개 지점이 만들어집니다. 이 5개 지점은 데이터를 정확히 4등분합니다. 그래서 **사분위수**^{Quartile}라는 특별한 이름을 지어줬습니다. 특별한 이름이 없던 25%, 75% 지점은 첫 번째, 세 번째 사분위수^{1st, 3rd Quartile}라는 의미로 각각 Q1, Q3라고 부릅니다.

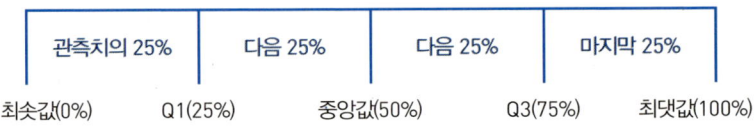

이처럼 하나의 연속형 변수로 최솟값, Q1, 중앙값, Q3, 최댓값이라는 숫자 다섯 개를 계산하고 의미를 찾는 과정을 **다섯 숫자 요약**^{Five number summary}이라고 합니다.

상자그림

다섯 숫자 요약은 연속형 변수의 특징을 설명하지만, 숫자와 친하지 않은 우리에겐 여전히 어렵습니다. 그래서 다섯 숫자 대신 보기 쉽게 그림으로 표현해보겠습니다. 50점부터 100점까지의 수직선 위에 101명의 점수를 하나씩 세로 막대(|)로 표시하면 다음과 같은 그림이 나옵니다.

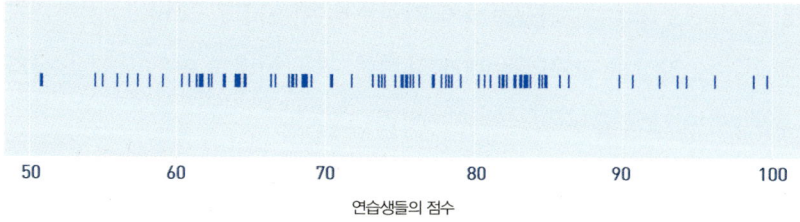

연습생들의 점수

바가 몰려 있는 구간도 있고, 널찍이 떨어져 있는 곳도 있습니다. 101개의 바는 101개의 숫자보다 패턴을 확인하기에는 쉽지만 여전히 복잡해 보입니다. 101개의 바 대신에 앞서 살펴본 다섯 숫자 요약을 활용해볼까요?

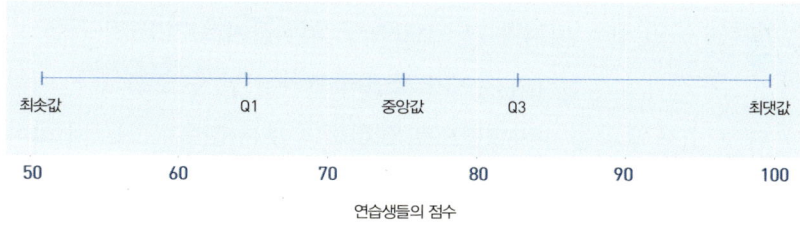

연습생들의 점수

다섯 숫자는 데이터를 같은 비율로 4등분해서 4개의 구간을 만듭니다. 따라서 각 구간에는 관측치들이 25%씩 들어가 있습니다. 즉, 구간마다 25명의 연습생 점수가 들어가 있는 셈이죠. 그런데 구간의 길이가 모두 똑같지는 않습니다. 똑같이 25명씩이 들어가 있지만 길이가 긴 구간이 있고 상대적으로 짧은 구간도 있습니다. 구간이 널찍하면 관측치가 드문드문 퍼져 있다는 뜻이고 구간이 좁으면 관측치가 빽빽하게 들어 있다는 뜻이죠.

조금 더 보기 쉽게 표현을 해봅시다. Q1부터 Q3 사이를 네모난 상자로 표현하고 최솟값, 최댓값까지 직선으로 잇습니다. 그리고 상자 중간에 있는 중앙값도 상자만큼 길게 표현합니다. 이렇게 만든 그림을 **상자그림**Boxplot이라고 합니다.

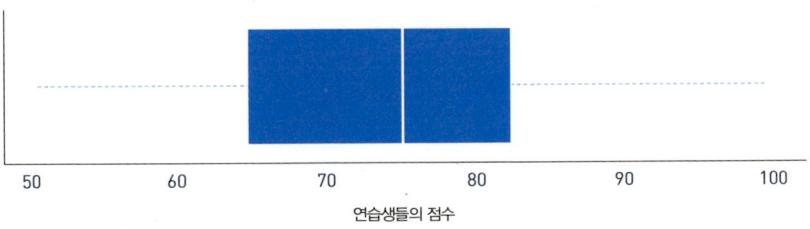

상자그림을 보면 상자 속 구간이 양쪽 구간들보단 길이가 좁고 특히 50~75% 점수대는 빽빽한 것을 확인할 수 있네요. 중상위권 경쟁이 치열하다는 뜻입니다. 마지막 75~100% 구간의 길이가 가장 긴 것을 보면 중상위권과 고득점자의 차이가 확연히 크다고 할 수 있습니다. 이렇게 다섯 숫자 요약을 상자그림으로 표현하면 모든 값을 살펴보지 않아도 관측치들이 만들어 낸 패턴을 손쉽게 확인할 수 있습니다.

히스토그램

빽빽한 데이터의 패턴을 한눈에 파악하는 방법으로 상자그림도 유용하지만 이에 맞서는 좋은 상대가 있습니다. 바로 **히스토그램**Histogram입니다. 이번에는 연습생들의 점수를 히스토그램으로 그려볼까요?

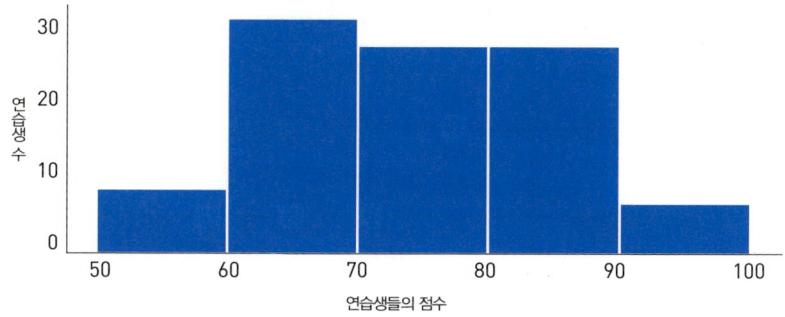

히스토그램은 상자그림과 달리 먼저 구간을 적절히 나눕니다. 그리고 각 구간에 포함되는 관측치가 몇 개나 있는지 개수를 세어 **도수분포표** Frequency distribution table를 만들고, 이 표를 그림으로 표현합니다. 101명의 점수를 히스토그램으로 표현하기 위해서 50점부터 100점까지 점수를 10점 간격으로 나눈 다음, 다음과 같이 도수분포표를 만듭니다.

점수 구간	50.0~59.9	60.0~69.9	70.0~79.9	80.0~89.9	90~100
관측치 수	9	31	27	27	7

데이터에서 다섯 숫자 요약과는 다른 5개의 숫자를 계산했습니다. 역시 이 숫자들을 조금 더 효과적으로 확인하기 위해서 히스토그램은 각 구간에 포함되는 관측치의 숫자를 세어 위로 쌓아 높이로 표현합니다. 조금 더 자세히 살펴보기 위해서 5점 간격으로 히스토그램을 다시 그려볼까요?

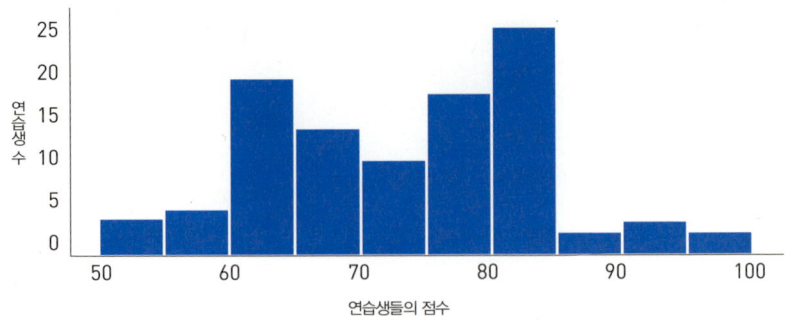

　10점 간격으로 살펴보는 것보다 훨씬 의미 있는 패턴이 보입니다. 아무래도 5점 간격으로 10개 구간의 정보를 사용하기 때문에 더 많은 정보가 들어 있습니다. 가령 75~85점의 중상위권에 연습생들이 많이 몰려 있고 85점 이상의 고득점 연습생 수는 적다는 걸 알 수 있습니다.

　이렇게 히스토그램과 상자그림은 서로 반대의 기준으로 관측치들의 패턴을 살펴봅니다. 히스토그램은 변수를 같은 길이로 여러 구간을 나눠 각 구간에 몇 개의 관측치가 있는지 관측치의 비율을 살펴보는 방법이고, 상자그림은 관측치를 같은 비율로 나누는 지점을 계산해서 각 구간의 간격을 살펴보는 방법입니다. 간격이나 비율 중에서 하나를 고정시키고 나머지 하나의 패턴을 보는 것이죠. 두 그래프 모두 장단점이 있습니다. 상자그림은 어떤 연속형 변수든 5개의 값으로 표현할 수 있는 반면 세부적인 패턴은 놓칠 수 있고, 히스토그램은 구간을 잘 나누면 패턴은 얼마든지 자세히 확인할 수 있지만 5개보다 훨씬 많은 값을 확인해야 할 수도 있습니다. 그래서 간단하고 빠른 분석을 하거나 그룹에 따른 차이를 확인할 때는 상자그림을 주로 사용하고, 하나의 변수에 대해서 좀 더 자세히 살펴볼 때는 히스토그램을 주로 사용합니다.

15% 더치페이와 N빵

더치페이와 N빵은 언뜻 비슷한 것 같지만 완전히 다른 개념입니다.
확실한 것은 N빵이라면 비싼 것을 많이 먹을수록 이득입니다.

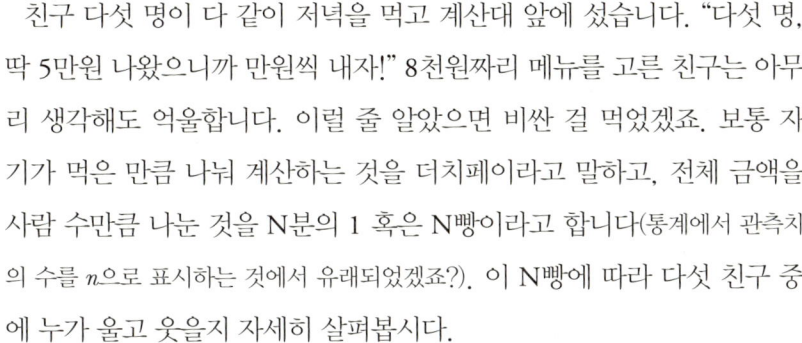

친구 다섯 명이 다 같이 저녁을 먹고 계산대 앞에 섰습니다. "다섯 명, 딱 5만원 나왔으니까 만원씩 내자!" 8천원짜리 메뉴를 고른 친구는 아무리 생각해도 억울합니다. 이럴 줄 알았으면 비싼 걸 먹었겠죠. 보통 자기가 먹은 만큼 나눠 계산하는 것을 더치페이라고 말하고, 전체 금액을 사람 수만큼 나눈 것을 N분의 1 혹은 N빵이라고 합니다(통계에서 관측치의 수를 n으로 표시하는 것에서 유래되었겠죠?). 이 N빵에 따라 다섯 친구 중에 누가 울고 웃을지 자세히 살펴봅시다.

평균

친구 다섯 명이 각각 7,500원, 8,000원, 10,000원, 11,000원, 13,500원짜리 음식을 주문하고 계산서를 받아 보니 5만원이 나왔습니다. 당연히 먹은 만큼 돈을 내야 하죠. 여기서 관점을 조금 다르게 해봅시다. 만약 이 다섯 명에게 5만원의 회비가 있었다면, 그리고 누군가가 단 1원이라도 덜 쓰거나 더 쓰지 않고 공평하게 나눠서 음식을 주문해야 한다면 각자 얼마짜리 메뉴를 주문해야 할까요? 바로 1만원입니다. 당연히 N빵의 결과와 똑같죠. 이렇게 어떤 변수의 합계가 고정되어 있을 때 모든 관측치가 똑같이 나눠 가질 수 있는 값을 평균Mean이라고 합니다.

7,500원 8,000원 10,000원 11,000원 13,500원

변수 x의 평균은 모든 관측치의 값을 다 더한 다음 관측치의 개수 n으로 나눠 계산합니다. 다 알고 있는 내용이지만, 수식으로 표현하자면 다음과 같습니다.

$$\bar{x} = \frac{\sum_{i=1}^{n} x_i}{n} = \frac{1}{n}\sum_{i=1}^{n} x_i$$

이 중에서도 좀 더 큼직한 Σ가 보이는 두 번째 표현을 자주 사용합니다. 평균은 특별한 표기법이 있는데요, x 위에 "모두 같다"라는 의미로 바(-)를 얹어 $\bar{x}$로 표현합니다. 이렇게 우리에게 너무나 익숙한 평균 속에는 모든 사람이 평등하거나 모든 사람에게 공평하다는 개념이 들어 있습니다. 그러나 평균을 계산하는 순간 역설적이게도 불공평한 현실을 깨닫게 됩니다. 세상은 항상 불공평합니다. 키가 170cm인 남자는 대한민국 성인 남성의 평균 키가 174cm라는 것을 아는 순간 시무룩해집니다. 시험에서 60점을 받아서 눈물이 나다가도 평균 점수가 30점이라는 것을 알게 되면 입가에 미소가 번지겠죠. 이처럼 평균을 계산하는 순간, 데이터 속에 있던 차이가 보입니다. 그럼 앞서 살펴본 다섯 친구들이 먹은 음식값의 평균값인 10,000원을 기준으로 누가 얼마의 손해를 봤고 이득을 봤는지 그림으로 표현해보겠습니다.

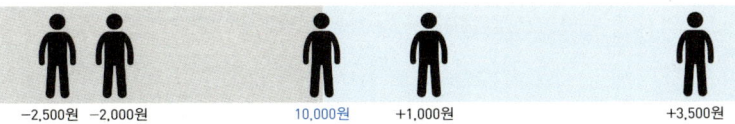

관측치들이 평균을 중심으로 평균보다 큰 값을 가지는 그룹(오른쪽)과 평균보다 작은 값을 가지는 그룹(왼쪽)으로 나눠집니다. 그리고 각 관측치의 실제 값보다는 평균보다 얼마 더 크고 작은지 상대적인 값의 의미가 커집니다. 왼쪽에 있는 두 친구는 각각 2,500원, 2,000원 손해를 보고 오른쪽에 있는 친구들은 1,000원, 3,500원 이득을 봅니다. 왼쪽 두 친구가 본 손해의 합은 4,500원이고 오른쪽 두 친구가 본 이득의 합도 역시 4,500원입니다. 한쪽이 손해 보는 양의 합만큼 정확히 다른 한쪽이 이득을 본 셈입니다.

분산

여기 상황이 조금 다른 다섯 친구들이 있습니다. 똑같이 저녁 식사 값으로 5만원을 썼지만 메뉴 가격은 서로 비슷합니다.

이 다섯 친구와 앞의 다섯 친구 중에서 어느 쪽이 N빵일 가능성이 높을까요? 당연히 9,000원~11,000원 사이의 메뉴를 주문한 두 번째 그룹입니다. 더치페이를 하는 것과 큰 차이가 없기 때문이죠. 이처럼 평균이 같더라도 평균을 중심으로 생기는 차이는 다를 수 있습니다. 오랫동안 사랑받은 보드게임 블루마블을 예로 들어 볼까요? 모두 똑같이 돈을 나눠 가지고 게임을 시작할 때부터 게임이 끝날 때까지 돌고 도는 돈의 금액과 평균은 똑같지만, 게임이 끝날 때쯤 누군가는 부자가 되어 있고 누군가는 파산을 하죠. 모든 것을 숫자로 표현하고 싶어하는 통계가 이 차이를 가만둘 리 없습니다. 통계는 평균에서 떨어져 있는 거리를 숫자로 계산하기 위해서 여러 가지 시도를 했는데요, 그중 하나가 **분산**^Variance 입니다. 만약 모든 관측치가 똑같은 값을 가지면 분산은 0이 됩니다. 완전히 평등한 상태를 의미하죠. 그런데 관측치들이 서로 다른 값을 가지면 분산은 0보다 커집니다. 관측치들이 서로 큰 차이가 있을수록 분산은 점점 커지고, 분산이 크면 클수록 관측치 간의 불평등이 심하다는 것을 의미합니다. 그럼 분산을 어떻게 계산하는지 살펴볼까요?

$$s_x^2 = \frac{1}{n-1} \sum_{i=1}^{n} (x_i - \bar{x})^2$$

변수 x의 분산은 s_x^2로 표기합니다. 굳이 제곱을 쓴 이유는 분산이 어떻게 계산됐는지 4단계로 나누어 자세히 살펴보면 답을 찾을 수 있습니다.

- **1단계 $(x_i - \bar{x})$** 각각의 관측치에서 평균을 뺍니다. 평균으로부터 얼마나 차이가 나는지를 계산합니다.

- **2단계 $(x_i - \bar{x})^2$** 1단계에서 계산한 값을 제곱합니다! +2든 −2든 제곱을 하면 모두 +4가 됩니다. 1단계에서는 평균보다 큰지 작은지를 계산했다면, 2단계에서는 크고 작은 것에 관련 없이 평균에서 얼마나 떨어져 있는지를 확인합니다.

- **3단계** $\sum_{i=1}^{n}(x_i-\bar{x})^2$ 2단계까지는 i번째 관측치 하나에 대한 계산이었는데, 3단계에서는 모든 n개 관측치에 대해서 똑같은 계산을 하고, 그 결과를 모두 더합니다. 분산이 한 변수의 특징을 설명하는 것이 아니라 모든 변수의 특징을 설명하는 것이니 모든 관측치를 다 활용하는 것이죠.

- **4단계** $\frac{1}{n-1}\sum_{i=1}^{n}[\ ]$ 3단계에서 구한 합계를 $n-1$로 나눕니다. 깐깐한 통계학자들이 n이 아니라 $n-1$로 나누는 게 더 좋다는 것을 밝혀버려서 $n-1$로 나누게 됐지만, 관측치가 많으면 n으로 나누는 것과 큰 차이가 없습니다. 흥미로운 것은 이 식의 $\frac{1}{n-1}\sum_{i=1}^{n}[\ ]$ 부분은 평균의 식과 너무 닮았습니다. 그럼 분산이라는 것이 결국 [ ]의 평균을 구하는 것과 같다는 것입니다! [ ]에는 2단계에서 구한 '평균에서 떨어져 있는 정도'가 들어옵니다.

즉, 분산은 관측치들이 평균에서 평균적으로 얼마나 떨어져 있는지를 계산합니다. 그래서 분산이 0에 가깝다면, 관측치들이 대부분 평균 근처에 몰려 있다는 것을 의미하고, 분산이 커질수록 평균에서 멀리 떨어져 있다는 것을 의미하죠. 말로 하는 것보다 쉽게 그림을 살펴보겠습니다.

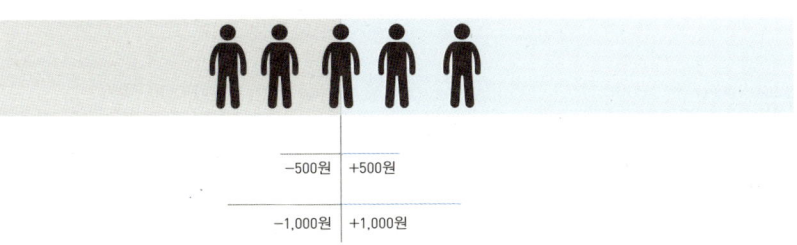

평균과 일치하는 세 번째 친구를 제외한 네 친구들이 각각 평균에서 얼마나 떨어져 있는지 직선으로 표현해봤습니다. 4개의 차이를 더하면 0이 되어버리니까 그냥 더할 수는 없습니다. 분산은 이 값들의 제곱을 사용합니다. 첫 번째 친구의 $-1,000$원이라는 차이 대신 $(-1,000원)^2$을 계산하는 것이죠. 그럼 부호는 상관이 없어집니다. 제곱을 적용한 모습은 다음 그림처럼 표현할 수 있습니다.

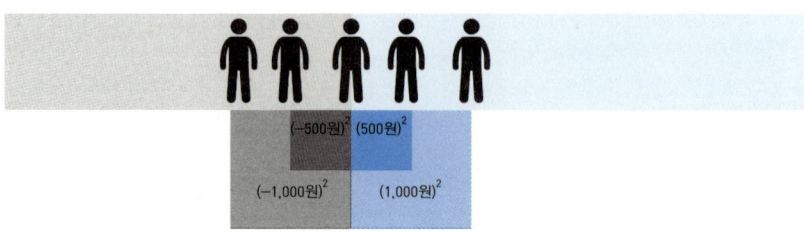

똑같은 길이를 두 번 곱하는 것을 한 번은 가로, 한 번은 세로로 생각하면 그림에 있는 정사각형들의 면적이 됩니다. 이 면적을 다 더한 다음 (관측치의 수−1)로 나누면 분산을 계산할 수 있습니다. 평균 면적과 같은 의미를 가집니다. 실제로 분산을 계산해볼까요? 평균값과 일치함으로써 면적이 0인 세 번째 친구의 정사각형을 포함해 정사각형 다섯 개의 면적 $(-1,000)^2$, $(1,000)^2$, $(-500)^2$, $(500)^2$, 0을 합하면 2,500,000(원²)이고, 이것을 (5−1)로 나누면 분산은 625,000(원²)이 됩니다.

$$\frac{(-1,000원)^2+(1,000원)^2+(-500원)^2+(500원)^2+(0)^2}{(5-1)} = \frac{2,500,000원^2}{4} = 625,000원^2$$

그럼 앞서 평균과 금액 차이가 비교적 컸던 첫 번째 그룹의 분산도 그림으로 표현해볼까요?

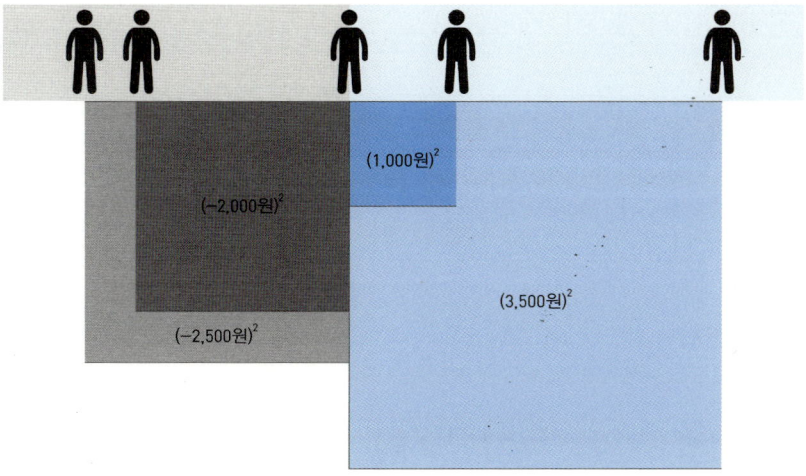

얼핏 봐도 두 번째 그룹보다는 정사각형의 크기가 훨씬 큽니다. 계산된 분산의 값도 5,875,000(원²)으로 10배 가까이 큽니다. 이렇듯 분산이 크다는 것은 평균을 중심으로 관측치들이 상대적으로 더 넓게 퍼져 있다는 것을 의미합니다.

물론 어려운 제곱 말고 절댓값을 쓸 수도 있습니다. 부호를 없애는 데는 절댓값이 제일 간단하지만 이론적으로는 '미분이 가능한' 분산을 더 선호합니다. 물론 현실적인 이유도 있습니다. 평균에서 100명이 100원씩 차이를 보이는 것과 2명이 5,000원의 차이를 보이는 것 모두 절댓값으로는 10,000원이라는 같은 차이를 보입니다.

$$100 \times 100원 = 2 \times 5,000원 = 10,000원$$

그렇지만 두 번째의 경우가 좀 더 불평등하지 않나요? 분산에 사용된 제곱합을 계산하면 다른 결과가 나옵니다.

$$100 \times (100원)^2 = 1,000,000원^2 < 2 \times (5,000원)^2 = 50,000,000원^2$$

분산을 사용하면 두 번째 경우가 훨씬 더 불평등하다는 것을 50배나 더 큰 차이로 확인할 수 있습니다.

표준편차

평균이 같아도 관측치 간의 차이 정도는 다를 수 있고, 우리는 이 차이의 정도를 분산이라는 숫자로 표현했습니다. 분산이 크면 클수록 관측치들이 평균으로부터 멀리 떨어져 있다는 걸 알 수 있죠. 그러나 분산은 치명적인 단점이 있습니다. 바로 단위(unit)입니다.

다섯 친구들이 저녁 값 5만원을 N빵하면서 시작된 문제를 계속해서 이어 나가 보겠습니다. 평균이 만원이라는 것은 쉽게 이해되지만 5,875,000(원²)이라는 큰 숫자의 분산은 납득이 어렵습니다. 10,000원 안팎에 불과한 식사를 한 것치고는 값이 상당히 커져버렸기 때문이죠. 5,875,000이라는 큰 숫자도 문제지만 더 큰 문제는 (원²)입니다. 우리가 사는 세상 어디서도 (원²)을 쓰는 곳은 없습니다. 통계학자가 차이를 설명하기 위해서 만들어 낸 단위죠. 어쩔 수 없이 그대로 써야 할까요? 아닙니다. 제곱근($\sqrt{}$)으로 해결할 수 있습니다.

예를 들어, 3을 두 번 곱하면 9가 됩니다. 이때 9의 제곱근은 3이 됩니다. 이것을 식으로는 $\sqrt{9}=3$으로 표현합니다. 이 제곱근을 앞서 구한 분산에 씌워봅시다.

$$\sqrt{5{,}875{,}000\ 원^2} = 2{,}424원$$

마법처럼 단위가 (원²)에서 다시 (원)으로 돌아오고 엄청나게 크던 숫자도 뭔가 납득할 만한 수준으로 줄어들었습니다. 분산에 제곱근을 씌워서 단위의 문제를 해결한 이 숫자를 **표준편차**Standard deviation라고 합니다.

$$s_x = \sqrt{\frac{1}{n-1}\sum_{i=1}^{n}(x_i - \bar{x})^2}$$

변수 x의 표준편차는 표준편차를 뜻하는 단어 "standard deviation"의 첫 글자를 따와서 s_x로 적습니다. x의 분산을 굳이 s_x^2으로 표현한 이유가 여기 있습니다. 대부분의 사람들이 더 편하고 합리적인 표준편차 s_x를 사용하기 때문에 분산은 따로 이름을 붙여주지 않고 그냥 표준편차의 제곱으로 표현한 것이죠. 분산이 면적이었다면 표준편차는 다시 길이를 의미합니다. 표준편차가 클수록 관측치들이 평균으로부터 더 멀리 떨어져 있다는 뜻이죠. 두 값의 의미는 크게 다르지 않지만, 표준편차가 훨씬 덜 부담스럽습니다. 물론 표준편차의 단위가 친근하다고 해서 어떤 절대적인 기준으로 활용하는 것은 아닙니다. 표준편차 역시 관측치들이 평균으로부터 얼마나 멀리 흩어져 있는지 상대적인 차이를 확인하기 위한 통계량입니다. 625,000(원²)과 5,875,000(원²)을 비교하는 것보다는 791(원)과 2,424(원)을 비교하는 것이 더 직관적이기 때문이죠. 게다가 표준편차는 다양한 쓰임새가 있는데요, 그중에서도 표준화에 대해 살펴봅시다.

20% 물수능과 불수능

100점이 모두 똑같은 100점은 아닙니다. 100점보다 나은 80점이 있을 수도 있죠.

매년 수능이 끝남과 동시에 떠오르는 연관검색어가 있습니다. "물수능"과 "불수능"입니다. 문제 난이도에 따라 쉬우면 물수능, 어려우면 불수능으로 구분합니다. 다음의 최근 홀수년도 수리가형 등급 기준점수 표를 살펴봅시다.

	2011	2013	2015	2017
1등급	79	92	100	92
2등급	72	83	96	88
3등급	64	75	90	83

연도별 수능 수리가형 원점수 등급 기준점수

2011년 수능은 대표적인 불수능입니다. 특히 수리가형은 1등급 기준이 79점이었습니다. 7점이 더 깎여 72점을 받아도 2등급입니다. 반면 대표적인 물수능이었던 2015년의 1등급 기준은 100점입니다. 한 문제라도 틀리면 바로 2등급이고 꽤 높은 점수인 95점을 받아도 3등급으로 떨어지는 무시무시한 결과입니다. 똑같이 90점을 받았더라도 2011년의 90점은 1등급 중에서도 꽤 높은 점수에 속하는 반면 2015년의 90점은 3등급 기준 점수에 간신히 걸칠 수 있습니다. 이러니 11학번의 불수능 자부심이 높을 수밖에 없습니다. 이렇게 난이도에 따라서 점수 분포가 매번 달라지기 때문에 절대적인 점수를 사용하긴 어렵습니다. 그래서 대안적인 점수 혹은 평가기준이 필요합니다.

첫 번째 대안책은 등급입니다. 앞서 우리가 배운 백분위를 활용해서 학생들을 점수 순서로 정렬한 다음 적절한 비율로 잘라 등급을 매기는 것이죠. 그러나 등급에는 문제가 있습니다. 2011년 수능 수리가형에서 100점을 받아도, 79점을 받아도 1등급이죠. 이 어려운 시험에서 100점을 받은 학생에겐 너무나 불공평하지 않나요? 같은 점수라도 어려운 시험을 치른 학생이 더 높은 점수를 받을 수 있는 새로운 점수 체계가 필요합니다. 그래서 평균과 표준편차를 활용해서 표준점수라고 하는 상대적인 점수를 만들었습니다.

표준화

물수능 학번 학생과 불수능 학번 학생은 항상 티격태격 댑니다. 대부분 절대적인 점수가 낮은 불수능 쪽이 투덜대곤 하죠. 불수능 80점이 물수능 100점보다 낫다는 겁니다. 둘이서 다시 수능을 치면 좋겠지만, 현실적으로 어렵습니다. 서로 다른 시험에서 얻은 점수를 비교해서 어느 쪽이 상대적으로 더 잘한 것인지 확인할 수 있는 방법이 없을까요? 이 질문에 대한 해답은 바로 표준화 Standardization 입니다. 이름만 들어도 무언가를 "표준"으로 만든다는 걸 알 수 있습니다. 다음 예제를 통해 표준화에 대해 살펴봅시다.

여기 변수 x, 학생 여섯 명의 시험 점수가 있습니다. 최솟값은 6이고, 최댓값은 22네요.

계산을 해보면, 평균은 15고 표준편차는 6입니다.

$$\bar{x} = \frac{6 + 10 + 15 + 18 + 19 + 22}{6} = 15$$

$$s_x = \sqrt{\frac{(-9)^2 + (-5)^2 + (0)^2 + (3)^2 + (4)^2 + (7)^2}{(6-1)}} = \sqrt{\frac{180}{5}} = 6$$

평균 점수가 생각보다 낮아서 선생님이 기본 점수를 10점씩 줬습니다. 원래 점수에다가 10점을 더하면 새로운 점수가 됩니다.

서로 간의 간격은 그대로인데 모두 오른쪽으로 10만큼 이동했습니다. 그래서 평균은 15보다 10 커진 25가 되지만, 표준편차는 그대로 6입니다. 평균과의 거리는 변하지 않았으니까요. 따라서 절대적인 점수가 아닌 상대적인 점수의 관점에서 두 성적은 전혀 차이가 없습니다. 그럼 본래 시험 점수와 기본 점수를 추가한 점수 사이에 상대적인 차이가 없다는 것을 어떻게 나타낼 수 있을까요? 방법은 간단합니다. 각 점수에서 평균을 빼면 됩니다. 그럼 원래 점수도, 기본 점수 10점을 더한 새로운 점수도 각각 평균을 빼주면 평균과의 차이는 똑같습니다. 두 경우 모두 여섯 학생의 점수는 다음과 같이 똑같은 상대적인 점수로 바뀝니다.

어떤 변수든지 원래 값에서 평균을 뺀 새로운 변수를 만들고 그 평균을 구하면 정확히 0이 나옵니다. 이제 두 점수는 상대적인 차이가 없습니다. 이렇게 각 관측치에서 평균을 빼는 과정을 중심화Centering라고 합니다. 중심화를 하면 똑같은 90점이라 해도 어느 쪽이 상대적으로 평균보다 큰 값인지를 확인할 수 있습니다.

이번엔 조금 다른 상황입니다. 원래 점수에서 10점씩을 더한 것이 아니라 점수를 2배로 바꿨습니다. 원래 점수에 ×2를 해서 새로운 변수 y를 만들었습니다.

관측치들 간의 차이가 더 커진 것 같지만, 지금 눈에 보이는 차이는 점수를 2배로 바꿨기 때문에 만들어진 차이일 뿐, 원래 변수 속의 차이와 다르지 않습니다. 그럼 먼저 중심화를 해봅시다. 각자의 점수에서 평균인 30점만큼을 뺐습니다.

중심화를 하고 나면 평균은 0이 되지만, 관측치들이 평균 0을 기준으로 원래 점수의 중심화 점수보다 2배씩 멀리 벌어졌습니다. 원래 평균보다 9점 낮았던 학생은 이제 18점이나 낮습니다. 그러나 실제로 원래 점수와 2배 점수는 값들이 2배가 되었을 뿐 차이가 없습니다. 키를 예로 들어볼까요? 우리는 키를 재는 단위로 cm를 사용하기도 하고 m를 사용하기도 합니다. 그러나 키를 재는 단위가 바뀐다고 내 키가 커지거나 작아질 리는 없습니다. 그렇지만 수직선에 관측치를 표현해보면 cm가 m보다 100배 더 늘어나게 됩니다. 키가 190cm인 사람이 170cm인 사람보다 20cm나 큰데, 단위를 m로 바꿔 0.2밖에 차이가 나지 않는다고 하면 안 되겠죠. 차이를 비교를 할 때는 단순한 숫자의 차이가 아니라 20cm, 0.2m와 같이 단위를 고려해야 합니다. cm와 m의 절대적인 차이는 100배지만 단위를 생각하면 상대적인 차이는 없겠죠.

다시 2배 점수를 살펴봅시다. 관측치들이 2배로 멀어졌지만 평균은 여전히 0입니다. 그렇다면 표준편차는 얼마일까요?

$$s_y = \sqrt{\frac{(-18)^2 + (-10)^2 + (0)^2 + (6)^2 + (8)^2 + (14)^2}{(6-1)}} = \sqrt{\frac{720}{5}} = 12$$

이 식을 계산해보면 2배 점수의 표준편차는 12가 나옵니다. 원래 점수를 2배로 했더니 표준편차도 원래 표준편차 6보다 2배가 되어 12가 되었습니다. 각 관측치들이 평균으로부터 떨어져 있는 거리가 2배가 되었으니 표준편차도 2배가 된 거죠. 단위가 바뀌면 바뀐 만큼 변하는 표준편차가 있습니다. 그럼 이 표준편차를 활용하면 거리가 2배 멀어져도 상대적인 차이가 없다는 것을 보일 수 있지 않을까요? 2배로 늘어난 점수를 2배가 된 표준편차로 나눠줍니다.

겹쳐 있어서 잘 안 보이니까 확대를 해볼까요?

제일 왼쪽 학생을 예로 들면, 원래 점수 6점에서 평균 15를 뺀 −9점을 표준편차 6으로 나눠도 −1.5, 점수를 2배로 늘린 12점에서 평균 점수 30점을 뺀 −18점을 표준편차 12로 나눠도 똑같이 −1.5의 값을 가집니다. 이처럼 각 관측치를 표준편차로 나누는 것을 척도화 Scaling라고 합니다. 척도화는 단위에 따른 차이를 고려해서 값들을 상대적인 척도로 바꿉니다. 예를 들면, 평균보다 9점이 낮았던 학생의 점수에 척도화를 하면 −1.5라는 값을 갖게 되는데, 이것은 이 학생이 평균에서 표준편차의 1.5배만큼 더 낮은 점수를 갖고 있다는 의미입니다. 척도화의 장점은 또 있습니다. 변수는 cm, m와 같은 단위가 있습니다. 척도화는 값의 전반적인 크기를 보정할 뿐만 아니라, 단위를 없애줍니다. 다음 식을 볼까요?

$$\frac{-9점}{6점} = -1.5$$

 관측치의 값도, 표준편차의 값도 '점'이라는 단위가 있지만 척도화를 하면 분모와 분자의 값만 약분되는 것이 아니라 단위도 약분되어 없어집니다. 즉, 변수가 어떤 단위를 쓰든 상관없이 척도화의 결과는 단위가 없는 그냥 숫자라는 것이죠.

 변수를 먼저 중심화하고 다음으로 척도화하는 과정을 표준화라고 합니다. 중심화를 통해서 단순히 값이 크다 작다가 아니라 평균에 비해서 얼마나 크고 작은지를 확인합니다. 그 다음 척도화를 통해서 단위 차이를 없앤 숫자를 만들어 냅니다. 이렇게 계산된 값들은 평균도, 단위도 상관없이 '표준적인 차이'를 의미합니다. 어떤 변수를 가져오든 상관없이 표준화를 거친 변수의 평균은 0이 되고 표준편차는 1이 됩니다. 평균도, 표준편차도, 단위도 달랐던 변수들이 똑같은 특징을 가지게 되면 드디어 다른 변수에 있는 관측치들을 비교할 수 있습니다. 이제 변수 불수능에 있는 80점과 변수 물수능에 있는 100점 중 누가 평균으로부터 더 멀리 떨어져 있는지 살펴봅시다.

표준화 예제

 2011년 불수능에서 수능 수리가형의 평균은 47.8, 표준편차는 19.7입니다. 2015년 물수능에서는 평균이 55.4, 표준편차가 28.5입니다. 이를 바탕으로 2011년에 수능을 치른 학생 1,000명과 2015년에 수능을 치른 학생 1,000명의 가상 성적을 히스토그램으로 나란히 살펴볼까요?

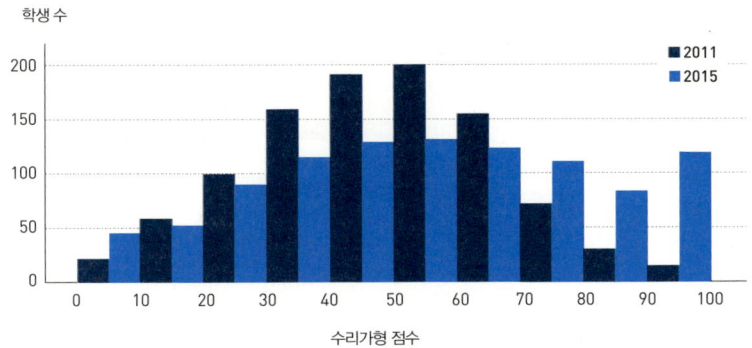

　수학을 포기한 수포자는 시험 난이도와 상관없이 비슷한 점수를 받습니다. 모든 것을 운에 맡기기 때문이죠. 상위권도 비슷합니다. 난이도에 상관없이 높은 점수를 받죠. 가장 큰 차이를 보이는 것은 중위권 학생들입니다. 2015년 물수능에서는 중위권 학생들이 높은 성적을 받아서 2011년보다 점수대가 오른쪽으로 많이 이동한 것을 볼 수 있습니다. 그래서 2015년이 2011년보다 평균도 높고, 더 넓게 퍼져 있어 표준편차도 더 크죠. 그럼 2011년에 80점을 받은 학생과 2015년에 100점을 받은 학생 중에서 어느 쪽이 상대적으로 잘 한 것일까요? 앞서 살펴본 표준화로 계산을 해봅시다.

$$2011년 \quad \frac{80점 - 47.8점}{19.7점} = 1.63$$

$$2015년 \quad \frac{100점 - 55.4점}{28.5점} = 1.56$$

　시험이 어려우면 어려울수록 점수는 하향평준화됩니다. 대부분이 낮은 점수대를 형성하고 일부의 고득점자가 생기죠. 그래서 2011년의 평균점수는 47.8점으로 매우 낮고, 표준편차도 19.7점으로 낮습니다. 이 정보를 활용해서 원래 점수 80점을 표준화하면 1.63이라는 값이 계산됩니다. 반면, 시험이 쉬웠던 2015년에는 평균이 55.4점으로 올라가고 중위권 학생들이 고득점을 하면서 표준편차가 28.5점으로 커졌습니다. 100점을 표준화하면 1.56이 됩니다. 즉, 2011년의 80점은 중심에서 오른쪽으로 1.63만큼 떨어져 있고, 2015년의 100점은 중심에서 오른쪽으로 1.56만큼 떨어져 있네요. 따라서 2011년의 80점이 2015년의 100점보다 상대적으로 더 낫네요!

두 학생만을 비교하기는 아쉬워서 1,000명의 점수에 표준화를 하고, 두 해를 나란히 히스토그램으로 그렸습니다.

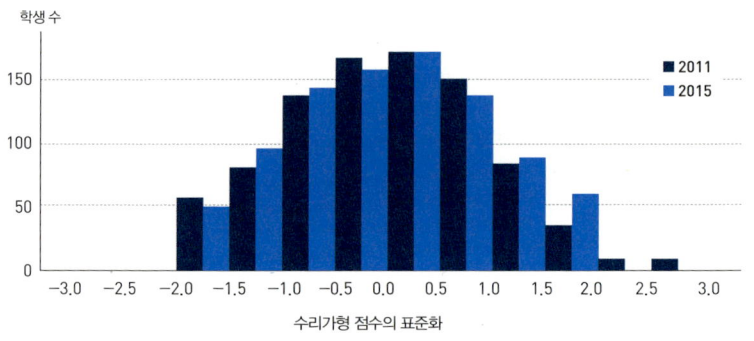

분명히 앞서 살펴본 그래프에서는 2011년과 2015년의 점수 차이가 눈에 띄게 났었는데, 표준화를 하고 나니 비슷하게 바뀌었습니다. 이것이 변수 속에 있는 관측치들을 표준적으로 바꾸는 표준화의 힘입니다. 물론 조금씩 차이는 있습니다. 2011년 시험에서 100점에 가까운 점수를 받은 학생들은 2.5라는 높은 값을 가집니다. 아무래도 그 어려운 시험에서 고득점을 했으니 큰 상을 받은 것이죠! 그러나 전반적으로는 두 해의 표준화된 점수 분포가 비슷합니다. 따라서 평균으로부터 얼마나 떨어져 있는지만 계산하면 서로 다른 해에 시험을 친 학생들을 상대적으로 비교할 수 있습니다. 실제 수능에서는 이렇게 계산된 값에 20을 곱하고 100을 더해서 표준점수를 계산합니다. 그럼 평균은 0에서 100으로 바뀌고, 표준편차는 1에서 20배 늘어난 20이 됩니다. 예를 들어, 2011년 수리가형에서 80점을 받은 학생의 표준 점수는 133점($100+1.63\times20 = 132.6$)이 됩니다.

표준화의 개념은 수능뿐만 아니라 사회 전반에 활용됩니다. IQ 점수 역시 평균이 100인 표준화된 점수를 사용합니다. 옷 사이즈도 신체 치수의 평균을 기준으로 잡아 100(혹은 Medium)이라 하고, 조금 크면 105(혹은 Large) 작으면 95(혹은 Small)라고 합니다. 여성복의 55 사이즈는 1979년 여성 평균 키 155cm와 평균 가슴둘레 85cm를 기준으로 잡은 것이고요. 이처럼 표준화의 개념을 적용하면 숫자를 상대적인 크기로 바꿔 비교가 쉬워집니다.

25% 먹고 싶은 거 먹어, 난 짜장

일부러 그러시는지, 진짜 짜장면을 좋아하시는지는 모르겠지만 왜 부장님들은 항상 짜장면을 드실까요. 부장님의 입에서 "난 짜장"이 나오는 순간 우리가 외칠 수 있는 메뉴는 두 가지뿐입니다. 짜장 아니면 짬뽕이죠.

5% 날줄과 씨줄에서 살펴본 몸무게나 **20% 불수능과 물수능**에서 살펴본 수능 점수 같은 연속형 변수는 다양한 값을 가질 수 있습니다. 1점과 2점 사이에도 1.618과 같이 얼마든지 세부적인 점수를 만들 수 있죠. 하지만 범주형 변수는 다릅니다. 정해진 값 중에서 하나를 선택해야 합니다. 짜장면과 짬뽕, 혹은 볶음밥 중에서 하나를 선택해야 하지 그 중간은 없습니다. 짜장면, 짬뽕, 볶음밥과 같이 범주형 변수가 가질 수 있는 한정적인 값들을 **수준**^{Levels}이라고 합니다.

부장님이 "난 짜장"이라고 외치는 바람에 먹고 싶던 삼선짬뽕을 포기하고 그냥 짜장을 먹어야만 하는 사원은 슬프겠지만, 주방장 입장에서는 편합니다. 사람들이 이것저것 다양한 요리를 주문하면 손이 많이 가는데 짜장면과 짬뽕 단 두 가지 요리만 준비하면 되니까요. 데이터를 요리해야 하는 분석가 입장에서도 범주형 변수의 분석은 편합니다. n개의 관측치가 모두 값이 다른 연속형 변수는 줄을 세워 다섯 숫자를 찾고 평균이나 표준편차를 계산해서 설명했지만, 범주형 변수는 그럴 필요가 없습니다. 수준별로 몇 개의 관측치가 있는지 세면 되니까요. 예를 들어, 몸무게는 평균과 표준편차로 요약하면 겨우 분포를 어림짐작할 수 있지만 성별은 남자, 여자가 몇 명인지만 세면 성별 분포를 바로 확인할 수 있습니다. 그럼 간단한 예제로, 계수^{Counting}로 범주형 변수를 요약하는 과정을 살펴봅시다.

동전 던지기

대부분 사람들은 공정한 선택이 필요할 때 불확실성에 선택권을 넘깁니다. 예를 들어, 축구 경기를 하기 앞서 선공을 정하려 동전을 던지고, 가위바위보나 사다리 타기로 커피값을 몰아주기도 합니다. 이러한 게임 결과를 기록하면 전형적인 범주형 변수가 됩니다. 좀 더 자세히 살펴보기 위해 동전 던지기를 예로 들어 보겠습니다. 직접 동전을 하나 던졌다가 받은 뒤 앞면인지 뒷면인지 기록해봅시다. 반복 횟수는 10번이고 그림이 나오면 "앞" 숫자가 나오면 "뒤"라고 적습니다.

횟수	1	2	3	4	5	6	7	8	9	10
수준(앞/뒤)										

이 표는 '동전을 던져 나온 면'이라는 10개의 관측치를 모은 변수입니다. "앞" 혹은 "뒤"로 기록되어 있죠. 동전을 1,000번 던져 관측치가 1,000개가 되더라도 "앞", "뒤"를 제외한 다른 값이 나올 수가 없습니다. 따라서 이 변수의 수준은 "앞"과 "뒤" 입니다. 저는 다음과 같은 결과를 얻었습니다.

횟수	1	2	3	4	5	6	7	8	9	10
수준(앞/뒤)	앞	앞	뒤	앞	뒤	뒤	뒤	앞	앞	앞

총 10개의 관측치에서 앞면이 6개, 뒷면이 4개가 나왔습니다. 하지만, 앞면이 몇 번 나왔고 뒷면이 몇 번 나왔는지 한눈에 보기엔 다소 불편하게 정렬되어 있습니다. 물론 이 결과를 요약하는 것은 전혀 어렵지 않습니다. 일단 우리가 배운 정렬 개념을 활용해서 값들을 줄 세워 볼까요?

횟수	1	2	4	8	9	10	3	5	6	7
수준(앞/뒤)	앞	앞	앞	앞	앞	앞	뒤	뒤	뒤	뒤

수준을 내림차순으로 정렬하고 나니 같은 값, 같은 수준을 가지는 관측치들끼리 나눠집니다. 그럼 이제 10개 중에서 앞면이 몇 번 나왔는지, 뒷면이 몇 번 나왔는지 손쉽게 셀 수 있습니다. 표로 정리해보겠습니다.

수준	앞면	뒷면
횟수	6	4

표로 정리하고 나니 마치 관측치가 2개인 연속형 변수와 비슷하게 생겼습니다. 전체 10개 중에서 앞면은 6번, 뒷면은 4번 나왔습니다. 여기서 횟수의 평균을 계산하면 5가 나오는데요, 이론적으로 아주 공정한 상황이었다면 앞면이 5번, 뒷면도 5번 나왔겠지만, 제 동전 던지기에서는 앞면이 더 많이 나왔다는 것을 알 수 있습니다.

지금은 수준이 "앞"과 "뒤" 2개밖에 없어서 숫자만 살펴봐도 변수를 파악할 수 있지만, 거주지역이나 연령대처럼 범주형 변수의 수준 개수가 많으면 숫자만으로는 파악하기 힘듭니다. 숫자는 크기를 효율적으로 표현하는 방법이지, 한눈에 차이를 파악하기엔 썩 효과적이진 않죠. 그래서 우리가 직관적으로 받아들일 수 있는 그림, 그래프를 활용해서 숫자를 표현해보겠습니다.

파이 차트와 막대그래프

첫 번째 그림은 파이 차트^{Pie chart}입니다. 수준들이 원 모양의 파이 하나를 두고 각각의 비중에 따라 조각을 나눠 갖습니다. 중심각의 크기로 전체 중에서 각 수준의 비중이 얼마만큼인지를 표현하는 것이죠.

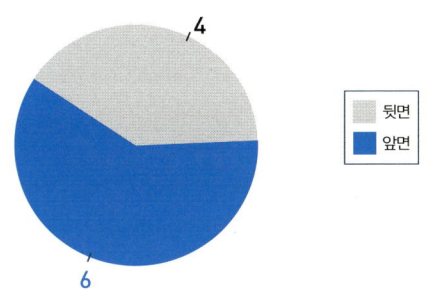

다음은 막대그래프^{Barplot}입니다. 막대그래프는 수준별로 관측치의 수만큼 막대를 높이 쌓아서 표현합니다. 막대가 높을수록 많은 관측치가 있다는 의미입니다.

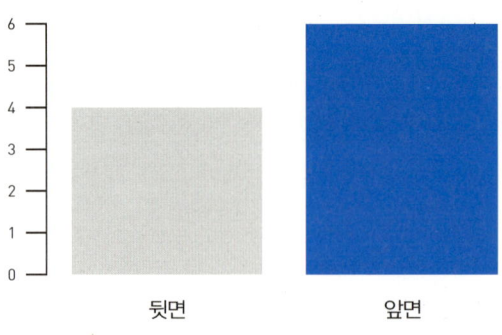

막대그래프는 가끔 히스토그램이랑 헷갈리기도 하는데요. 히스토그램은 가로축에 연속형 변수가 들어와서 적절한 구간으로 나누는 중간 과정이 있습니다. 구간 간격을 어떻게 나누느냐에 따라 모양이 달라지기도 하고요. 반면 막대그래프는 가로축에 범주형 변수가 들어오기 때문에 구간으로 나눌 필요가 없습니다.

동전 데이터는 수준이 2개뿐이라서 어떤 그래프든 한눈에 결과를 확인할 수 있지만, 수준의 수가 늘어나면 파이 차트보다는 막대그래프가 더 효율적입니다. 막대그래프는 수준이 늘어나도 막대만 추가하면 되지만, 파이 차트의 전체 각도는 360도로 고정되어 있고 수준의 수가 많을수록 중심각이 잘게 쪼개져서 데이터를 한눈에 보기 어렵기 때문이죠. 그 예로 동전 던지기보다 수준의 수가 많은 '연령대별 회원 수'라는 데이터를 살펴보겠습니다.

연령대	10대	20대	30대	40대	50대
회원 수	10	7	8	7	9

연령대별 회원 수

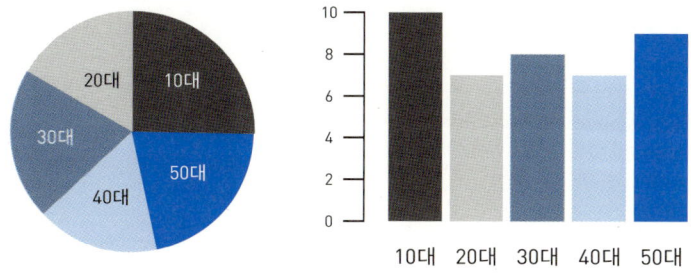

　총 5개의 수준을 두 그래프로 나타냈을 때 파이 차트가 깔끔하게 보이긴 하지만, 수준끼리 비교하기가 어렵습니다. 예를 들어, 20대와 40대의 파이 크기는 같고, 30대는 이들보다 값이 1만큼 크지만 눈으로 그 차이를 파악하는 데 어려움이 있습니다. 이처럼 비중의 차이가 크게 없을 때는 수준 간의 차이를 정확히 확인하기가 어렵습니다. 효과적으로 차이를 확인하기 위해서 그래프를 만들었는데, 오히려 숫자보다 못하죠. 반면 막대그래프는 크기가 높이로 표현되어 있기 때문에 어떤 수준이 값이 더 크고 작은지 그 차이를 한눈에 비교할 수 있어 훨씬 좋습니다. 이렇게 하나의 범주형 변수는 계수를 통해 간단히 요약하고, 그 결과를 단순하지만 효과적인 막대그래프로 손쉽게 표현할 수 있습니다.

30% 0.000012%의 꿈, 로또

45개 숫자 중에서 6개의 숫자를 맞추는 나눔로또는 직장인들에게 한 주의 희망입니다.
1등 당첨 확률이 극악인 것을 알면서도 혹시나 내게도 행운이 오지 않을까 하며 매주 사게 됩니다.

때때로 사람들은 로또 당첨 확률을 벼락 맞을 확률에 비교하곤 합니다. 그만큼 로또 당첨 확률이 낮다는 거죠. 대체 얼마나 낮은지 로또 당첨 확률을 구해볼까요? 로또 당첨 확률을 구하려면 먼저 45개의 숫자 중 6개를 뽑는 방법의 가짓수를 구해야 합니다. 고등학교 통계 시간에 배운 조합을 써보면 다음 식과 같습니다.

$$\binom{45}{6} = {}_{45}C_6 = 8,145,060$$

8,145,060개의 번호 중에서 꼭 하나는 당첨 번호가 나오므로 내가 선택한 번호가 당첨될 가능성은 1/8,145,060, 약 0.000012%가 됩니다. 당첨 번호 5개와 보너스 번호를 맞혀야 하는 2등은 6가지, 당첨 번호 5개를 맞혀야 하는 3등은 228가지, 4개를 맞혀야 하는 4등은 11,115가지, 3개를 맞혀야 하는 5등은 182,780가지 숫자 조합이 가능합니다. 확률을 계산해보면 5등이 당첨될 확률이 2.2%고 등수에 상관없이 당첨될 확률은 2.4%가 채 되지 않습니다. 지갑을 털어 로또 10만원어치를 사도 겨우 5등 한두 개 당첨된 게 재수가 없어서가 아닌 거죠.

사실 확률은 이미 우리의 삶에 깊숙이 들어와 있습니다. 친구와 커피

내기 가위바위보를 할 때 내가 질 확률은 얼마일까요? 둘 중에 한 명은 꼭 지게 되어 있으니까 50%입니다. 일기예보를 보니 내일 비가 올 확률이 80%네요. 우산을 챙기는 게 낫겠죠? 분명한 확신을 보여주고 싶을 때 "백퍼(100%)"라는 단어를 쓰기도 합니다. 이처럼 우리는 많은 상황에서 %로 표현하는 확률을 마주하고 있습니다. 바로 이 확률이 데이터 분석에는 어떻게 활용될지 조금 더 깊이 살펴봅시다.

확률

100% 확신할 수 있는 일이 있을까요? 내일도 당연히 해는 뜨겠지만, 그것보다 더 확실한 것이 있습니다. 바로 과거입니다. 과거는 이미 일어난 일이고 바꿀 수 없죠. 과거에 바로 그 일이 일어났을 확률은 항상 100%입니다. 그래서 과거에 대해서는 확률을 계산할 필요가 없죠. 우리의 관심은 모르거나 아직 일어나지 않은 어떤 불확실한 것에 있는데요, 통계에서는 이것을 사건^{Event}이라고 부릅니다. 확률은 바로 이 사건이 현실이 될 가능성을 0부터 1 사이의 숫자로 표현한 것이고요. 다시 말하자면 어떤 불확실성의 정도를 0부터 1 사이의 소수로 표현한 것을 확률^{Probability}이라고 합니다. 우리에겐 이 소수에 100을 곱한 백분율(%)이 더 친근하죠. 확률 0%는 불가능, 100%는 필연을 의미합니다. 그 중간에는 수많은 가능성들이 있습니다. 예를 들어, 확률이 75%라면, 똑같은 상황이 100번 반복되었을 때 75번 정도는 사건이 발생하고 나머지 25번 정도는 사건이 발생하지 않는다는 의미를 갖습니다. 그럼 이 확률은 어떻게 계산할 수 있을까요?

앞에서 살펴본 동전 던지기에서 앞면이 나올 확률은 얼마였을까요? 동전은 앞면 아니면 뒷면 중 반드시 한 면이 나오니까 앞면이 나올 확률은 50%겠죠. 그러나 실제로 동전을 10번 던져 보니 앞면이 나온 횟수는 6번이었습니다. 그럼 데이터에서 계산할 수 있는 확률은 10번 중에 6번, 즉 60%가 됩니다. 10번으론 부족하다면 더 많이 던져서 계산하면 되겠죠. 두 확률 중에 어느 것이 더 나은지 판단할 필요는 없습니다. 두 확률 모두 각각의 의미가 있으니까요.

논리적으로 혹은 수리적으로 계산한 확률을 이론적Theoretical 확률이라고 합니다. 이론적 확률은 누가 계산하든 항상 동일한 값이 나옵니다. 그런데 모두가 이 논리적 확률을 사용하지는 않습니다. 논리적으로 설명할 수 없는 사건들도 있고 또 누군가는 논리적 확률을 믿고 싶지 않기 때문입니다. 가위바위보에 자신이 있는 친구에게 "니가 이길 확률은 50%일 뿐, 더 높지도 낮지도 않아!"라고 말하면 어떻게 될까요? 직접 가위바위보를 하게 되겠죠. 가위바위보를 10판 정도 해보고 진짜 승률이 50% 이상인지 아닌지 살펴보면 됩니다. 이처럼 사건을 직접 관찰하거나 모의 실험Simulation을 통해서 계산된 확률을 경험적Empirical 확률이라고 합니다. 낮 12시에 백화점에 들어온 사람이 남자일 확률이 궁금하다고 해서 아무리 논리적으로 접근해봐야 소용없습니다. 실제로 12시에 백화점을 가서 입구에 앉아 들어오는 사람들의 성별을 기록하고 경험적 확률을 계산할 수밖에 없습니다. 경험적 확률은 데이터라고 하는 과거의 기록으로부터 사건의 발생 패턴을 분석해서 계산할 수 있습니다. 가위바위보 10판을 할 때마다 결과가 달라지듯이 경험적 확률은 계산할 때마다 값이 달라질 수 있습니다.

확률을 활용한 당첨 번호 예측

그렇다면 모든 직장인의 꿈, 가장 쉽게 일확천금을 노릴 수 있는 몇 안 되는 합법적 방법인 나눔로또를 다시 한번 살펴봅시다. 6개 숫자 조합을 맞추는 것은 너무 복잡하니까 선택한 숫자 중 하나만 이번 주 당첨 번호에 포함될 확률을 생각해 봅시다. 전체 45개 숫자 중에서 당첨 번호는 6개니까 각각의 번호가 추첨 번호에 있을 확률은 6/45, 약 13.3%입니다. 15번이든 30번이든 상관없이 13.3%의 확률로 이번 주 당첨 번호에 포함될 수 있습니다. 현실은 어떨까요? 2016년에 있었던 총 53번의 나눔로또 추첨에서 각 번호가 몇 번이나 나왔는지를 정리했습니다.

당첨 번호	1번	2번	3번	4번	5번	6번	7번	8번	9번
추첨 횟수	10	10	7	9	6	9	10	7	1
당첨 번호	10번	11번	12번	13번	14번	15번	16번	17번	18번
추첨 횟수	10	12	5	8	4	9	7	6	5
당첨 번호	19번	20번	21번	22번	23번	24번	25번	26번	27번
추첨 횟수	8	6	7	4	6	7	7	3	5
당첨 번호	28번	29번	30번	31번	32번	33번	34번	35번	36번
추첨 횟수	10	5	9	3	5	15	9	7	7
당첨 번호	37번	38번	39번	40번	41번	42번	43번	44번	45번
추첨 횟수	8	7	7	4	7	4	7	8	8

33번 공은 무려 15번이나 나왔습니다. 경험적 확률을 계산해보면 15/53, 약 28.3%로 이론적 확률인 13.3%의 2배가 넘습니다. 반면 9번

공은 고작 1번 나왔습니다. 확률을 계산해보면 1/53, 1.9%밖에 안 되네요. 주최측에서 사기를 친 걸까요? 각 번호가 추첨된 횟수를 한눈에 볼 수 있도록 모든 번호의 등장 횟수를 막대그래프로 살펴봅시다.

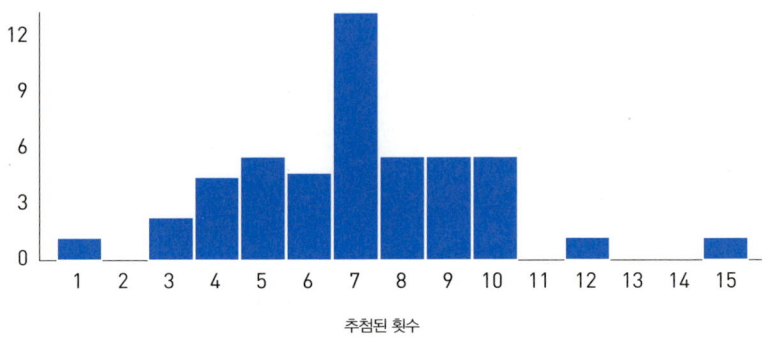

추첨된 횟수

각 번호의 입장에서 매번 13.3%의 확률로 53번의 기회가 있었습니다. 그렇다면 확률 0.133과 기회 53번을 곱하면 약 7.07이니까, 각 번호가 1년 동안 7번 정도는 나왔을 것으로 기대할 수 있습니다. 이렇게 확률을 고려했을 때 평균적으로 나올 것 같은 값을 기대값^{Expectation}이라고 합니다. 그래서인지 로또 번호 추첨 횟수를 나타낸 막대그래프를 보면 기대값만큼 7번 추첨된 숫자들이 12개나 되는 것을 확인할 수 있습니다. 물론 숫자에 따라서 한두 번 혹은 두세 번 더 나오거나 덜 나오기도 합니다. 한 번만 나온 9번 공과 열다섯 번이나 나온 33번 공이 특이하지만, 전체적인 패턴은 큰 문제가 없습니다. 살다 보면 전혀 예상하지 못한 곳에서 전혀 예상하지 못한 사람을 만나기도 하듯이 충분히 일어날 수 있는 우연입니다. 자, 그럼 이 정보를 활용해서 인생역전의 꿈을 꾸며 나눔로또를 사려고 합니다. 로또 번호를 찍기 앞서 이 정보를 얻은 여러분은 어떻게 번호를 선택하게 될까요?

1. 33번이 잘 나오니까, 이번에도 나올 거야! 33번을 선택하자.
2. 9번이 너무 안 나왔으니까 이젠 나올 때가 됐지! 9번!
3. 9번이든 33번이든 상관없으니 당첨만 됐으면 좋겠다. 찍자.

가장 안타까운 선택은 2번입니다. 우리는 더 나은 내일을 위해서 확률을 이용해야 하는데, 2번은 확률을 믿지 못하고 마치 공명정대한 신이 있다고 믿는 것과 같죠. 데이터에서 얻은 정보를 활용한 올바른 선택은 1번 아니면 3번입니다.

3번을 선택한 사람은 합리적입니다. 이런 확률 게임에서는 내 선택이 결과에 전혀 영향을 미치지 않습니다. 아무리 고민해도 이론적으로 내가 이길 확률은 똑같죠. 어차피 참여할 게임이라면 고민하지 말고 내키는 대로 선택하는 것이 합리적입니다. 번호 6개를 고르느라 아까운 시간을 헛되이 쓰지 말고 그냥 자동 추첨을 사용하면 됩니다. 1번도 나쁘지 않은 선택입니다. 이론적 확률상 어떤 번호를 선택해도 확률이 같다면, 이왕이면 조금 더 끌리는 번호를 선택하는 것은 만족도를 높일 수 있는 최선의 선택이죠. 그리고 혹시 모릅니다. 추첨기에 공이 들어가는 순서나 추첨기가 작동하는 역학구조에 따라 각 번호가 뽑힐 확률이 다를 수도 있으니까요! 이제 로또에 대한 희망은 잠시 접어두고 확률을 활용해서 무엇을 할 수 있을지 살펴봅시다.

데이터 분석과 확률

우리는 과거 속에서 미래를 향한 인사이트를 얻기 위해 데이터를 분석합니다. 통계는 과거를 기록한 데이터 속에서 패턴을 찾고 어떤 가능성을 적절한 숫자, 확률로 표현을 하죠. 그래서 당연히 데이터 분석에서 확률은 중요한 역할을 합니다. 확률은 데이터 분석에서 다양하게 활용되는데, 크게 두 가지로 분류할 수 있습니다.

첫 번째, 어떤 관심 있는 확률이 궁금할 때입니다. 하는 일마다 성공하는 사람도 있지만 손만 대면 실패하는 사람도 있습니다. 자기계발서에서는 성공의 요인을 찾지만, 통계는 성공의 확률을 계산합니다. 성공하는 사람과 실패하는 사람들의 정보를 모아 데이터를 만들고 도대체 어떤 차이가 성공과 실패를 가르는지 확률모형Probability model을 만듭니다. 이 확률모형 속에서 성공할 확률에 영향을 미치는 변수가 무엇인지 살펴볼 수 있고요.

두 번째, 어떤 차이가 의미가 있는지 없는지 궁금할 때입니다. 모두가 완전히 똑같지 않기 때문에 차이는 항상 존재합니다. 문제는 이 차이가 어쩌다 생길 수 있는 수준의 미세한 차이인지 아니면 우연이라 하기엔 너무 큰 차이인지를 따져 봐야 한다는 겁니다. 예를 들어, 주변의 친구 8명을 대상으로, 남자 4명 중 2명이 안경을 쓰고 있고, 여자 4명 중 1명이 안경을 쓰고 있으니 '25% 포인트'의 큰 차이가 있다고 할 수는 없겠죠. 하지만 한국 남성의 50%가 안경을 쓰고 여성은 25%만 안경을 쓴다면 이 '25% 포인트'의 차이는 따져 봐야 할 문제가 됩니다. 이처럼 똑같은 차이라도 1만 명, 10만 명으로부터 계산된 차이라면 훨씬 더 큰 의미를 가질 겁니다. 통계는 이런 차이의 정도도 확률로 표현합니다. 확률이 1에 가까울수록 충분히 있음직한 흔한 차이를 의미하고, 확률이 0에 가까울수록 매우 드물게 일어나는 차이를 의미하죠.

물론 두 경우가 완전히 분리되어서 사용되는 것은 아닙니다. 변수의 관계를 활용해서 관심 있는 변수 속 차이를 확률로 설명함과 동시에 설명된 차이가 의미가 있는지 없는지를 판단하죠. 이렇게 통계는 불확실성을 설명하기 위해서 확률을 사용합니다. 그 결과는 0부터 1 사이의 숫자로 표현하지만, 통계는 그 과정에서 변수의 관계를 확인하고 숫자로 표현합니다. 어려운 이야기지만 하나씩 차근차근 살펴보면 금세 이해할 수 있을 것입니다.

지금까지 하나의 변수가 어떤 차이를 가지고 있는지 요약을 통해 살펴봤다면, PART 2에서는 그 차이를 설명하기 위해서 변수 간의 관계를 어떻게 확인하고 표현하는지를 살펴본 다음, 간단한 통계 모형들을 활용해 변수의 차이를 설명하는 개념들에 대해서 이야기해보겠습니다.

PART 2

차이를 설명하는
통계 개념

31% 범인은 이 안에 있다

차이는 아무 이유 없이 그냥 벌어지는 게 아닙니다. 반드시 원인이 있기 마련이죠. 그리고 그 원인은 바로 데이터 안에 있습니다.

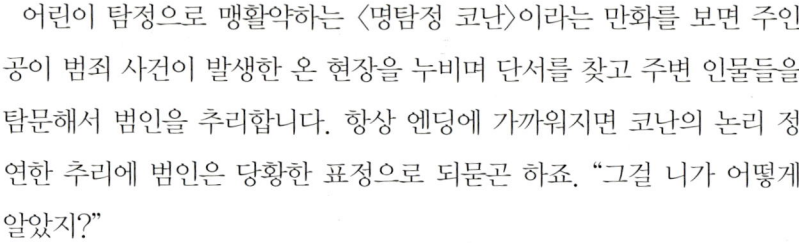

　어린이 탐정으로 맹활약하는 〈명탐정 코난〉이라는 만화를 보면 주인공이 범죄 사건이 발생한 온 현장을 누비며 단서를 찾고 주변 인물들을 탐문해서 범인을 추리합니다. 항상 엔딩에 가까워지면 코난의 논리 정연한 추리에 범인은 당황한 표정으로 되묻곤 하죠. "그걸 니가 어떻게 알았지?"

　우리 눈앞에도 사건이 있습니다. 다만 끔찍한 범죄가 아니고 통계적 사건이죠. 동전을 10번 던진 단순한 사건도 있고, 대선과 같이 조금은 복잡한 사건들도 있습니다. 대부분의 사람들은 앞면이 몇 번 나왔는지, 어느 후보가 몇 %의 표를 얻었는지 살펴보는 것으로 만족합니다. 이 과정이 PART 1에서 살펴본 데이터 요약에 해당합니다. 그러나 탐정은 항상 의문을 가지죠. 왜 동전 앞면이 6번 나왔을까? 왜 후보마다 득표율에 차이가 있을까? 그리고 나서 탐문 수사를 시작합니다.

　통계 사건은 이미 지나간 과거 속에 있기 때문에 우리가 현장을 직접 살펴보기는 어렵습니다. 대신 우리는 그 순간을 기록한 데이터를 가지고 있습니다. 그리고 그 데이터 속에는 변수들이 있습니다. 결국 데이터 분석은 변수들을 활용해서 논리적으로 차이를 설명하는 과정입니다. 그 첫 단계가 바로 변수 간의 관계 탐색입니다. 마치 탐문 수사 같은 것이죠. 하나의 변수만 살펴보는 것이 아니라 두 개 이상의 변수들이 서로 어떤 관계를 가지는지 살펴봐야 합니다. 데이터 속에 있는 여러 변수 중에서 차이를 확인하고 설명하려 하는 변수를 관심 변수라고 합시다. 이 관심 변수는 개수가 몇 개든, 심지어 아예 없더라도 문제가 없습니다. 그리고 나머지 변수들을 이 관심 변수의 차이를 설명해줄 수 있는 변수라는 의미에서 설명 변수라고 합시다.

물론 우리가 모든 차이를 설명할 수 있는 것은 아닙니다. 곧 살펴볼 키를 예로 들어볼까요? 우리는 모두 서로 다른 키를 가지고 있습니다. 차이가 있는 것이죠. 이 키 차이를 설명할 수 있는 변수가 있을까요? 네, 있습니다! 부모의 키를 활용해서 유전적 영향을 확인하고 생활 환경과 관련된 변수들을 사용하면 어느 정도 키 차이를 설명할 수 있을 것입니다. 그렇다면 일란성 쌍둥이는 어떨까요? 거의 똑같은 유전자, 같은 생활 환경에서 자랐지만 키는 완전히 똑같을 수 없습니다. 생활 습관, 운동량, 심리 상태 등 우리가 알 수 없는 요소들이 복합적으로 만든 1mm의 차이가 있을 수 있죠. 그러나 모든 것을 숫자로 표현하는 통계는 이 알 수 없는 부분조차 수식으로 표현할 수 있습니다. PART 2에서는 이와 같은 차이를 설명하기 위한 변수의 관계에 초점을 맞추고 PART 3에서는 차이를 입증하기 위한 테스트를 중심으로 이야기해보겠습니다.

35% 부전자전, 유전 연결고리

아무래도 아빠 키가 크면 아들 키도 크겠죠?

키 작은 엄마와 키가 엄청 큰 아들이 나란히 서 있습니다. 우리는 자연스럽게 아빠를 떠올리고 '아빠가 키가 크겠구나'하고 생각합니다. 만약 아빠도 키가 작다면 할아버지가 키가 엄청 클 것 같은 느낌이 들죠. 그럼 실제로 아빠 키가 아들 키에 영향을 줄까요? 만약 그렇다면, 얼마나 영향을 줄까요? 우리보다 앞서서 이런 고민을 한 칼 피어슨$^{Karl\ Pearson}$이라는 통계학자가 있습니다. 피어슨의 추리를 따라 키의 연결고리를 따라가 봅시다.

산점도

아빠 키와 아들 키의 관계를 확인하기 위해서는 데이터가 필요합니다. 우선 "아빠 키", "아들 키"라는 변수가 있어야 합니다. 그리고 당연히 관측의 단위는 가족입니다. 옆집 아저씨 키와 앞집 아들 키의 관계를 살펴보는 것은 의미가 없겠죠. 그래서 1,078 가족의 아빠 키와 아들 키를 정리한 데이터를 준비했습니다.

가족 번호	아빠 키(cm)	아들 키(cm)
1	162.2	151.8
2	160.7	160.6
...	...	...
1,077	179.7	176.0
1,078	178.6	170.2

　이 데이터를 가지고 아빠 키가 크면 아들 키도 크고, 아빠 키가 작으면 아들 키도 작다는 키의 유전적 관계를 숫자로 증명하면 됩니다. 어떻게 해야 할까요? 먼저 데이터는 변수와 관측치로 구성되어 있다는 점을 다시 상기시킵시다. 그리고 이 데이터에는 2개의 변수와 1,078개의 관측치가 있습니다. 혹시 기억하나요? 앞서 **5% 날줄과 씨줄**에서 데이터는 어떤 공간을 만드는데, 그 공간은 변수만큼의 차원으로 구성되고 공간 속에는 관측치만큼 점들이 흩어져 있다고 했습니다. 어렵게 말로 표현했지만, 키 데이터를 공간으로 표현한 그림은 생각보다 간단합니다.

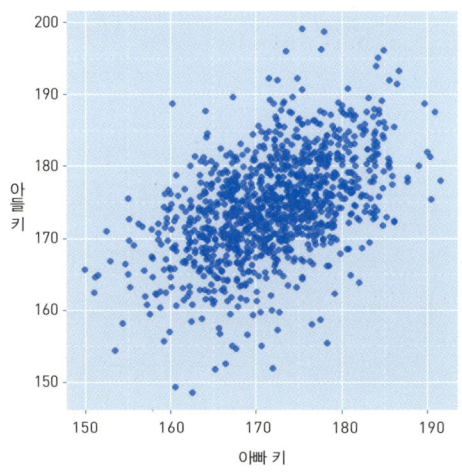

가로축에는 아빠 키를, 세로축에는 아들 키를 뒀습니다. 따라서 자연스럽게 2차원 공간이 만들어졌으며 각 관측치는 이 공간 속에 하나의 점으로 찍혀 있습니다. 이렇게 두 연속형 변수를 2차원 공간으로 표현하는 방법을 산점도 Scatterplot라고 합니다. 산점도를 그리면 관측치들이 만들어 내는 패턴을 확인할 수 있습니다.

패턴을 조금 더 쉽게 찾기 위해서 보조선 두 개를 그어볼까요? 아빠 키의 평균 171.9cm를 수직선으로 그리고, 아들 키의 평균 174.5cm를 수평선으로 그려봅시다.

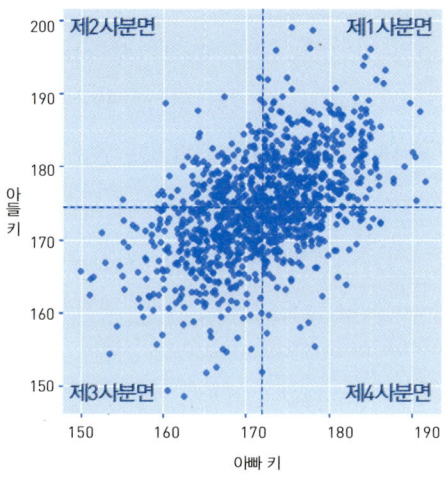

아빠 키 평균 수직선을 기준으로 왼쪽은 평균보다 키가 작은 아빠들, 오른쪽은 평균보다 키가 큰 아빠들이 있습니다. 아들 키 평균 수직선을 기준으로 위쪽은 평균보다 키가 큰 아들, 아래쪽은 평균보다 키가 작은 아들들이 있고요. 수평선과 수직선에 의해서 공간은 4개로 나눠집니다. 그래서 이를 가리켜 사분면 Quadrant이라고 부릅니다. 오른쪽 위부터 반시

계방향으로 순서대로 1, 2, 3, 4사분면이라고 부릅니다.

제1사분면에 속하는 가족은 아빠도 아들도 평균보다 키가 큽니다. 제3사분면은 아빠도 아들도 평균보다 키가 작네요. 이 두 사분면은 아들 키와 아빠 키는 관련이 있다는 주장에 힘이 됩니다. 반대로 제2, 4사분면에 있는 아들과 아빠는 이 주장에 반하는 데이터를 보입니다. 아빠는 키가 큰데 아들은 키가 작거나, 아빠는 작지만 아들은 키가 큰 경우니까요. 하지만 그래프를 보면 확실히 제1, 3사분면에 점이 많은 것을 볼 수 있습니다. 즉, 아빠 키와 아들 키는 밀접한 관련이 있는 것으로 보입니다.

그러나 우리는 이 생각을 좀 더 명확한 숫자로 표현해야 합니다. 두 변수가 어떤 관련이 있고, 얼마나 큰 관련이 있는지를 표현해줄 숫자가 필요합니다. 가장 간단한 방법은 제1, 3사분면과 제2, 4사분면 중에 어느 쪽에 관측치가 더 많은지 개수를 세는 것이죠. 그렇지만 단순한 개수는 문제가 있습니다. 왜 문제가 발생하는지 1,078개의 아빠 키와 아들 키 데이터에서 뽑은 4개의 데이터를 예로 보겠습니다.

아빠 키(cm)	아들 키(cm)
160	160
170	180
180	170
190	190

이 데이터를 숫자 대신에 산점도에 표현해보면 다음과 같습니다.

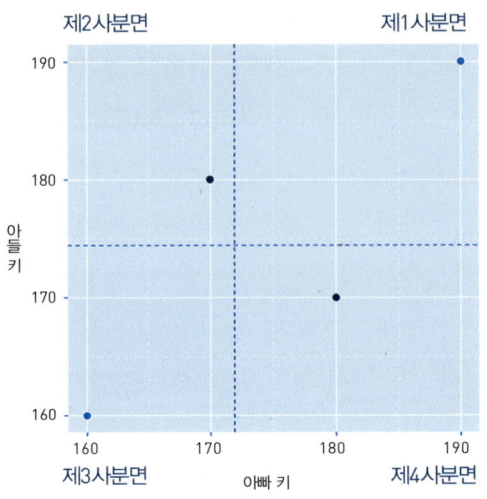

　　제1, 3사분면에 2개, 제2, 4사분면의 2개의 관측치가 있습니다. 만약에 제1, 3사분면과 제2, 4사분면에 있는 점의 개수를 세어 관계를 설명하려 한다면 각 관측치의 개수가 2:2를 이루게 되어 아빠 키와 아들 키는 관련이 없다고 해야 합니다. 하지만 두 평균 보조선이 만나는 중심점에서 멀리 있을수록 값이 확연히 차이 나면서 더 큰 힘을 갖기 때문에 아빠 키와 아들 키가 관련이 있는 것처럼 보입니다. 제1, 3사분면의 두 점은 중심에서 멀리 떨어져서 큰 힘이 있지만, 나머지 두 점은 중심 가까이 있어서 힘이 상대적으로 약한 것이죠. 즉, 개수를 사용하면 모든 관측치의 영향력이 1로 똑같지만, 실제로는 관측치의 거리에 따라 영향력이 달라지는 셈입니다. 그렇다면 관측치가 중심에서 멀리 떨어져 있을수록 얼마나 큰 영향력을 갖게 되는지 한눈에 확인할 새로운 방법이 필요합니다. 힌트는 사각형입니다.

상관관계

관측치가 중심에서 멀리 떨어져 있다는 것은 평균 키에서 멀리 떨어져 있다는 것을 의미합니다. 따라서 두 변수의 관계를 표현할 숫자를 계산할 때 평균에서 멀리 떨어져 있는 관측치가 더 큰 영향력을 갖도록 해야 합니다. 그래서 아빠 키의 평균으로부터의 거리와 아들 키의 평균으로부터의 거리를 계산해서 두 값을 곱합니다. 그럼 키가 평균으로부터 멀리 떨어져 있을수록 그 값은 커지고, 평균과 가까울수록 작아집니다. 그림으로 표현해볼까요?

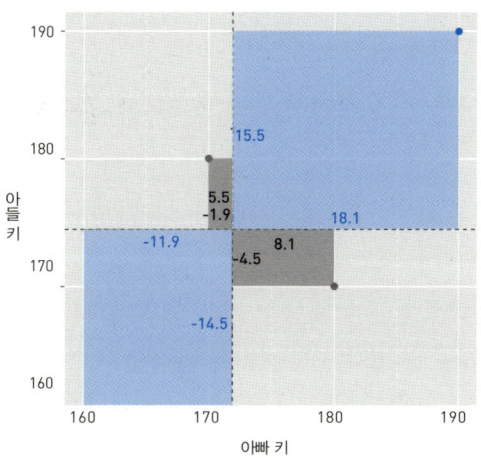

제1사분면에 있는 점을 살펴보면 아빠 키는 190cm로, 평균 171.9cm보다 18.1cm 크고, 아들 키도 190cm로, 평균 174.5cm보다 15.5cm 큽니다. 따라서 이 관측치의 영향력은 18.1cm과 15.5cm를 곱한 $280.55cm^2$가 됩니다. 제3사분면에 있는 관측치는 아빠 키와 아들 키 모두 평균보다 작아서 평균으로부터 거리가 −11.9cm, −14.5cm로 측정되는데요, 두 값을 곱하면 172.55cm²로 양수가 됩니다. 그러나 제2, 4사분면에 있는 두 점은 아빠 키와 아들 키 중 한쪽은 평균보다 크고 나머지 한쪽은 평균보다 작기 때문에 두 수를 곱하면 음수가 됩니다. 그래프에서 표현된 것처럼 아빠 키와 평균의 차이는 가로 길이, 아들 키와 평균의 차이는 세로 길이를 의미합니다. 그리고 우리가 이 두 수를 곱해 계산한 값들은 평균점과 관측치 점으로 만든 사각형의 면적을 의미합니다. 한가지 특이한 것은 제1, 3사분면의 점들은 양의 면적을 가지고, 제2, 4사분면의 점들은 음의 면적을 가진다는 것이죠.

아직 끝이 아닙니다. 우리는 방금 막 각각의 관측치마다 사각형을 하나씩 만들어 면적을 계산했습니다. 키 데이터의 경우 관측치 개수만큼, 즉 1,078개의 사각형 면적을 계산한 것이죠. 이 사각형들을 활용해서 두 변수의 관계를 하나의 숫자로 표현해야 합니다. 복잡할 것 같지만, 아주 간단한 방법이 있습니다. 사각형 면적의 평균을 계산하는 것이죠. 만약 사각형 면적의 평균이 양수라면 제1, 3사분면에 있는 관측치들의 영향력이 세고, 음수라면 제2, 4사분면에 있는 관측치들의 영향력이 센 것이죠. 사각형 면적의 평균을 계산한 것은 이번이 처음은 아닙니다. 한 변수의 분산을 구할 때 정사각형 면적을 다 더한 다음 (관측치의 개수-1)로 나눴었죠. 바로 분산이었습니다.

$$s_x^2 = \frac{1}{n-1}\sum_{i=1}^{n}(x_i - \bar{x})^2 = \frac{1}{n-1}\sum_{i=1}^{n}(x_i - \bar{x})(x_i - \bar{x})$$

변수 x의 분산 s_x^2는 이 식처럼 n개의 관측치 중 i번째 관측치에 대해서 각각 평균으로부터의 거리 $(x_i - \bar{x})$를 계산하고 이 값을 두 번 곱해서 정사각형의 넓이를 계산했습니다. 그리고 이 정사각형 면적들의 평균을 계산해서 분산을 만들었습니다. 이때까진 하나의 변수에 대해서만 살펴봤지만, 우리는 지금 두 변수의 관계를 살펴보고 있습니다. 그래서 x 말고 또 다른 변수 y까지 2개의 변수를 활용하는 것이죠. $(x_i-\bar{x})$와 $(y_i-\bar{y})$를 곱해서 직사각형의 넓이를 구하고, 평균을 계산하는 것입니다. 그리고 이 값을 '변수 x와 y를 함께 사용해서 계산한 분산'이라는 의미에서 **공분산** Covariance이라고 부릅니다. x와 y의 공분산 q_{xy}는 다음과 같이 수식으로 표현할 수 있습니다.

$$q_{xy} = \frac{1}{n-1}\sum_{i=1}^{n}(x_i-\bar{x})(y_i-\bar{y})$$

수식의 표현이 다소 생소할 수 있지만, 한가지만 기억하면 됩니다. x의 평균 $\bar{x}$와 y의 평균 $\bar{y}$가 공간을 4등분하고 제1, 3사분면과 제2, 4사분면 중 어느 쪽에 얼마나 영향력이 큰 관측치들이 있는지에 따라 q_{xy}가 달라진다는 것입니다. 그럼 아빠 키와 아들 키의 공분산을 계산해볼까요?

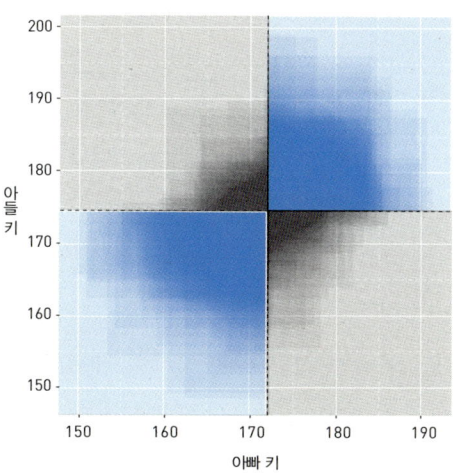

평균과 1,078개의 점이 만들어 내는 사각형을 겹쳐 그려봤습니다. 확실히 양의 면적을 가지는 파란색 사각형이 음의 면적을 가지는 회색 사각형보다 더 넓고 진하게 분포되어 훨씬 세력이 강해 보입니다. 실제로 아빠 키를 x, 아들 키를 y에 두고 평균 사각형 면적, 공분산을 계산해보면 $25cm^2$이라는 양의 값이 나옵니다.

$$q_{xy} = \frac{1}{1,078-1} \sum_{i=1}^{1,078} (x_i - \bar{x})(y_i - \bar{y}) = 25cm^2$$

공분산의 값이 양수일 때 통계는 두 변수가 **양의 상관관계**가 있다고 합니다. 두 변수가 함께 크거나 함께 작은 일정한 패턴이 있는 것이죠. 서로 떼어놓을 수 없는 치킨과 맥주처럼 경제학에서 말하는 '보완재'의 개념과 비슷합니다. 반대로 공분산의 값이 음수일 때는 두 변수가 **음의 상관관계**가 있다고 합니다. 변수 하나가 커지면 나머지 하나가 작아지는 것이죠. 스마트폰 시장의 두 축, 아이폰과 갤럭시와 같이 경제학에서 말하는 '대체재'의 개념과 비슷합니다.

그런데 한가지 문제가 있습니다. 우리가 계산한 공분산은 $25cm^2$입니다. '25'라는 숫자에서는 안타깝게도 양수라는 것 외에는 어떤 정보도 얻을 수 없죠. 게다가 cm 단위로 계산한 모든 아빠와 아들의 키를 m 단위로 바꾸면, 이 값은 10,000분의 1로 줄어든 $0.0025m^2$가 됩니다. 단위에 따라 공분산은 값이 계속 변하기 때문에 부호 말고는 정보를 얻기가 어렵습니다. 그렇지만 우리는 이미 단위 문제를 해결할 수 있는 방법을 배웠습니다. 바로 표준화입니다. 공분산을 계산하기 전에 먼저 두 변수를 각각 표준화한 다음 다시 공분산을 계산해봅시다.

상관계수

아빠 키와 아들 키를 각각의 평균과 표준편차를 활용해서 표준화할 수 있습니다. 사실 공분산의 계산 과정에서 평균을 빼주는 중심화를 이미 적용했기 때문에, 표준편차로 나눠주는 척도화만 해주면 됩니다.

번호	아빠 키(cm)	아들 키(cm)	표준화된 아빠 키	표준화된 아들 키
1	162.2	151.8	-1	-3.2
2	160.7	160.6	-1.6	-1.9
...	...	...	...	...
1,077	179.7	176.0	1.1	0.2
1,078	178.6	170.2	1.0	-0.6

그림 표준화의 결과를 먼저 그림으로 살펴봅시다.

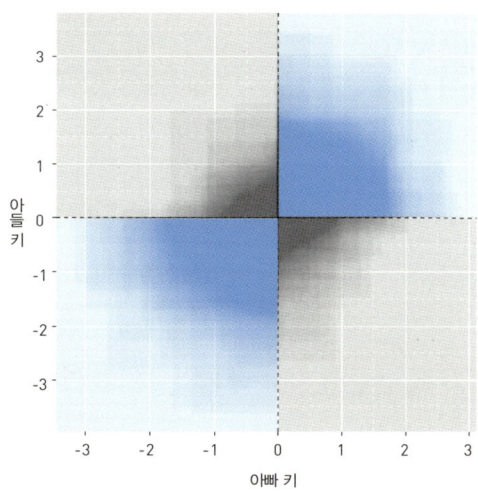

앞서 살펴본 그래프와 비교해보면 사각형의 패턴에는 큰 차이가 없습니다. 가장 큰 차이는 아빠 키와 아들 키 모두 원래 키가 아닌 표준화된 값을 가진다는 것이죠. 물론 축만 바뀐 것은 아닙니다. 표준화된 키는 그냥 숫자일 뿐, 더 이상 cm 단위가 아닙니다. 아빠 키와 아들 키 대신 표준화된 아빠 키 x'과 역시 표준화된 아들 키 y'의 공분산을 구해보면 0.5가 됩니다.

$$x' = \frac{(x_i - \bar{x})}{s_x},\ y' = \frac{(y_i - \bar{y})}{s_y}$$

$$q_{x'y'} = \frac{1}{1{,}078 - 1} \sum_{i=1}^{1{,}078} (x_i' - \bar{x'})(y_i' - \bar{y'}) = \frac{1}{1{,}078 - 1} \sum_{i=1}^{1{,}078} x_i' y_i' = 0.5$$

이처럼 표준화된 두 변수의 공분산을 **상관계수**Correlation Coefficient라고 부릅니다. 그리고 변수 x와 y의 상관계수 r_{xy}는 표준화와 공분산을 한데 묶어 다음처럼 수식으로 표현할 수 있습니다.

$$r_{xy} = \frac{1}{n-1} \sum_{i=1}^{n} \frac{(x_i - \bar{x})}{s_x} \frac{(y_i - \bar{y})}{s_y} = \frac{q_{xy}}{s_x s_y},\ -1 \leq r_{xy} \leq 1$$

아빠 키와 아들 키의 상관계수 0.5는 앞에서 살펴본 25cm^2와 크게 다르지 않은 것 같지만 매우 큰 차이가 있습니다. 먼저 cm^2라는 면적의 단위가 사라졌기 때문에 다른 변수들의 상관계수와 비교할 수 있습니다. 그리고 이제는 '0.5'라는 숫자가 큰 의미를 지닙니다. 상관계수는 어떤 두 연속형 변수로 계산하든지 가장 클 때는 1이고 가장 작을 때는 −1이기 때문입니다.

두 변수가 가장 닮았을 때가 언제일까요? 똑같을 때입니다. 수식에서

y의 자리에 x를 넣으면 상관계수는 결국 표준화된 x의 분산을 구하는 것과 식이 똑같아지고, 표준화된 변수의 특성에 따라 상관계수는 1이 됩니다. 그렇다면 반대로 두 변수가 가장 다를 때는 언제일까요? 어떤 변수와 그 변수에 -1을 곱한 새로운 변수는 무조건 정반대로 움직입니다. x와 $-x$는 완전히 반대로 움직이고, 역시 수식에서 계산해보면 앞의 경우와 "$-$"만 차이가 나기 때문에 상관계수가 -1이 됩니다. 그래서 두 연속형 변수로부터 계산된 상관계수는 항상 -1부터 1 사이의 값을 갖습니다. 두 변수의 상관계수가 -1에 가까울수록 강한 음의 상관관계, 1에 가까울수록 강한 양의 상관관계를 가지고 있으며 0에 가까울수록 서로 관련이 없다는 것을 의미합니다. 물론 상관계수를 구하지 않더라도 관측치들이 보이는 모양으로 상관관계를 유추할 수 있습니다. 두 변수로 구성된 2차원 산점도에서 관측치가 원형으로 흩어져 있으면 상관계수가 0에 가깝고, 타원을 거쳐 직선과 비슷할수록 강한 상관관계를 가진다고 할 수 있습니다. 그러나 단순히 산점도 패턴만으로 판단하기 힘든 경우도 많고 또 숫자로 확인하는 것이 더 명확하기 때문에 상관계수를 사용하는 것이 좋습니다.

상관계수는 PART 3에서 다시 등장합니다. 아빠 키와 아들 키의 상관계수를 활용하면 아빠 키에 따라 아들 키를 예측할 수 있고, 또 아빠 키의 영향력이 얼마나 되는지도 살펴볼 수 있죠. 그 전에 변수 간의 관계를 설명하는 다른 방법들을 마저 들여다봅시다. 이번엔 연속형 변수가 아닌 범주형 변수들의 관계를 살펴보겠습니다.

40% 니가 하면 나도 한다

음식에도 궁합이 있습니다.
케이크는 아메리카노랑 햄버거는 사이다랑 먹어야 더 맛있죠.

두 연속형 변수는 상관계수로 관계를 확인할 수 있습니다. 그러나 두 범주형 변수의 관계는 상관계수로 계산할 수가 없습니다. 범주형 변수는 평균도 표준편차도 구할 수 없기 때문이죠. 게다가 상관계수가 설명하는, 함께 커지거나 반대로 함께 작아지는 관계는, 범주형 변수들을 설명하기에는 어색한 개념입니다. 상관계수와는 다른 방법을 써서 두 범주형 변수 사이에 어떤 관계가 있는지 확인해야 합니다.

시험기간에 고생하는 학생들을 위해서 뜬금없지만 간식을 준비했습니다. 케이크와 햄버거를 넉넉히 사고 마실 거리도 준비했습니다. 커피와 사이다입니다. 학생들에게 케이크와 햄버거 중에 하나를 선택하고, 커피와 사이다 중에 하나를 선택하라고 한다면 학생들은 어떤 조합을 더 많이 선택할까요? 먼저 선택 가능한 간식 조합은 다음과 같습니다.

	커피	사이다
케이크	(케이크, 커피)	(케이크, 사이다)
햄버거	(햄버거, 커피)	(햄버거, 사이다)

아무래도 달달한 케이크에는 풍미를 더해주는 커피가 어울리고, 기름진 패티가 들어 있는 햄버거에는 탄산음료가 제격이죠! 많은 학생들이 (케이크, 커피), (햄버거, 사이다) 조합을 선택했을 것 같네요. 자, 케이크와 햄버거는 먹는 것이고 커피와 사이다는 마시는 것이지만, 둘 사이에는 어떤 깊은 관계가 있습니다. 먹는 것과 마시는 것의 장벽을 뛰어넘어 함께 했을 때 더 잘 맞는다는 조합의 관계죠. 이것이 바로 범주형 변수의 관계, 좀 더 정확하게는 두 범주형 변수의 수준 간의 관계입니다. 그럼 우리는 어떻게 이 관계를 확인하고 표현할 수 있을까요?

교차표

변수는 데이터 공간 속에서 축을 의미합니다. 범주형 변수도 다를 바 없습니다. 다만 연속형 변수처럼 수직선으로 표현하는 것은 아니고 표로 표현합니다. 관측치마다 다양한 값이 아니라 '남자'와 '여자'처럼 몇 가지 정해진 수준 중에서 하나의 값을 가지기 때문에 굳이 수직선이 필요 없죠. 다음 표처럼 두 범주형 변수 중 한 변수는 가로축에, 나머지 변수는 세로축에 두고 2차원 표로 데이터를 요약할 수 있습니다.

	수준 1	수준 2	수준 3	수준 4
수준 A				
수준 B			10	
수준 C				

2개 범주형 변수를 요약하기 위한 2차원 표

첫 번째 변수에는 수준 1, 2, 3, 4가, 두 번째 변수에는 수준 A, B, C가 있습니다. 범주형 변수는 관측치들을 수준의 개수만큼 그룹으로 나누는 역할을 합니다. 따라서 범주형 변수가 2개일 때는 관측치들을 두 변수 조합의 개수만큼 그룹으로 나눌 수 있습니다. 예를 들면, "2개 범주형 변수를 요약하기 위한 2차원 표"에서는 첫 번째 변수의 수준 4개와 두 번째 변수의 수준 3개를 조합해서 총 12개의 그룹이 만들어집니다. 표에서 10이라는 숫자는 전체 데이터에서 첫 번째 변수 값이 수준 3이고 두 번째 변수 값이 수준 B인 관측치가 10개 있다는 것을 의미합니다. 이러한 2차원 표를 교차표Contingency Table라고 부릅니다. 교차표를 좀 더 쉽게 이해하기 쉽도록 최근 4번의 올림픽 대회에서 한국인 선수가 딴 메달 성적을 교차표로 정리했습니다.

	금메달	은메달	동메달
28회 아테네	9	12	9
29회 베이징	13	10	9
30회 런던	13	8	7
31회 리우	9	3	9

원래 데이터는 어떤 선수가 어떤 대회에서 어떤 메달을 땄는지 메달 단위로 관측치가 있었겠지만 가로축에는 대회, 세로축에는 메달이라는 변수를 두고 총 12개의 숫자로 구성된 교차표를 만들었습니다. 교차표의 장점은 두 범주형 변수로 구성된 데이터를 매우 효율적으로 요약할 수 있다는 것입니다. 누군가 리우 올림픽에서 몇 개의 은메달을 땄냐고 물어본다면 행에서는 리우를 찾고 열에서는 은메달을 찾아 두 기준이

만나는 점의 숫자 3을 답으로 말하면 되니까요. 그러나 교차표는 단순히 요약만을 위한 것은 아닙니다. 교차표에서는 수준들의 관계를 살펴볼 수 있습니다. 이것을 위해 일단 행 합계와 열 합계를 계산해봅시다.

	금메달	은메달	동메달	행 합계
28회 아테네	9	12	9	30
29회 베이징	13	10	9	32
30회 런던	13	8	7	28
31회 리우	9	3	9	21
열 합계	44	33	34	111

리우 올림픽에서는 9개의 금메달과 3개의 은메달 그리고 9개의 동메달을 획득해서 총 21개의 메달을 손에 쥐었습니다. 4회의 올림픽 동안 따낸 은메달 성적을 살펴보면 순서대로 12, 10, 8, 3개의 은메달을 얻어서 총 33개입니다. 전체 성적을 보면 총 111개의 메달을 땄습니다. 자, 그럼 리우 올림픽에서 딴 21개의 메달 중에 어떤 색 메달이 가장 많을까요? 그리고 은메달 합계 33개에 가장 큰 기여를 한 대회는 언제일까요? 눈으로 하나하나 확인하는 것보다 행 백분율과 열 백분율을 계산하는 것이 빠릅니다.

행 백분율과 열 백분율

교차표에는 행과 열에 두 변수가 있습니다. 교차표에서 어떤 칸의 숫자가 큰지 작은지 확인하는 것으로는 두 변수의 관계를 살펴보기는 어렵습니다. "베이징과 런던에서 금메달을 13개나 땄네!", "리우에서는 은메달이 3개밖에 없네."처럼 사실을 확인할 수 있을 뿐이죠. 두 변수의 관계를 살펴보기 위해서는 한 변수를 고정하고 그 안에서 나머지 한 변수가 어떤 역할을 하고 있는지 살펴봐야 합니다.

먼저 행에 있는 대회를 고정시켜 봅시다. 리우에서 가장 개수가 적은 메달은 누가 봐도 은메달입니다. 그럼 그 비중을 숫자로 나타내면 얼마일까요? 비중을 구하려면 메달 수를 행 합계로 나눠야 합니다. 리우에서 딴 은메달 수 3개를 행 합계 21로 나눈 0.14가 은메달의 비중이 됩니다. 이런 식으로 각 대회별로 금, 은, 동메달의 비중을 계산할 수 있겠죠?

	금메달	은메달	동메달	행 합계
28회 아테네	0.30	0.40	0.30	1.00
29회 베이징	0.41	0.31	0.28	1.00
30회 런던	0.46	0.29	0.25	1.00
31회 리우	0.43	0.14	0.43	1.00
열 합계	0.40	0.30	0.30	1.00

행 합계를 1로 봤을 때 각 열의 비중이 얼마인지 계산한 것을 **행 백분율**이라고 합니다. 주목해야 할 곳은 제일 마지막 행에 있는 열 합계에 대한 행 백분율입니다. 열 합계에는 대회 구분 없이 모든 대회에서 얻은 메달 수가 있었는데요, 역시 행 백분율을 계산하자 4개 대회를 통틀어 전반적인 메달 패턴을 보여줍니다. 우리 선수들이 획득한 메달 중 40%는 금메달이고, 은메달과 동메달은 30%씩이죠. 그러나 모든 대회가 이

전체적인 패턴과 일치하지는 않습니다.

행 백분율을 계산한 다음에는 열 단위로 교차표를 살펴보면 정보를 얻을 수 있습니다. 예를 들어, 전체 대회에서 딴 은메달의 비중은 30%지만, 아테네에서 딴 은메달의 비중은 40%로 훨씬 더 높고, 리우에서 딴 은메달의 비중은 14%로 상당히 낮습니다. 대신 아테네는 금메달의 비중이 전체 비중인 40%보다 낮은 30%죠. 베이징에서 딴 각 메달의 비중은 전체 대회에서 딴 메달 비중과 거의 비슷하네요. 이처럼 행 백분율을 구해보면 전반적인 열(메달) 비중 패턴과 다르게, 각 행(대회)이 어떤 열과 조금 더 혹은 조금 덜 관련이 있는지 살펴볼 수 있습니다. 따라서 아테네는 금메달보다는 은메달, 런던은 동메달보다는 금메달, 리우는 은메달보다는 동메달과 관련이 높다고 할 수 있습니다.

그렇다면 이번에는 반대로 열 합계를 1로 봤을 때 각 행의 비중이 얼마인지 계산한 **열 백분율**을 계산해보겠습니다. 각 메달의 합계를 1로 봤을 때 어떤 대회에서 메달이 많이 나왔는지를 살펴보는 것이죠.

	금메달	은메달	동메달	행 합계
28회 아테네	0.20	0.36	0.26	0.27
29회 베이징	0.30	0.30	0.26	0.29
30회 런던	0.30	0.24	0.21	0.25
31회 리우	0.20	0.09	0.26	0.19
열 합계	1.00	1.00	1.00	1.00

베이징과 런던에서는 금메달을 13개씩 획득했는데, 전체 금메달 중에서 각각 30%씩을 차지하네요. 교차표의 열 백분율에서도 역시 행 합계

에 대한 열 백분율이 중요합니다. 총 111개의 메달 중 베이징에서 29%의 메달을 얻었고 리우에서 가장 적은 19%의 메달을 얻었네요. 열 백분율을 구했으니 이번에는 행 단위로 숫자를 비교해봅시다. 아테네는 전체 메달로는 27%의 비중을 차지하지만, 은메달은 무려 36%나 됩니다. 대신 금메달의 비중이 20%로 조금 낮죠. 전체 메달에서 리우의 비중은 19%로 가장 낮은데요, 그중에서 특히 은메달은 9%로 가장 낮습니다. 대신 동메달의 비중은 26%로 다른 대회와 큰 차이가 없네요. 요약하면, 전체적으로 메달을 많이 딴 순서는 베이징-아테네-런던-리우 순이지만, 그중에서도 런던은 금메달, 아테네는 은메달, 리우는 동메달을 다른 메달에 비해 조금 더 많이 땄다는 것을 확인할 수 있습니다. 이렇게 열 백분율에서도 다른 수준들에 비해서 조금 더 관련이 깊은 행들이 있습니다.

이렇게 행 백분율과 열 백분율을 활용하면 특정한 행과 조금 더 관련이 있는 열, 특정한 열과 조금 더 관련이 있는 행을 찾아낼 수 있습니다. 즉, 두 범주형 변수에서 서로 관련이 있는 수준을 찾아낼 수 있죠. 그런데 문제는 우리가 여전히 숫자와 그다지 친하지 않다는 것입니다. 매번 교차표를 만들 때마다 행 백분율과 열 백분율을 계산하고 숫자들을 하나하나 비교하는 것은 정말 번거롭고 힘듭니다. 숫자만으로는 어떤 백분율이 더 크고 작은지, 범주형 변수 간 어떤 패턴이 있는지 한눈에 파악하기가 어렵다는 거죠. 그래서 교차표도 그림으로 표현합니다.

열지도

가로 4줄, 세로 3줄로 구성된 표에서 12개 정도의 숫자는 조금만 집중

하면 금세 패턴을 확인할 수 있습니다. 행 백분율, 열 백분율을 계산하고 전체 백분율과 수준별 백분율을 하나씩 비교하면 서로 관련이 있는 수준들을 묶어낼 수 있죠. 그런데 만약 두 범주형 변수에 수준이 10개씩 있어서 무려 100개의 숫자를 살펴봐야 한다면 어떨까요? 숫자가 많아져서 보기에도 어려울뿐더러 결과를 정리하는 것도 힘든 일입니다. 그래서 색깔을 활용해서 열지도Heatmap를 그립니다. 열지도는 교차표에서 가장 작은 숫자를 0, 가장 큰 숫자를 1로 보고 색의 진하기를 활용해서 교차표를 타일 그림으로 바꿔줍니다. 표의 한 칸이 타일 하나가 되는 거죠.

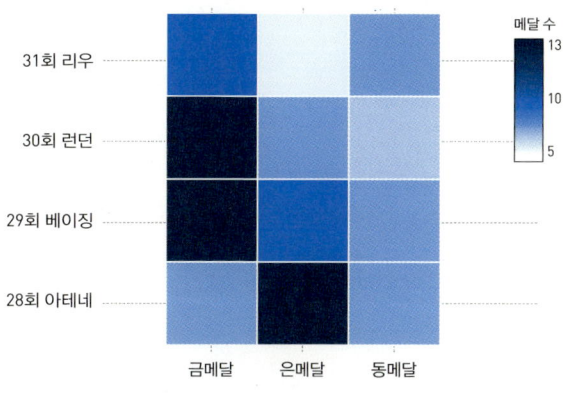

메달 수가 13개로 가장 많았던 런던과 베이징의 금메달 부분 색이 가장 진하고, 메달 수가 3개였던 리우의 은메달 부분 색이 가장 연하네요. 이렇게 열지도로 숫자 없이 색깔만으로도 어느 값이 크고 작은지 한눈에 살펴볼 수 있습니다. 행 백분율과 열 백분율 역시 열지도로 표현할 수 있습니다.

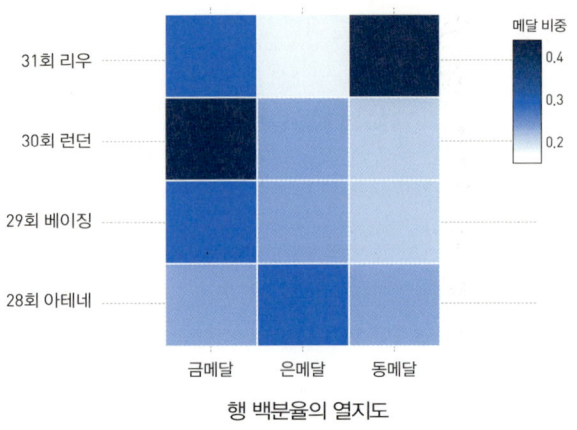

행 백분율의 열지도

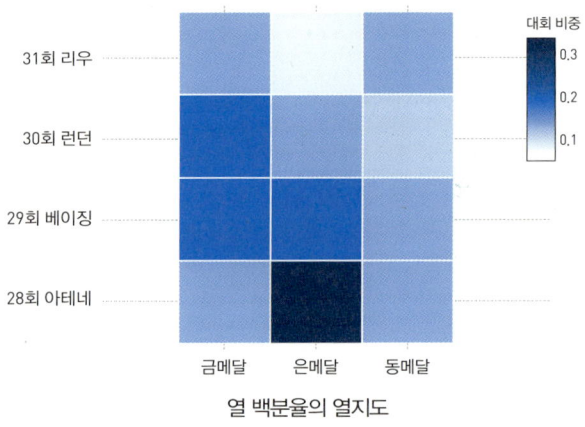

열 백분율의 열지도

 마찬가지로 행 백분율 열지도에서 색이 진한 곳은 각 대회에서 비중이 높은 메달을 의미하고, 열 백분율 열지도에서 색이 진한 곳은 각 메달에서 비중이 높은 대회를 의미합니다. 즉, 색깔이 진한 곳에서 교차하는 두 수준이 서로 높은 관련이 있다고 할 수 있습니다. 물론 행 백분율과 열 백분율은 함께 살펴봐야 합니다. 행 백분율의 열지도를 보면 리우와 금메달, 동메달이 엄청 큰 관련이 있는 것 같이 보입니다. 그렇지만 열 백분율의 열지도에서 같은 위치에 있는 타일의 색깔을 보면 그다지 진하지는 않죠. 리우에서는 은메달에 비해 금메달과 동메달의 비중이 높았지만, 리우의 전체 메달 수가 다른 대회에서 얻은 메달 수보다 적기 때문에 열 백분율에서는 비중이 적은 것이죠.

열지도는 범주형 변수의 수준이 많아질수록 더 효과적입니다. 예를 들어, 전국 17개 시도별 5세 단위 연령대별 인구수를 정리한 표를 살펴보겠습니다.

연령대	서울	부산	대구	인천	광주	대전	울산	세종	경기	강원	충북	충남	전북	전남	경북	경남	제주
0~4	384	133	100	133	68	71	59	14	600	58	69	96	76	77	112	155	30
5~9	368	128	104	133	74	73	56	14	620	63	71	98	79	75	107	158	32
10~14	401	142	121	138	84	79	58	12	643	72	77	100	91	85	117	165	34
15~19	543	204	165	177	113	111	77	12	787	97	106	135	123	111	163	207	39
20~24	681	241	176	196	114	125	77	14	805	105	108	136	121	94	163	194	36
25~29	722	204	141	180	90	100	70	11	731	77	87	114	92	76	137	169	29
30~34	824	233	160	215	107	110	86	17	904	86	102	141	105	98	164	222	39
35~39	768	241	175	226	116	115	91	20	994	96	108	148	118	110	172	243	43
40~44	809	264	208	246	130	130	99	19	1116	116	122	160	141	130	198	275	52
45~49	790	279	221	252	130	131	109	14	1092	123	131	159	144	142	213	286	52
50~54	767	293	216	254	116	123	105	13	1014	127	129	159	143	144	221	275	48
55~59	749	307	195	224	104	112	91	11	868	131	122	148	140	142	218	258	43
60~64	558	238	143	143	70	76	59	8	567	94	88	111	108	110	170	186	30
65~69	436	179	105	105	57	55	38	6	420	70	64	92	95	101	132	138	25
70~74	338	139	85	81	45	44	27	5	345	71	62	83	82	97	121	117	21
75~79	226	97	63	60	32	32	18	4	261	58	52	75	70	85	106	98	17
80~84	122	53	37	36	19	20	11	3	155	32	32	50	47	54	67	62	12
85~	81	32	21	25	13	13	7	2	104	23	20	31	30	35	42	38	8

2015년 인구총조사 기준 지역별 연령대 분포, 단위 : 천명

교차표로 잘 정리되었지만 종이를 가득 채운 306개의 숫자에서 어떤 패턴이 있는지 확인하는 것은 거의 불가능하죠. 그러나 각 시도별 연령대 구성비를 의미하는 열 백분율을 계산하고 열지도로 표현하면 훨씬 효과적으로 정보를 확인할 수 있습니다.

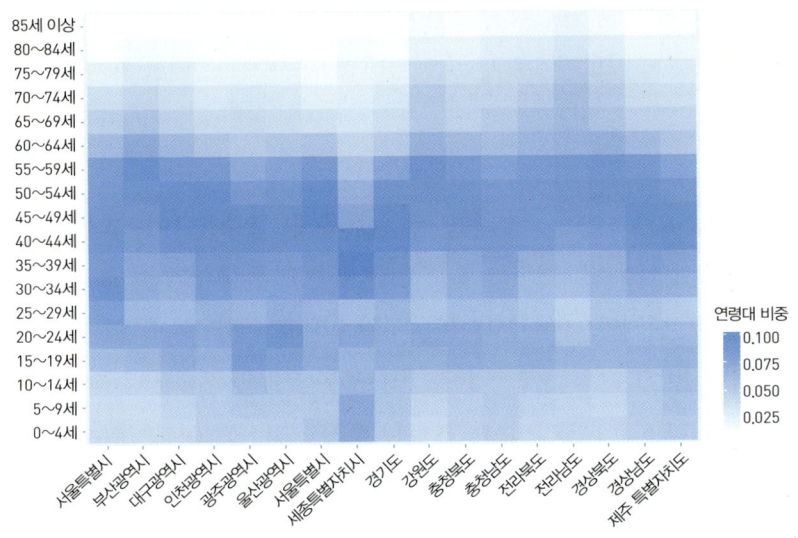

열 백분율 기준 지역별 연령대 분포의 열지도

지역을 막론하고 40대와 50대의 색이 전체적으로 짙습니다. 그리고 15세 미만 인구는 색이 연하네요. 저출산 문제와 곧 닥쳐올 인구 고령화 위기를 잘 보여주는 열지도입니다. 수도권보다는 지방의 60세 이상 인구의 비중이 높은 것도 보입니다. 그리고 30대에서 40대 초중반 공무원들과 자녀들이 모여있는 세종특별자치시도 눈에 띄네요. 이렇게 열지도를 활용하면 비교가 훨씬 쉬워집니다.

독립

 참 어려운 이야기를 할 시간이 왔습니다. 듣는 사람은 어렵고, 말하는 사람은 더 어려운 '독립'에 관한 이야기입니다. 우리나라가 일본으로부터 독립했을 때 사람들은 너 나 할 것 없이 거리로 뛰쳐나와 만세를 외쳤습니다. 더 이상 일본에 얽매일 필요가 없었기 때문이죠! 변수들도 비슷합니다. 일반적으로 케이크는 커피, 햄버거는 사이다와 어울린다고 생각하지만, 커피 입장에서는 항상 케이크랑 엮이는 것이 불만일 수 있습니다. **종속**Dependence되어 있는 것이죠. 이처럼 두 변수가 이런 종속적인 관계가 아니라 서로 얽매이지 않고 완전히 남남인 관계를 **독립**Independence이라고 부릅니다. 이러한 독립과 종속의 관계를 좀 더 쉽게 이해할 수 있도록 앞서 살펴본 최근 4번의 올림픽에서 딴 메달 수를 예로 들어보겠습니다.

 우리나라가 최근 4번의 올림픽에서 총 111개의 메달을 땄고 각 대회별로 혹은 각 메달별로 몇 개의 메달을 땄는지만 알고 있다고 가정합시다. 아테네에서 몇 개의 금메달을 땄는지는 모르지만, 총 금메달 수는 44개고 아테네에서 딴 전체 메달 수는 30개입니다. 이 정보를 가지고 다음 표를 채우고 싶은데, 어떻게 채울 수 있을까요?

	금메달	은메달	동메달	행 합계
28회 아테네				30
29회 베이징				32
30회 런던				28
31회 리우				21
열 합계	44	33	34	111

전체 111개 메달 중 금메달의 비중은 44/111, 즉 40%입니다. 그럼 아테네에서 딴 전체 메달 30개 중에서 40%는 금메달이지 않을까요? 다른 방법도 있습니다. 전체 111개의 메달 중에서 30개의 메달이 아테네에서 나왔습니다. 30/111, 즉 27%입니다. 그럼 전체 금메달 44개 중에서 27%는 아테네에서 얻지 않았을까요? 두 방법 중 어떤 것으로 계산하든 아테네의 금메달 수는 11.9개로 유추할 수 있습니다. 이 값을 반올림해서 12개로 볼 수 있죠. 이와 같은 방법으로 나머지 11개의 빈칸도 채울 수 있습니다.

	금메달	은메달	동메달	행 합계
28회 아테네	12	9	9	30
29회 베이징	13	10	10	32
30회 런던	11	8	9	28
31회 리우	8	6	6	21
열 합계	44	33	34	111

우리는 앞서 고정된 합계에서 공평하게 나눠가지는 개념을 이미 살펴봤습니다. 바로 '평균'입니다. 방금 계산한 값들 역시 각 대회의 입장에서도 각 메달의 입장에서도 공평한 값입니다. 다만 단순히 평균을 구한 것이 아니라 행 비중, 열 비중에 따라 가중치를 준 것이죠. 그래서 이렇게 만든 교차표의 행 백분율을 구해 보면 열 비중이 모두 같고, 열 백분율을 구하면 행 비중이 모두 같습니다. 이제 은메달은 더 이상 아테네와 깊은 관련이 없습니다. 이때 두 범주형 변수가 '독립'이라고 말할 수 있습니다.

그러나 실제 데이터는 다르죠. 실제 교차표 속에서는 수준들끼리 무언가 관련이 있어 보였습니다. 그렇다면 현실에서의 결과가 독립인 상황과 얼마나 다를까요? 실제 교차표의 값과 독립을 가정한 교차표의 값의 차이를 살펴보겠습니다.

	금메달	은메달	동메달	행 합계
28회 아테네	9 – 12 = -3	12 – 9 = 3	9 – 9 = 0	0
29회 베이징	13 – 13 = 0	10 – 10 = 0	10 – 9 = 1	1
30회 런던	11 – 13 = -2	8 – 8 = 0	9 – 7 = 2	0
31회 리우	8 – 9 = -1	6 – 3 = 3	6 – 9 = -3	-1
열 합계	-6	6	0	0

이 표는 실제 교차표와 독립을 가정하고 전체 행 비율과 열 비율로 만들어 낸 교차표를 칸마다 비교한 다음 차이를 계산해서 만들었습니다. 독립을 가정한 교차표를 기준으로 실제값이 얼마나 다른지를 살펴보려고 합니다. 만약 실제 교차표가 독립을 가정한 교차표와 비슷한 값을 가진다면 표에서 나타난 차이들은 대부분 0의 값을 가집니다. 반대로 무언가 차이가 있다면 차이값들은 0에서 멀어지고, 교차표의 두 변수가 서로 독립이 아니라는 것을 의미합니다. 그러나 이 12개의 차이값을 하나하나 살펴 가며 독립인지 아닌지를 판단할 수는 없습니다. 게다가 범주형 변수의 수준의 개수에 상관없이, 어떤 교차표를 가져오든 두 변수가 독립인지 아닌지 판단할 기준이 필요합니다. 항상 그랬듯이 통계는 이 숫자들을 활용해서 우리에게 의미 있는 숫자를 계산해줍니다.

바로 앞에서 살펴본 교차표에서 두 변수의 수준 조합이 만들어 낸 12개

칸에서 각각 차이값을 계산했습니다. 그런데 차이를 보면 양수도 있고, 음수도 있네요. 이와 비슷한 상황이 앞에서도 있었습니다. 바로 '분산'이었습니다. 각 관측치가 평균으로부터 얼마만큼 떨어져 있는지 차이를 계산하고, 그 값을 제곱해서 더했죠. 교차표에서는 관측치 대신 수준 조합별 관측치 개수가 있고, 평균 대신 열 백분율과 행 백분율을 고려한 예상값이 있습니다. 그리고 이 예상값과 실제값의 차이를 계산했죠. 바로 이 분산과 비슷한 방법으로 어떤 값을 계산하면 교차표 속 두 범주형 변수가 독립인지 아닌지를 판단할 수 있습니다. 만약 두 변수가 독립이 아니라면 수준들끼리 서로 다른 특징을 가진다고 이야기할 수 있습니다. 그렇지만 아직은 우리가 다룰 수 없는 부분이니 이 이야기는 PART 3에서 다시 하고, 이제부터는 변수들의 이런 관계를 어떻게 활용하는지 살펴보겠습니다.

45% 최저가, 알고 보니 옵션가

인터넷에서 서로가 최저가라고 외치는 곳은 많지만, 실제로 최저가를 찾는 건 참 힘듭니다. 최저가인 줄 알았는데 옵션에 따라 추가금이 붙거든요.

'최저가'는 무조건 거짓일 가능성이 큽니다. "땡처리! 무조건 1,000원!"이라는 문구에 혹해서 매장에 들어가 보면 괜찮다 싶은 물건들은 죄다 2,000원 이상입니다. 인터넷에서 최저가를 검색해서 들어간 오픈마켓에서도 미끼 상품이나 안 팔리는 물건만 최저가고, 정작 사고 싶은 것은 옵션가라며 추가금이 붙습니다. 조건에 따라 상품의 가격이 달라지는 셈이죠. 데이터 분석에도 최저가에 붙는 옵션가처럼 조건에 따라 값이 바뀌기도 합니다. 물론 데이터 분석에서는 상품 대신 변수나 사건에 관심을 갖습니다. 이 관심 변수나 관심 사건을 이해하기 위해서 변수의 평균을 구하고, 사건이 일어날 확률을 계산합니다. 그러나 이 값들이 항상 똑같은 것은 아닙니다. 월 평균 임금이 300만원이라고 해도 남자와 여자, 대기업과 중소기업에 따라 다르고 기호 1번 후보의 지지율이 30%라고 해도 지역이나 연령대에 따라 크게 차이가 납니다. 최저가에 붙는 옵션가처럼 조건에 따라서 평균도, 확률도 바뀝니다. 앞서 살펴본 변수들의 관계를 잘 활용하면 드디어 데이터 속에 있는 차이를 설명할 수 있습니다.

조건부 확률과 조건부 평균

아빠 키-아들 키 데이터를 떠올려 봅시다. 그중 아들 키라는 변수 속에 있는 1,078명의 아들들을 생각해봅시다. 이 중 누군가는 키가 150cm도 안 되고, 또 다른 누군가는 200cm가 넘습니다. 이들 사이에는 무언가 차이가 있지만 이유를 알 수는 없습니다. 평균 키를 계산했지만 '174.5cm'라는 평균은 변수의 특징을 보여줄 뿐 키 차이를 설명하지는 못합니다. 물론 평균 말고 '키가 180cm보다 클 사건'을 정의하고 그 확률도 계산할 수 있죠. 1,078명 중에 237명이 키가 180cm 이상일 경우 확률은 22%입니다. 그러나 이 확률 역시 아들 키라는 변수의 특징을 보여줄 뿐, 키 차이를 설명하지는 못합니다. 즉, 관심 변수는 자기 자신을 통해서는 평균과 같이 변수의 전반적인 특징을 설명하거나 다섯 숫자 요약을 통해 관측치들의 눈에 띄는 차이를 확인하는 것이 최선입니다. 왜 그런 차이가 나는지 이유를 설명할 수는 없죠. 그래서 '왜'를 설명할 수 있는 다른 변수가 필요합니다.

앞서 상관계수를 통해서 아빠 키와 아들 키가 0.5라는 양의 상관관계를 가지는 것을 확인했습니다. 부모의 형질이 자녀에게 전달되는 유전적 성향을 고려했을 때 아들 키는 아빠 키에 따라서 양의 영향을 받아 '아빠가 키가 크면 아들도 키가 큰 경향이 있다'고 말할 수 있겠네요.

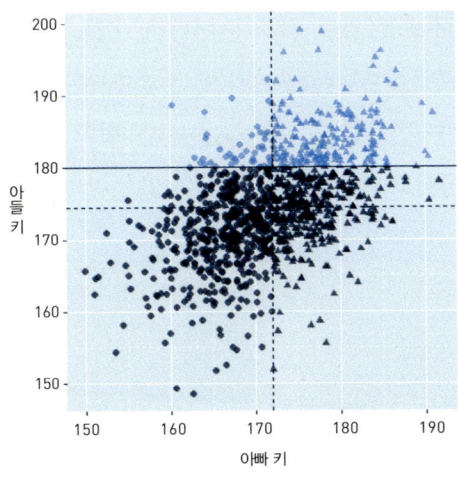

　전체 아들 중에서 키가 180cm 이상일 확률은 22%지만 '아빠 키가 평균 이상'이라는 조건Condition을 추가하면, 확률은 35%로 높아집니다. 전체 1,078명이 아니라 아빠 키가 평균 이상인 552명 중에서 키가 180cm보다 큰 아들은 194명이기 때문이죠. 평균도 비슷합니다. 전체 아들 키의 평균은 174.5cm지만, 아빠 키가 평균 이상인 552명의 평균 키는 177.4cm로 더 큽니다. 이처럼 관심 변수가 아닌 다른 변수를 활용해 조건을 만들면 관심 대상이 전체가 아니라 그 조건과 일치하는 일부로 좁아집니다. 그리고 이 일부 관측치들의 확률이나 평균이 전체에 비해서 얼마나 크고 작은지를 확인할 수 있습니다. 이렇게 설명 변수를 활용해서 조건을 설정하고 계산한 확률이나 평균을 **조건부 확률**, **조건부 평균**이라고 합니다.

　물론 설명 변수로 아무리 조건을 만들어도 관심 변수의 평균이나 확률이 큰 차이가 없을 수 있습니다. 30년 전 아빠의 학교 성적을 기준으로 아무리 조건을 걸어도 아들의 평균 키가 180cm를 넘을 확률은 전체와 차이가 없겠죠. 이번 주 로또 번호에 33번이 나왔다고 다음주에 33번이 나오거나 나오지 않을 확률이 바뀌지 않는 것과 같습니다. 이럴 때 '관심 변수와 설명 변수가 독립'이라고 합니다. 네, 앞서 교차표에서 나온 그 독립과 같은 의미입니다. 그럼 이번엔 조건과 관련된 흥미로운 예제를 살펴봅시다.

심슨의 역설

모 대학에 지원한 남녀 학생들의 합격률을 조사해보니 다음과 같았습니다.

성별	지원자	합격자	합격률
남자	100	68	68%
여자	100	42	42%
전체	200	110	55%

요즘 세상에 남자와 여자의 합격률이 이렇게나 다르다니, 무언가 잘못된 것 같습니다. 만약 여자라는 이유로 합격률이 저렇게 낮다면, 이 대학의 학생 선발 과정에 문제가 있는 건 아닐까요? 그런데 대학 측은 오히려 여자의 합격률이 높다고 주장합니다. 말도 안 되는 것 같지만 대학 측이 내놓은 자료를 살펴볼까요?

학과	성별	지원자	합격자	합격률
A학과	남자	80	64	80%
	여자	20	18	90%
B학과	남자	20	4	20%
	여자	80	24	30%

학교 측의 자료는 처음 자료와 다르게 '학과'라는 변수가 하나 추가되어, 좀 더 세분화된 합격률을 보여줍니다. 먼저 A학과를 살펴보면 남자의 합격률은 80%, 여자의 합격률은 90%로 합격률에 차이가 있네요. 그럼 B학과는 어떨까요? B학과 역시 여자의 합격률이 더 높습니다. 분명 전체 남자의 합격률이 훨씬 높았는데, 뜯어 보니 A학과, B학과 모두 여자의 합격률이 10% 포인트나 높습니다. 이 예제는 절대 모순이나 말장난이 아닙니다. 심슨의 역설 Simpson's paradox로 알려진 실제 일화입니다. 왜 이런 일이 생겼을까요? 자세히 보면 A학과와 B학과의 전체 합격률에 차이가 나는 것을 알 수 있습니다. 두 학과 모두 100명의 학생이 지원했는데, A학과는 82명이 합격을 했고 B학과는 오직 28명만 합격을 했습니다. B학과의 합격률이 상대적으로 많이 낮습니다. 그런데 여학생들의 80%가 이 무서운 B학과에 지원을 했네요. 즉, 대학의 차별이 아니라 여학생들의 선택이 만들어 낸 착시 효과입니다. 성별에 따라 지원 학과의 교차표를 만들어 볼까요?

	A학과	B학과	합계
남자	80	20	100
여자	20	80	100
합계	100	100	200

만약 성별에 따른 선호 학과에 차이가 없었다면, 즉 성별과 지원 학과가 완전히 독립이었다면 A학과와 B학과에 지원한 남자와 여자의 수가 모두 50명으로 동일했을 겁니다. 그러나 남자와 여자가 선호하는 학과가 다르고, 또 학과별로 합격률이 다르다 보니 결과적으로 오해할 수 있는 결과가 나왔던 것이죠.

결국 데이터 분석은 차이를 확인하고 설명하는 과정입니다. 보통 평균이나 교차표를 계산하면 관심 변수의 특징을 잘 설명할 수 있다고 생각하지만, 진짜 중요한 내용은 데이터 속에 숨어 있습니다. 숨어 있는 정보를 끄집어내기 위해서는 변수들의 관계를 보며 데이터를 더 깊숙이 살펴봐야 합니다. 그리고 그 깊은 곳을 들여다보고 알지 못했던 숨은 이야기들을 찾아내는 방법이 바로 설명 변수를 활용해 조건을 추가하는 것입니다. 관심 변수는 눈으로 보이는 차이는 확인할 수 있지만 설명은 불가능하죠. 그래서 설명 변수들이 필요합니다.

앞서 우리는 상관계수나 교차표를 통해서 관심 변수와 설명 변수가 어떤 관계를 맺고 있는지 확인하는 방법을 살펴봤습니다. 그리고 이제 조건부 확률과 조건부 평균으로 넘어오면서 둘 사이의 관계를 조금 더 명확하게 알 수 있었습니다. 설명 변수로 다양한 조건을 만들고, 조건에 따라 관심 변수의 모습이 어떻게 바뀌는지 살펴볼 수 있죠. 그리고 이 조건부 확률 혹은 조건부 평균을 통해 차이를 설명할 수 있습니다.

잘 녹인 소금물은 어디에서 염도를 재든 차이가 없습니다. 어떠한 조건을 걸어서 세부적으로 보더라도 원래 컵에 들어 있던 전체 소금물과 염도의 차이가 없죠. 그러나 설탕물은 다릅니다. 잘 녹인 설탕물은 시간이 지나면 위쪽은 묽고 아래쪽은 진해져서 당도에 차이가 나게 됩니다. 우리의 데이터, 관심 변수에는 조건에 따라서 맹물과 같은 부분도 있고, 아주 달콤한 부분도 있습니다. 수많은 변수 가운데 우리가 관심 있는 사건에 영향을 미칠 만한 조건을 걸고 아주 달콤한 부분을 찾는 것, 이것이 데이터 분석입니다.

50% 아낌없이 주는 의사결정나무

동화 속에서 그늘부터 열매까지 아낌없이 주는 나무 못지않게,
통계에는 데이터의 차이를 설명할 방법을 아낌없이 주는 의사결정나무가 있습니다.

데이터의 차이를 확인하고 설명하기 위해서 조건부 확률, 조건부 평균을 구해야 하는 건 알지만, 방법을 생각하는 건 참 어렵습니다. 관심 변수는 하나밖에 없다지만, 설명 변수는 여러 개일 수도 있어서 도무지 어떤 변수를 어떻게 활용해야 할지 막막합니다. 그러나 너무 걱정할 필요는 없습니다. 통계학자들이 데이터를 효과적으로 분석하기 위한 많은 도구를 만들어 놨으니까요. 물론 대부분은 복잡한 수식으로 풀어낸 이론과 이해하기 힘든 알고리즘이지만, 우리가 직관적으로 이해할 수 있는 간단하고 유용한 것들도 많습니다. 그중에서도 제가 좋아하는 의사결정나무 모형에 대해서 살펴봅시다.

모자이크 그림

의사결정나무 모형을 살펴보기 전에 분할 정복 전략을 살펴봅시다. 전체 데이터를 한눈에 파악하고 차이를 잡아내는 것은 어려운 일입니다. 그래서 데이터를 여러 개의 작은 부분으로 쪼개고, 나뉜 부분별로 분석하는 방법을 **분할 정복** Divide and conquer이라고 합니다. 분할 정복의 개념을

살펴보기 위해 목숨이 위태로운 비극적인 상황 속에서도 여자와 어린 아이들을 먼저 구한 이야기로 깊은 감명을 준 타이타닉 호의 인명 피해 데이터를 한번 살펴봅시다.

타이타닉 호에는 2,201명이 타고 있었습니다. 빙산에 부딪친 타이타닉 호는 침몰했고 711명만 살아남았습니다. 이 중에는 남자도 있고 여자도 있고 성인도 있고 아이도 있었습니다. 비싼 돈을 주고 1, 2등석에 탄 사람, 3등석에 탄 사람 그리고 선원도 있었습니다. 이를 바탕으로 총 2,201명의 승객을 좌석등급, 성별, 연령 구분에 따라 정리하고 생존 여부를 데이터로 정리했습니다. 변수가 4개라서 단순한 교차표로 표현하긴 어렵지만 교차표를 묶어서 정리해봤습니다.

생존 여부		사망				생존			
합계		1,490				711			
연령 구분		아이		성인		아이		성인	
합계		52		1,438		57		654	
성별		남자	여자	남자	여자	남자	여자	남자	여자
합계		35	17	1,329	109	29	28	338	316
좌석등급	1등석	0	0	118	4	5	1	57	140
	2등석	0	0	154	13	11	13	14	80
	3등석	35	17	387	89	13	14	75	76
	선원	0	0	670	3	0	0	192	20

교차표를 보면 연령, 성별, 좌석등급에 따라 생존자와 사망자의 수를 확인할 수 있습니다. 예를 들면, 1등석에 탄 성인 여자 중에서 140명은

생존했고, 4명은 사망했습니다. 선원은 모두 성인이며 그중 남자는 670명이 사망하고 192명만 살았습니다. 이렇게 교차표에서 좌석등급, 성별, 연령에 따라 몇 명이 생존했고 사망했는지 확인할 수 있습니다. 그렇지만 역시 숫자로 하나하나 비교하는 것은 데이터를 한눈에 파악하기가 어렵기 때문에 그림으로 표현해봅시다. 범주형 변수가 만들어 내는 그룹의 크기에 따라 크고 작은 사각형으로 데이터를 표현하는 모자이크 그림입니다. 먼저 좌석등급에 따라 사각형을 나누겠습니다. 좌석등급은 1등석, 2등석, 3등석 그리고 선원까지 총 4개로 나눌 수 있으므로 전체 큰 사각형을 세로로 4등분합니다.

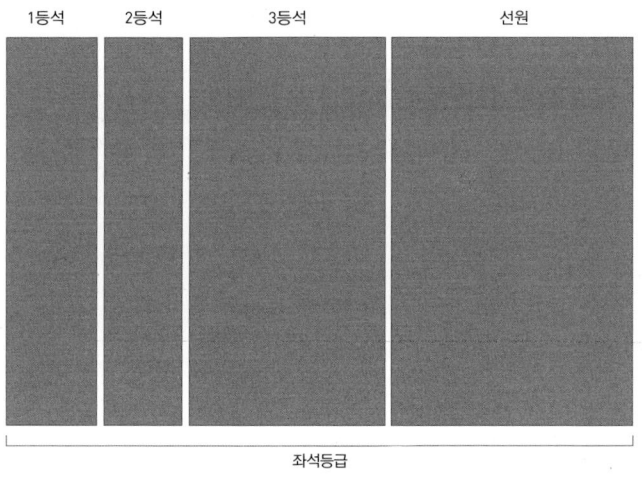

2,201명 중에서 1·2·3등석 탑승자, 그리고 선원이 각각 325명, 285명, 706명, 885명이었는데, 사각형의 폭은 이 좌석등급에 타고 있던 사람 수에 비례해서 결정됩니다. 그림만 봐도 3등석 탑승자와 선원이 1·2등석 탑승자보다 많다는 것을 확인할 수 있습니다. 이렇게 큰 사각형을 좌

석등급에 따라 작은 사각형으로 나눈 다음, 다시 각 등급을 나타낸 사각형을 성별에 따라 가로로 2등분합니다.

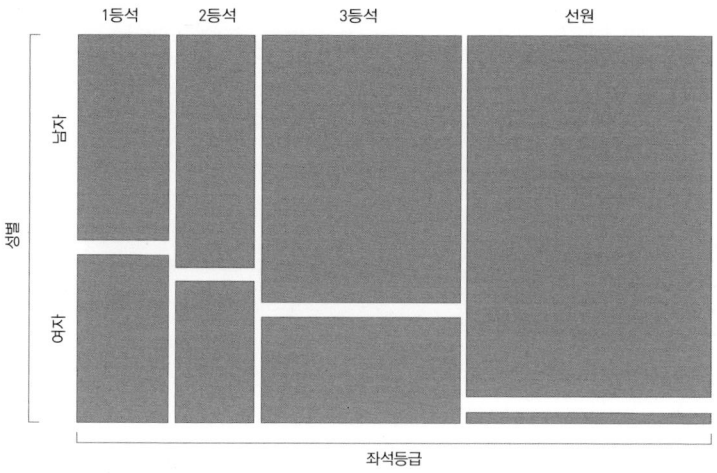

위쪽은 남자, 아래쪽은 여자고 역시 사람 수에 따라서 길이가 결정됩니다. 이로써 작은 사각형이 8개가 됐는데요, 역시 사각형의 크기로 좌석등급과 성별에 따라서 탑승자가 얼마나 많은지 비교할 수 있습니다. 이번엔 이 사각형들을 다시 성인과 아이로 나눠보겠습니다.

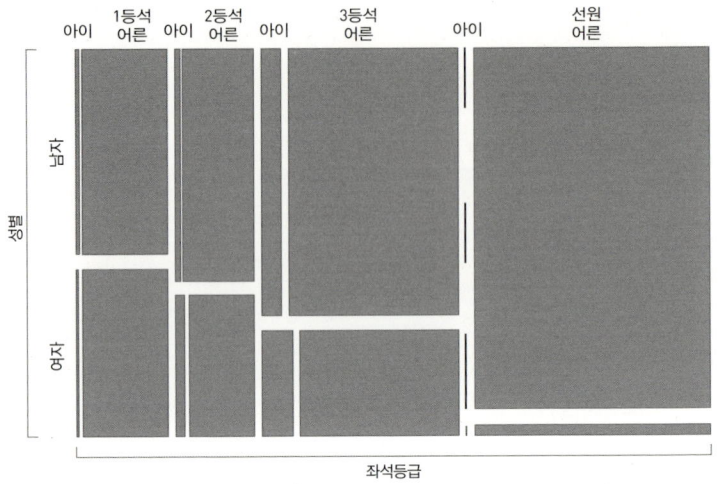

8개의 사각형을 다시 세로로 2등분했습니다. 총 16개의 사각형이 만들어졌습니다. 물론 선원에는 아이가 없기 때문에 사각형이 아닌 긴 직선으로 표현되어 있습니다. 이번엔 마지막으로 생존 여부에 따라 사각형을 가로로 나누고 생존자는 파란색, 사망자는 회색으로 표현해보겠습니다.

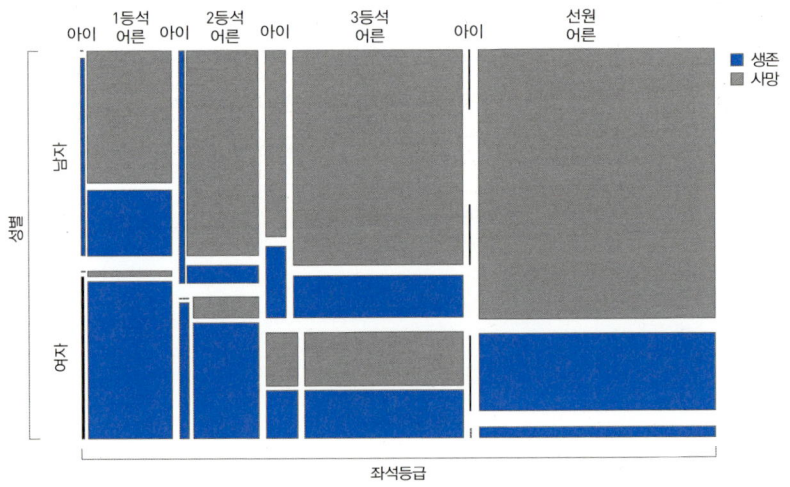

회색과 파란색을 묶은 총 16개의 사각형들은 좌석등급, 성별, 연령 구분의 조합으로 만들어진 작은 그룹들입니다. 각 그룹에서 파란색 상자의 비율이 높으면 생존자가 더 많고, 회색의 비율이 높으면 사망자가 더 많은 것을 의미합니다. 전해 듣던 대로 여자와 아이들 그리고 좌석등급이 높은 사람들의 생존율이 확연히 높은 것을 눈으로 확인할 수 있습니다.

여기서 사망 여부가 우리의 관심 변수라면, 나머지 세 변수는 설명 변수가 됩니다. 설명 변수 세 개의 조합을 이용해 16개의 작은 그룹으로 나누고 각 그룹의 생존율 차이를 확인했습니다. 분할 정복을 한 것이죠. 그러나 한가지 의문이 남습니다. 이게 최선일까요? 예를 들면, 3등석 여자 승객을 살펴보면, 아이와 성인의 생존율에 큰 차이가 없습니다. 그 두 사각형을 합쳐도 큰 문제가 없죠. 만약 나눠진 그룹들끼리 큰 차이가 없다면 굳이 나눠서 설명할 필요가 없을 겁니다. 그렇다면 두 그룹의 차이를 보다 명확하게 볼 수 있는 방법은 없을까요? 바로 이때 필요한 것이 의사결정나무 모형입니다.

의사결정나무 모형

히스토그램이나 막대그래프를 그려보면 관심 변수 속 관측치들이 서로 다른 값을 가지는 것이 보입니다. 그리고 데이터 분석을 통해 그 차이를 다른 변수들로 설명하려고 합니다. 여러 개의 설명 변수는 다양한 조건을 만들고 이 조건에 따라 관심 변수가 차이가 있다는 것은 확인할 수 있지만, 변수가 많아질수록 가능한 조건의 수도 너무 많아집니다. 차이를 설명하기 위해서 시작한 분석인데, 큰 차이도 없는 조건들까지 다 살펴보는 것은 무의미합니다. 앞서 모자이크 그림의 예제와 같이, 타이타닉 호 탑승자의 생존율의 차이를 설명하기 위해서 세 개의 설명 변수로 조합 가능한 16개의 조건을 모두 살펴볼 필요는 없다는 것이죠.

그래서 훌륭한 통계학자들은 모든 설명 변수가 아니라 중요한 변수들만 선택해서 차이를 설명하는 다양한 **통계 모형**Statistical Model을 만들었습니다. 모형의 알고리즘을 이해하는 것은 어렵지만, 원리를 이해하고 잘 활용하면 손쉽게 정보를 얻을 수 있습니다. 그중에서 직관적으로 이해할 수 있는 **의사결정나무 모형**Decision tree에 대해서 살펴봅시다.

나무는 끊임없이 가지를 뻗습니다. 큰 몸통에서 중간 가지가 하나 뻗어나와 Y자를 만들고, 그 가지가 다시 두 갈래로 나눠지죠. 의사결정나무 모형은 여기서 힌트를 얻어 만들어졌습니다. 의사결정나무 모형은 전체 관측치를 둘로 나눌 최적의 조건을 찾습니다. 많은 설명 변수가 있지만 그중에서 가장 중요한 단 하나의 변수만 선택해서 조건을 만들죠. 그럼 어떤 변수가 가장 중요할까요? 차이를 설명하고 싶은 우리에게는, 조건으로 만들어진 두 그룹의 차이가 클수록 좋습니다. 의사결정나무가 가지를 뻗는 방식을 그림으로 살펴보면 다음과 같습니다.

　예를 들어, 초등학교에서 안경을 쓴 학생의 비율이 30%라고 합시다. 학년을 기준으로 고학년과 저학년을 나눠봤더니, 고학년 중에서 안경 쓴 학생의 비율은 31%이고 저학년 중에서 안경 쓴 학생의 비율은 29%였습니다. 반면, 성별을 기준으로 나눠봤더니, 남학생들의 비율은 40%, 여학생들의 비율은 20%가 되었습니다. 그럼 '학년'과 '성별' 중에서 어느 변수가 '안경을 쓸 확률'을 더 잘 설명할까요? 당연히 더 큰 차이를 만들어 내는 '성별'입니다. 의사결정나무 모형은 이렇게 그룹끼리 더 큰 차이를 만드는 변수를 찾아줍니다. 심지어 한 번이 아니라 계속해서 가지를 뻗고, 또 변수를 찾습니다.

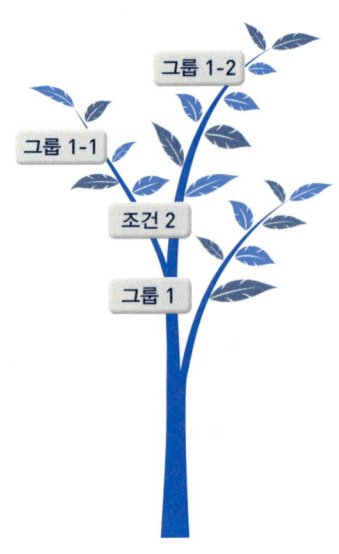

　최적의 조건으로 나뉜 각각의 그룹에서 또 다시 조건을 찾습니다. 더 작은 2개의 그룹을 만들 최적의 조건을 찾으면, 전체 관측치를 더 잘게 나누죠. 그냥 나눠지는 것이 아니라 더 큰 차이를 보이는 그룹별로 나누어 차이는 점점 벌어집니다. 쉽게 말하면, 설탕물을 부분으로 나눈다고 했을 때 단 부분에서 더욱 단 부분을 찾고, 또 조금 덜 단 부분에서 더욱 달지 않은 부분을 끊임없이 찾기 때문이죠. 이런 식으로 의사결정나무 모형은 끊임없이 가지를 뻗고 최적의 조건들을 활용해서 관측치를 여러 개의 작은 그룹으로 만듭니다. 그리고 이후 적절한 순간이 오면 가지치기를 해서 의미 없는 잔가지를 덜어 내죠.

　백 마디 말보다 그림 한 장을 보는 게 이해가 쉬울 테니 타이타닉 예제로 의사결정나무 모형을 살펴보겠습니다. 타이타닉 호에 탑승했던 2,201명 중 생존율이 높았던 사람들은 누구일까요? 앞서 **모자이크 그림**에서 다뤘듯이 타이타닉 호의 탑승자들을 좌석등급, 성별, 연령으로 구분해서 16개의 그룹으로 나눌 수도 있겠지만, 굳이 복잡하게 16개 그룹을 다 쓸 필요는 없습니다. 이번에는 좀 더 간단하게 분석 도구 R에서 구현된 의사결정나무 모형을 써서 최적의 조건을 찾아보겠습니다.

먼저 나무의 몸통입니다. 몸통에는 전체 관측치가 다 모여있습니다. 전체 탑승자의 생존율을 계산해보면 2,201명 중에 711명이 생존했으므로 약 32%입니다.

이제 의사결정나무 모형이 최적의 조건을 찾습니다. 조건에 따라 관측치들은 두 개의 그룹으로 나뉩니다. 생존율 32%를 기준으로 한쪽의 생존율은 32%보다 높고 다른 한쪽의 생존율은 32%보다 낮죠. 그림을 보면 확률이 높은 쪽은 낮은 쪽보다 색이 진한 걸 확인할 수 있습니다.

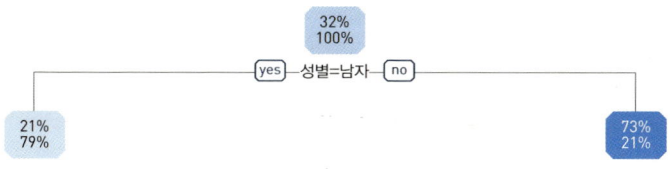

의사결정나무 모형이 찾은 최적의 조건은 '성별=남자'입니다. 이 조건과 일치하는 사람들은 왼쪽으로, 나머지는 오른쪽으로 이동합니다. 즉, 왼쪽 그룹에는 탑승자 중 남자 1,731명이 모여있고 이들의 생존율은 21%로 줄었습니다. 반면 오른쪽 그룹에는 조건과 일치하지 않는 나머지 470명의 여자들이 모여 있고 생존율은 73%로 매우 높아졌습니다. 성별을 기준으로 두 그룹으로 나눴을 때 이렇게 생존율이 큰 차이를 보입니다. 성별 외에도 연령이나 좌석등급을 활용해서 조건을 만들거나 관측치를 두 그룹으로 나눌 수도 있지만 성별이 가장 큰 차이를 보이기 때문에 선택된 것이죠. 자, 여기서 멈추지 말고 계속해서 가지를 뻗어 봅시다.

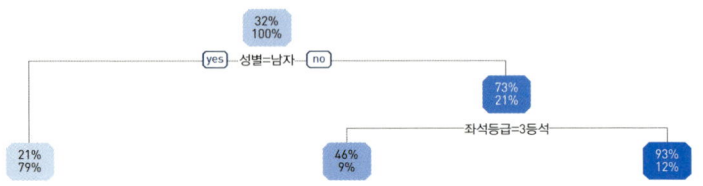

이번에는 오른쪽 가지인 여자 그룹을 좌석등급이 3등석이냐 아니냐를 기준으로 다시 두 개의 그룹으로 나눴습니다. 3등석에 앉았던 여자 탑승자의 생존율은 46%로 낮아졌지만, 나머지 1·2등석 여자 탑승자와 여자 선원의 생존율은 93%로 매우 높아졌습니다. 전체 평균 생존율 32%에 비하면 엄청 높은 수치입니다! 가지를 조금 더 뻗어볼까요?

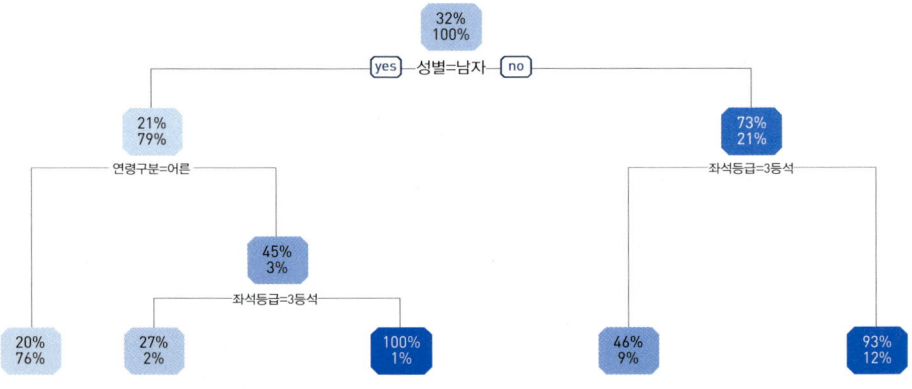

이번에는 남자 그룹이 연령 구분에 따라서 왼쪽은 성인, 오른쪽은 아이로 나뉘었습니다. 그리고 남자 아이 그룹은 다시 좌석등급에 따라 생존율이 27%인 3등석 아이들과 모두 살아남은 1, 2등석 아이들로 나뉩니다. 제일 왼쪽 남자 어른 그룹은 생존율이 20%로 가장 낮네요. 이 이후로 나무는 더 이상 가지를 뻗지 않았습니다. 더 이상 가지를 뻗어 봤자 큰 차이가 없다고 판단한 것입니다.

 의사결정나무 모형은 3개의 설명 변수로 나눌 수 있는 16개의 그룹을 모두 만드는 대신 5개의 그룹을 만들었습니다. 남자 어른의 생존율은 20%로 가장 낮았고 1, 2등석의 여자와 여자 선원, 아이의 생존율은 93%, 100%로 매우 높은 것을 보여줍니다. 당연히 더 많은 그룹을 쓸수록 더 세부적인 생존율 차이를 확인할 수 있겠지만, 의사결정나무 모형은 의미 있는 차이를 보여주는 5개의 그룹만으로 생존율의 차이를 효율적으로 나타냈습니다. 또한 가지를 뻗을 때 변수를 활용해서 조건을 만들었습니다. 이를 활용해 여러 작은 그룹들을 만들고 그룹에 포함된 관측치들의 어떤 확률을 계산했죠. 바로 '조건부 확률'입니다. 만약 생존 여부가 아니라 자산과 같은 연속형 변수를 관심 변수로 넣었다면, 자산의 차이가 큰 그룹을 여러 개 만들고 조건부 평균을 계산했을 것입니다. 충분히 의미 있는 설명 변수들을 함께 넣었다면, 우리는 어떤 변수가 자산금액과 관련이 깊은지 확인할 수 있었을 테고요.

 비록 의사결정나무 모형 자체를 구현하는 알고리즘은 상당히 복잡하지만, 결과는 직관적이고 이해하기가 쉽죠. 통계학 때문에 통계를 두려워할 필요는 없습니다. 이처럼 유용한 도구를 잘 사용하고 좋은 알고리즘을 만든 통계학자에게 감사한 마음만 가지면 됩니다. 다음으로는 조금 오래된, 또 다른 통계학자들의 노력의 산물을 살펴봅시다.

55% 점심 뭐 먹지?

그 집은 맛있긴 한데 비싸고, 그 옆집은 비싼데 맛은 있죠. 결국 큰 차이 없이 비슷하기 때문에 항상 고민하게 됩니다. 그럴 때 해결 방법은 간단합니다. 지도 앱을 켜고 검색을 해서 사람들이 어느 가게에 더 좋은 평점을 남겼는지 보는 겁니다.

우리의 삶은 끝없는 선택의 연속입니다. 특히 이 시대 직장인들을 매일 선택이라는 기로에 서게 하는 것이 "오늘 점심 뭐 먹지?"입니다. 회사 주변에는 수많은 밥집이 있습니다. 한식, 양식, 중식, 일식에 퓨전까지 종류도 다양해서 선택이 어렵습니다. 그나마 가격은 모두 비싸서 고민거리는 줄었습니다. 외국을 나가도 마찬가지입니다. 유명 맛집 블로그를 찾아보기도 하고, 현지인에게 추천을 받기도 하지만 여전히 단번에 선택하기란 어렵습니다. 그래서 저는 구글 지도의 평점으로 결정합니다. 비슷한 조건이라면 무조건 평점이 높은 곳으로 가는 것이죠. 점심뿐만 아니라 스마트폰으로 뭘 할지 고민하는 것도 일입니다. 카카오톡, 소셜 미디어, 웹툰, 게임 등 스마트폰 하나로도 시간을 보낼 거리는 무궁무진하기 때문이죠. 따라서 스마트 디바이스를 활용해 콘텐츠를 제공하는 회사들이 최근에는 데이터 분석에 많은 관심을 보이고 있습니다. 사람들이 더 매력적인 콘텐츠로 옮겨가는 속도만큼 회사는 빨리 대처를 해야 하기 때문입니다.

문제는 사람들이 뭘 좋아할지를 모른다는 것이죠. 도무지 예측을 할 수가 없는 세상입니다. 개그맨이 준비한 웃음 포인트보다는 돌발 상황과 애드립에서 웃음이 터지기도 하고, 물량 대란이 일어날 정도로 갑작스럽게 폭발적인 인기를 끌었던 상품의 판매량이 삽시간에 곤두박질치기도 하죠. 이처럼 사람들이 뭘 좋아할지 모르는 상황에서 콘텐츠 제작자가 내릴 수 있는 선택은 다작입니다. 일단 여러 개를 만들고 사람들의 반응을 살피는 것이죠. 이 과정을 보통 **AB 테스트**라고 합니다. 광고 배너를 A안과 B안 두 개로 나눈 다음 랜덤으로 사람들에게 노출하고, 어느 쪽 배너가 더 관심을 끄는지 사람들의 반응을 분석하는 테스트 방식입니다. 이러한 현상은 각종 미디어 매체의 발달과 상품의 다양성으로 발생한 현대 사회의 문제처럼 보이지만, 수십 년 전 통계학자들은 이미 비슷한 경험을 했고 이 상황에 아주 적합한 이론들을 만들어 놨습니다. 서로 다른 비료를 뿌리고, 화합물의 원료 비율을 수없이 테스트하면서 **분산분석**ANOVA, ANalysis Of VAriance이라는 아름다운 이론을 만들었습니다.

ABCDEF 테스트

AB 테스트라고 해서 굳이 A와 B 두 개의 콘텐츠만 만들 필요는 없습니다. 3개든 100개든 상관없이 콘텐츠를 평가해줄 사람들만 충분하다면 나머지는 통계가 해결해줍니다. 그렇다면 이 테스트가 어떤 방법으로 콘텐츠들의 효과 차이를 입증하는지 살충제 성능 테스트 데이터를 살펴보겠습니다. 여기 6개의 살충제 A, B, C, D, E, F가 있습니다. 어느 살충제가 효과가 좋은지 살펴보기 위해서 실험을 하기로 했습니다. 똑같은 수의 벌레가 있는 6개의 방에다가 살충제를 하나씩 뿌리고 몇 마리가 죽는지 확인하는 것입니다. 고객 한 명을 대상으로 콘텐츠 선호도 조사를 할 수 없듯이 실험도 한 번만 할 순 없으니 살충제 하나당 12번의 실험을 반복했습니다.

실험 번호	A	B	C	D	E	F
1	10	11	0	3	3	11
2	7	17	1	5	5	9
3	20	21	7	12	3	15
4	14	11	2	6	5	22
5	14	16	3	4	3	15
6	12	14	1	3	6	16
7	10	17	2	5	1	13
8	23	17	1	5	1	10
9	17	19	3	5	3	26
10	20	21	0	5	2	26
11	14	7	1	2	6	24
12	13	13	4	4	4	13

우리가 지금까지 배운 내용을 활용해서 살충제 6개의 효과 차이를 다양하게 확인할 수 있습니다. 살충제별 죽은 벌레 수를 이용해 평균을 구할 수도 있고 열지도로 표현할 수도 있겠죠. 이번에는 기억에서 가물가물한 상자그림을 그려 보려 합니다. 우리의 관심 변수는 각 살충제를 뿌렸을 때 '죽은 벌레 수'입니다. 살충제에 따라 죽은 벌레 수에 차이가 있는지 살펴보고 어떤 살충제가 더 많은 벌레를 죽였는지, 즉 가장 효과가 좋은지 확인하면 됩니다. 먼저 각 살충제별로 상자그림을 나란하게 그려서 분포 패턴에 차이가 있는지 살펴봅시다.

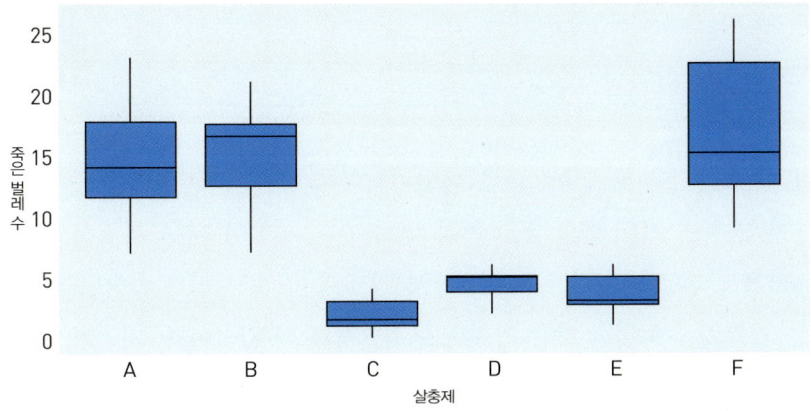

살충제 A, B, F는 상자그림이 전반적으로 위쪽에 떠있고, 살충제 C, D, E는 아래쪽에 깔려 있네요. 그림으로만 봐도 A, B, F가 C, D, E보다는 성능이 훨씬 좋아 보입니다. 그럼 과연 살충제에 따라 죽은 벌레 수의 차이가 정말 의미 있는 차이일까요?

분산과 분산분석

6개의 살충제 성능 차이를 분석하기 앞서 잠깐 공부벌레 여섯 친구의 모의고사 성적을 살펴보겠습니다. 여섯 친구의 점수가 어떻게 다른지, 공부를 잘하는 친구의 비결은 무엇인지 파헤쳐 봅시다. 먼저 여섯 친구들이 중간 시험에 받은 점수를 수직선에 표현해 보겠습니다.

400

한 명처럼 보이지만 실은 여섯 명입니다. 시험이 너무 쉬워서 모두 400점 만점을 받았거든요. 즉, 여섯 명 모두 점수 차이가 없습니다. 모든 관측치가 동일한 값을 가지면 분석할 필요가 없습니다. 차이가 없으니 설명할 것도, 설명할 필요도 없습니다. 그럼 이때의 분산은 얼마인가요? 0입니다. 하지만, 기말 시험은 조금 어려웠다고 합니다.

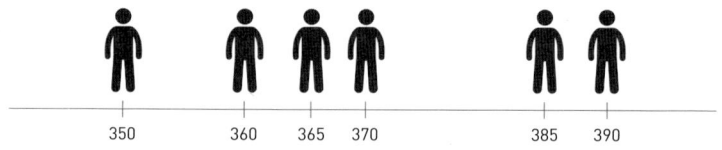
350   360 365 370   385   390

이번에는 학생들의 점수가 확연히 차이가 납니다. 누군가는 만점에 가까운 점수를 받았고, 누군가는 중간 시험에 비해 50점이나 떨어졌네요. 변별력이 있었던 기말 시험 점수의 평균은 370점입니다. 확실한 것은 이번 성적의 분산은 0이 아니라는 것입니다.

사람들은 보통 분산을 변수의 특징을 설명하는 통계량 중의 하나라고 생각합니다. 심지어 단위의 문제 때문에 제곱근을 씌운 표준편차에게 역할을 내준 통계량이죠. 하지만 분산은 더 큰 의미를 가지고 있습니다. 분산은 '변수가 가지고 있는 차이의 양'을 의미합니다. 분산이 0이면 차이가 없다는 것이고 분산이 크면 클수록 변수 속에는 더 많은 차이가 있다는 뜻이죠. 차이가 있다면 과연 그 차이가 설명 가능한지 아닌지 살펴봐야 합니다. 따라서 이번에는 여섯 명의 공부벌레 친구들의 공부 방법에 어떤 차이가 있는지 알아보겠습니다.

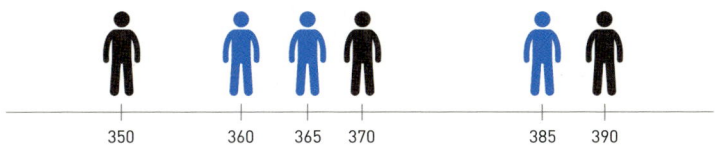

파란색 친구들은 집에서 혼자 공부하고, 회색 친구들은 학원을 다닌다고 합니다. 이 정보를 바탕으로 공부법에 따라 평균을 냈더니 혼자 공부하는 친구들의 평균은 370, 학원을 다니는 친구들의 평균도 370이 나왔습니다. 정확히 전체 평균과 똑같네요. 친구들의 점수 차이는 개개인의 차이일 뿐 학원을 다니든 혼자 공부하든 상관이 없다고 볼 수 있습니다. 하지만 다음과 같은 상황에서는 어떨까요?

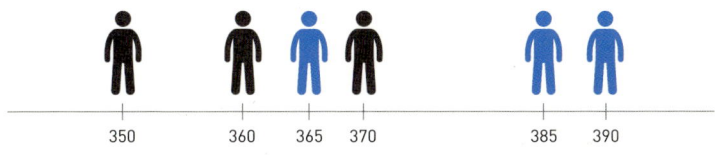

역시 파란색 친구들은 혼자 공부를 하고, 회색 친구들은 학원을 다닌다고 합시다. 물론 전체 평균은 변함없이 370점입니다. 그런데 혼자 공부하는 친구들의 평균 점수는 380점이고, 학원을 다니는 친구들의 평균 점수는 360점입니다. '공부 방법'이라는 변수 혹은 조건에 따라 조건부 평균이 다르네요. 혼자 공부하는 세 친구와 학원을 다니는 세 친구를 두 그룹으로 나눠서 평균 점수에 배치하면 그 차이는 더욱 확연히 드러납니다.

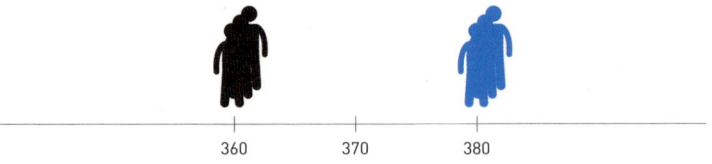

혼자 공부하는 세 친구들의 평균 점수가 20점이나 높은 것을 봐서 '혼자 공부하는 것이 고득점과 관련이 있다'고 볼 수 있습니다. 물론 그룹 안에서도 차이는 있습니다. 혼자 공부했지만, 학원에서 공부한 친구보다 점수가 좀 떨어지는 친구도 있고, 학원에서 공부했지만 혼자 공부한 친구보다 점수가 잘 나온 친구도 있죠. 그러나 아직까지는 왜 그런 차이가 있는지 알 수 없습니다. 시험 당일의 컨디션 같은 알 수 없는 개인차가 있기도 하니까요.

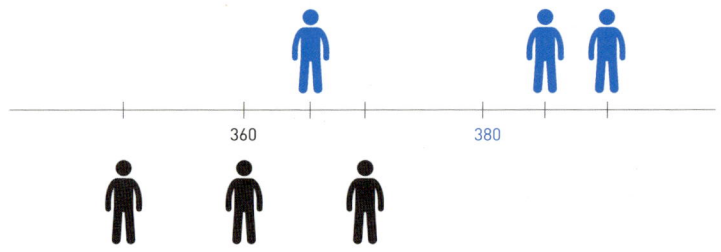

요약하자면, 변수를 조건으로 활용하면 차이에 대한 이유는 어느 정도 확인할 수는 있지만, 그럼에도 알 수 없는 개인차가 존재한다는 것입니다. 이것이 바로 분산분석의 핵심 개념입니다. 관심 변수의 분산은 곧 관측치 간의 차이의 정도를 의미합니다. 분산이 0일 때는 아무런 정보가 없다는 것을 생각하면 분산 자체가 정보량이라고 볼 수도 있죠. 그런데 이 분산은 설명 변수로 설명할 수 있는 부분과 도저히 설명할 수 없는 부분으로 나뉩니다. 다시 말하자면 설명 변수는 관측치들이 왜 다른

지에 대한 궁금증을 일부분은 해소해주지만, 끝내 알 수 없는 부분도 있다는 것입니다. 그렇다면 설명 변수가 관측치들의 차이를 얼마나 자세히 설명할 수 있는가에 따라 설명 변수의 유용성을 판단할 수 있습니다. 설명 변수가 우리의 궁금증을 충분히 해결했는지 아닌지가 기준이 되겠죠. 아니면 반대로 해결 못한 부분이 얼마나 적은지도 기준으로 쓸 수 있습니다.

이제 분산분석의 개념에 대해 간단하게 살펴보았으니 다시 살충제의 성능을 실험하는 방으로 돌아가 보겠습니다. 앞서 6개의 살충제로 12번씩 총 72번 벌레들을 죽였습니다.

실험 번호	A	B	C	D	E	F
1	10	11	0	3	3	11
2	7	17	1	5	5	9
3	20	21	7	12	3	15
4	14	11	2	6	5	22
5	14	16	3	4	3	15
6	12	14	1	3	6	16
7	10	17	2	5	1	13
8	23	17	1	5	1	10
9	17	19	3	5	3	26
10	20	21	0	5	2	26
11	14	7	1	2	6	24
12	13	13	4	4	4	13
평균	14.5	15.3	2.1	4.9	3.5	16.7
전체 평균	9.5					

살충제에 상관없이 72번의 실험에서 평균적으로는 9.5마리의 벌레들이 죽었습니다. 그러나 C, D, E 살충제를 사용했을 때 죽은 벌레 수는 채 5마리가 안 되고, 살충제 A, B, F를 뿌렸을 때는 평균적으로 15마리씩은 거뜬히 죽였습니다. 물론 살충제 D로 12마리를 죽이기도 했고, 살충제 B가 7마리밖에 못죽인 실험도 있지만, 12번의 실험 결과에서 대체적으로 나온 숫자에 비하면 큰 영향을 주지 못합니다.

72개의 숫자로 분산을 계산하면 51.9가 나옵니다. 각 숫자에서 평균 9.5를 빼고 제곱한 다음 모두 더해 (72-1)로 나눠서 계산했죠. 분산 분석은 (72-1)로 나누기 전의 제곱합을 사용해서 설명할 수 있습니다. 72개의 모든 숫자에서 똑같이 전체 평균 9.5를 빼서 제곱하고 더하면 3,684가 나옵니다. 71로 나눠 분산 9.5를 계산하기 직전의 숫자죠. 이 숫자의 정확한 의미는 알기 어렵지만, '죽은 벌레 수'라는 변수의 차이의 정도로 생각할 수 있습니다. 편의상 '죽은 벌레 수'를 y라고 하면 다음처럼 수식으로 표현할 수 있습니다.

$$\sum_{i=1}^{72}(y_i - \bar{y})^2 = \sum_{i=1}^{72}(y_i - 9.5)^2 = 3,684$$

이번에는 또 다른 제곱합을 계산하려고 합니다.

실험 번호	A	B	C	D	E	F
1	14.5	15.3	2.1	4.9	3.5	16.7
2	14.5	15.3	2.1	4.9	3.5	16.7
3	14.5	15.3	2.1	4.9	3.5	16.7
4	14.5	15.3	2.1	4.9	3.5	16.7
5	14.5	15.3	2.1	4.9	3.5	16.7
6	14.5	15.3	2.1	4.9	3.5	16.7
7	14.5	15.3	2.1	4.9	3.5	16.7
8	14.5	15.3	2.1	4.9	3.5	16.7
9	14.5	15.3	2.1	4.9	3.5	16.7
10	14.5	15.3	2.1	4.9	3.5	16.7
11	14.5	15.3	2.1	4.9	3.5	16.7
12	14.5	15.3	2.1	4.9	3.5	16.7

관측치들의 실제값이 아니라 살충제라는 자신이 속한 그룹의 평균값으로 대체했습니다. 마치 같은 그룹에 속하는 사람들이 똑같은 유니폼을 입은 것처럼, 단체로 행동하는 것이죠. 이 새로운 72개의 값에서 모두 전체 평균 9.5를 빼고 다시 제곱합을 계산합니다. 특이한 것은 같은 살충제의 12개 관측치는 모두 같은 값을 가진다는 것이죠. 실제로 계산하면 2,669가 되고, 그룹 평균으로 바뀐 변수 이름을 yg라고 하면 역시 다음처럼 수식으로 표현할 수 있습니다.

$$\sum_{i=1}^{72}(yg_i-\bar{y})^2 = 12\times(14.5-9.5)^2+12\times(15.3-9.5)^2+12\times(2.1-9.5)^2 \\ +12\times(4.9-9.5)^2+12\times(3.5-9.5)^2+12\times(16.7-9.5)^2 = 2,669$$

이제 마지막 제곱합입니다. 실제값과 그룹 평균의 차이를 제곱하고 합하는 것이죠. 첫 번째 표와 두 번째 표의 차이를 계산하고 제곱한 다음 72개의 숫자를 모두 합하면 됩니다. A 살충제의 12개의 값에서는 A 살충제의 평균을 빼고, B 살충제의 12개의 값에서도 B 살충제의 평균을 뺍니다. 나머지 살충제의 값에도 모두 각자의 평균을 뺍니다. 계산은 조금 복잡하지만 수식으로 표현하면 다음처럼 간단하게 나타낼 수 있습니다. 값은 1,015가 됩니다.

$$\sum_{i=1}^{72}(y_i - yg_i)^2 = 1,015$$

조금씩 다르긴 하지만 지금까지 3개의 제곱합을 계산했습니다. 그런데 세 제곱합 사이에는 신묘한 관계가 있습니다. 두 번째와 세 번째 제곱합을 더하면, 정확하게 첫 번째 제곱합과 같죠!

$$3,684 = 2,669 + 1,015$$

믿기지 않겠지만, 실제로 계산하면 정확히 일치하는 것을 확인할 수 있습니다. 그렇다면 숫자 말고 수식으로 살펴볼까요?

$$\sum_{i=1}^{72}(y_i - \bar{y})^2 = \sum_{i=1}^{72}(yg_i - \bar{y})^2 + \sum_{i=1}^{72}(y_i - yg_i)^2$$

첫 번째 제곱합은 우리의 관심 변수의 분산, 바로 정보량입니다. 그런데 이 분산은 정확히 2개로 나눠지는데요, 두 번째 제곱합이 의미하는 그룹에 따른 차이와 세 번째 제곱합이 의미하는 알 수 없는 개인차입니다. 두 번째 제곱합은 각 관측치의 실제값 대신 그룹의 평균을 사용해서 계산했습니다. 즉, 전체 평균에 비해서 각 그룹의 평균이 얼만큼 차이가 큰지를 계산하는 것이죠. 그럼 이 값은 관심 변수의 정보 중에서 그룹에 따른 차이로 설명할 수 있는 부분이 됩니다. 세 번째 제곱합은 다릅니다. 실제값에서 그룹 평균을 뺐는데요, 바로 그룹 차이로는 설명할 수 없는 나머지 부분을 의미합니다. 우리가 데이터로는 도저히 알아낼 수 없는 부분이죠. 각자 의미를 가지고 있는 3개의 제곱합이 실은 이렇게 아름다운 관계를 가지고 있습니다. 이 수식을 멀리서 바라보면 중학교 때 배운 피타고라스의 정리, $c^2=a^2+b^2$과 닮은 것을 알 수 있습니다. 또한 '데이터 공간(c^2)이 다른 변수들로 설명되는 공간(a^2)과 전혀 관련이 없어 알 수 없는 공간(b^2)으로 나눠진다'라는 공간의 개념도 담겨 있습니다.

 이와 같이 정보를 의미하는 관심 변수의 분산이 어떻게 분해되는지 살펴본다고 해서 분산분석이라는 이름이 붙었습니다. 물론 이것이 분산분석의 끝은 아닙니다. 분산분석의 목적이 무엇인가요? 그룹에 따라서, 콘텐츠에 따라서 결과에 충분히 큰 차이가 있는지 없는지를 판단하는 것이죠. 그런데 문제는 우리가 아직까지 '충분히 큰 차이'에 대한 개념을 배우지 못했다는 겁니다. 지금까지 계산한 세 제곱합으로 바로 판단할 수는 없습니다. 물론 관심 변수의 분산 중에서 그룹을 나누는 역할은 한 설명 변수로 설명할 수 있는 부분이 크면 클수록 그룹에 따른 차이가 크다고 볼 수는 있겠지만, 도대체 얼마나 커야 할까요? 그 답은 이어지는 PART 3에서 찾아봅시다.

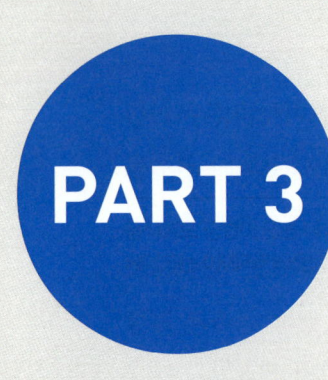

PART 3

차이를 예측하는
통계 모형

56% 우연과 운명 사이

PART 1에서는 관심 변수 속 차이를 확인하고, PART 2에서는 그 차이를 설명 변수와의 관계로 설명하는 방법들에 대해서 살펴봤습니다. 그러나 지금까지 우리가 간과하고 있었던 부분이 있습니다. 바로 그 차이의 의미입니다. 혹시 이 차이가 어쩌다 나온 차이고 재수 좋게 설명되는 관계인 건 아닐까요?

　10년 넘게 연락이 없던 친구를 길 가다 우연히 만나면 어떨까요? 그 10년 뒤 또다시 그 친구를 우연히 만나게 된다면 어떨까요? 그 10년 뒤 또 만난다면? 이 정도면 도저히 그냥 우연이라고 할 수 없어서 "만날 운명이었다"라고 표현합니다. 수많은 사람들이 영향을 주고받는 미래는 예측할 수 없고 매 순간 우연으로 우리에게 다가옵니다. 물론 '내일도 출근'하는 것처럼 당연한 일도 있지만, 때로는 아주 드문 기적과 같은 일이 생기기도 합니다. 이럴 때 우리는 '운명'이라는 단어를 사용합니다. 우연이라고 하기에는 설명이 불가능한 일들이죠.

　데이터 분석에서의 차이도 마찬가지입니다. 올림픽 대회와 메달 색은 전혀 관련이 없는데, 우연히 리우에서 은메달을 많이 못딴 것은 아닐까요? 아들 키를 아빠 키로 설명할 수 있다지만, 사실은 그저 1,078개의 가족 데이터에서만 우연히 맞아떨어진 건 아닐까요? 우연이 아니라면 어떻게 증명해 보일 수 있을까요? 변수 속의 차이나 데이터 속 변수의 관계가 우연이 아니라는 것을 보이는 과정을 테스트, 우리말로는 검정이라고 합니다. 우연이라고 하기에는 설명이 불가능할 만큼 충분히 큰 차이 혹은 매우 밀접한 관계가 있다는 것을 입증하는 것이죠. 그렇다면 얼만큼 커야 충분히 크다고 할 수 있을까요?

　PART 3에서는 이와 관련된 어려운 이야기를 나눕니다. 충분히 큰지 아닌지를 판단하기 위해서는 기준이 필요합니다. 내 데이터로부터 계산된 값을 비교할 기준이 필요하죠. 그런데 우리에게 데이터는 하나밖에 없고, 비교를 위해선 적어도 2개의 무언가가 필요합니다. 그래서 통계는 표본이라는 개념을 활용합니다. 분명히 우리에게는 가지고 있는 데이터 하나가 전부인데, 통계는 그 외에도 똑같은 데이터가 수없이 많다고 할 겁니다. 어렵지만 이 과정을 거쳐야 우리 데이터가 우연이 아니라 운명이라는 것을 설명할 수 있습니다.

60% 지구는 우주의 티끌

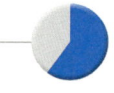

믿기 힘들지만 지구는 우주에서 백사장의 모래 한알처럼 작은 존재에 불과합니다. 우리 생각보다 세상은 더 넓습니다. 그만큼 데이터의 세상도 넓고요.

    영화 〈인터스텔라〉를 보면 우주를 탐험하던 주인공 쿠퍼는 블랙홀로 빨려 들어가고, 시간과 공간을 거슬러 과거와 마주합니다. 우리에겐 하나밖에 없는 현실이지만 그곳에서는 수많은 현실들이 호텔 객실처럼 나란히 늘어서서 공존합니다. 분명히 내게는 하나밖에 없는 현실이지만, 그곳에는 수많은 다른 현실들이 있죠. 그러나 크게 신경 쓸 필요는 없습니다. 내가 지금 살고 있는 이 현실이 가장 소중하니까요! 데이터 역시 비슷합니다. 우리는 당연히 우리가 가지고 있는 데이터를 '전부'라고 생각합니다. 그러나 통계라는 우주에는 우리의 데이터와 꼭 닮은 수많은 데이터가 있습니다. 관측치의 숫자도 같고, 변수의 수도, 단위도 모두 같은 데이터입니다. 단, 채워진 값들은 모두 다르죠. 어떻게 이게 가능할까요? 당연히 현실에서는 불가능하지만 통계학자들의 머릿속에서는 가능합니다.

표본과 모집단

    작은 백사장에는 수많은 모래알이 있습니다. 한 손으로 모래를 한 줌

퍼 올리면 작은 모래 알갱이가 만 개쯤 들어옵니다. 손에 있던 모래를 털어버리고 또다시 모래를 퍼올리면 아까와는 또 다른 만 개의 모래알이 손안에 있죠. 백사장에 있는 수억 개의 모래알 중 선택된 만 개가 한 줌 안에 들어와 있는 것입니다. 이것이 바로 흔히 샘플이라고 부르는 표본 Sample의 개념입니다. 수억 개 모래알이 있는 백사장을, 통계에서는 모집단 Population이라고 합니다. 우리가 퍼 올린 한 줌 모래알은 하나의 표본이 되고요.

 물론 현실에서는 그런 백사장은 없습니다. 오직 내게 관측치가 만 개인 데이터 하나만 있을 뿐이죠. 그러나 머릿속에서는 이 데이터를 관측치가 수천, 수억 개가 있는 모집단에서 선택해서 만들어졌다고 생각할 수 있습니다. 그럼 당연히 어떤 관측치가 선택되느냐에 따라서 데이터의 값들은 모두 다르겠죠. 신생아 몸무게 데이터가 매분, 매시, 매일, 매월, 매년 다른 아이들로 채워지듯 말입니다.

 눈앞에 있는 데이터 하나를 그냥 분석하는 것도 벅찬데, 통계는 왜 굳이 표본 이야기를 꺼내서 우리를 힘들게 할까요? 이유는 '비교' 때문입니다. 우리는 앞서 PART 1과 PART 2를 통해 차이를 확인하고 설명하는 방법들을 간단히 살펴봤습니다. 데이터 속에는 다양한 차이들이 있는데, 데이터만 있으면 무조건 그 차이를 계산할 수 있습니다. 평균을 계산해서 관측치들을 비교하고, 교차표를 이용해 올림픽별로 획득한 메달의 비중 차이를 확인했죠. 살충제 6개의 효과도 살충제별로 평균을 구해서 차이를 확인했습니다. 그런데 문제는 이 차이가 우연인지 운명인지 판단하지는 못했다는 것입니다. 아들 키의 평균이 아빠 키의 평균보다 2.5cm 큰 것은 확인했지만, 이 차이가 의미가 있는지 없는지는 알 수가 없습니다. 실제로 아빠 키와 아들 키의 평균은 거의 똑같은데, 우연히 아들 키가 큰 1,078쌍의 부자를 대상으로 조사했을 수도 있죠. 우리가 가지고 있는 데이터, 즉 하나의 표본이 우연히 큰 값을 가졌을 뿐, 만약 새로운 표본을 뽑으면 똑같은 결과가 나오지 않을 수도 있습니다. 자, 그럼 '아들 키가 아빠 키보다 의미 있을 만큼 충분히 크다'라는 것을 보이고 싶다면 무엇을 해야 할까요? 비교를 해야 합니다. 비교를 하려면 비교 대상이 필요하죠. 바로 이 문제를 표본의 개념이 도와줄 겁니다.

통계량과 분포

이번엔 관측치도 아니고, 변수도 아니고 데이터를 비교할 겁니다. 일단 데이터부터 생각해봅시다. 내 손안에는 비밀의 섬에서 가져온 고운 모래 한 줌이 있습니다. 해변에서 놀고 있는 친구에게 "이 모래는 진짜 곱다"고 이야기했는데 친구가 말합니다. "이 모래나 그 모래나 똑같지!"라고 답합니다. 어떻게 해야 할까요? 비교를 하면 됩니다! 내 손안의 모래랑 해변의 모래를 비교하는 거죠. 그런데 그냥 비교가 될까요? 비교의 기준, 즉 통계량이 필요합니다. 방법은 아주 간단합니다. 내 모래알 개수만큼 해변의 모래를 가져온 다음 모래알 굵기의 평균을 계산하는 거죠! 내 모래알들의 평균 굵기가 더 작았다면 내 주장이 힘을 얻습니다. 그런데 반대로 친구의 입장에서는 억울합니다. 마침 자기가 가져온 모래들이 굵었을 수도 있으니까요. 그래서 여기저기서 계속 모래를 한 줌씩 모아서 새로운 비교 대상을 만들 수 있습니다. 해변은 넓으니까 원하는 대로 얼마든지 새로운 모래 한 줌, 새로운 표본을 만드는 것이죠. 하지만 이 수많은 모래 한 줌을 하나하나 내 소중한 모래 한 줌과 비교할 수는 없습니다. 매번 비교를 한다는 건 정말 힘든 일이니까요. 그래서 통계학자들은 조금 다른 접근 방법을 선택했습니다. 먼저 표본들의 평균 모래 굵기의 패턴을 찾는 거죠. 같은 해변에서 퍼올린 한 줌 모래의 평균이 항상 똑같을까요? 당연히 매번 다릅니다. 그렇다면 같은 해변에서 퍼올린 한 줌 모래의 평균이 서로 완전히 다를까요? 물론 거의 비슷하겠죠. 자, 그럼 이 말이 정말인지 가상의 모래알 굵기 데이터를 살펴봅시다.

내 소중한 모래알들의 평균 굵기는 3입니다. 친구가 10번이나 퍼온 모래 한 줌의 평균 굵기를 계산했더니 다음과 같았습니다.

| 3.9 | 6.7 | 4.5 | 5.5 | 3.9 | 4.3 | 4.9 | 6.2 | 4.2 | 5.9 |

10개의 값을 히스토그램으로 표현해 볼까요?

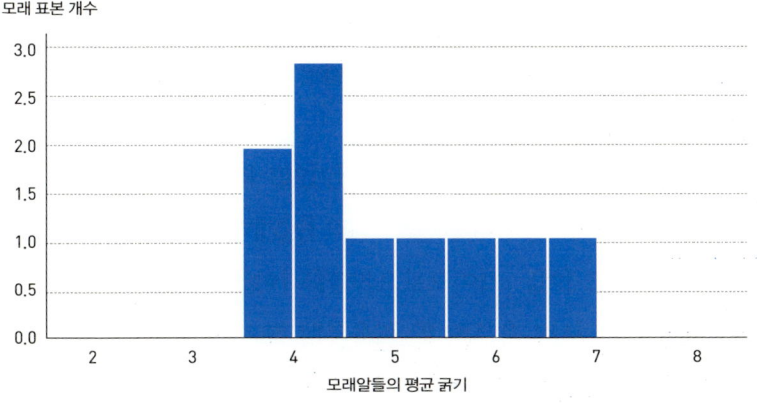

한가지 짚고 넘어가야 할 것은 히스토그램으로 표현한 10개의 값은 모

래알 10개의 굵기가 아니라 각 값이 모래를 한 줌 쥐었을 때 나온 모래알 10,000개의 평균이라는 것입니다. 즉, 모래 한 줌을 쥐어서 모래알 10,000개의 평균 3.9를 구한 다음 모래를 털어버리고 다시 모래 한 줌을 쥐어서 또 다른 모래알 10,000개의 평균인 6.7을 구한 것입니다. 이 과정을 10번 반복해서 구한 10개의 평균값들의 평균을 구했더니 5가 나옵니다. 심지어 각 평균값을 비교해도 내 소중한 모래알의 평균 굵기 3보다 작은 것은 없습니다. 즉, 내 모래알이 정말 곱다는 걸 보여주고 있죠. 그럼에도 결과에 승복하지 못한 친구가 그새 10개의 표본을 더 가지고 왔습니다.

| 6.5 | 4.1 | 4.4 | 4.3 | 5.2 | 4.2 | 4.1 | 3.4 | 7 | 3.6 |

다시 10개의 평균값을 추가해서 20개 값의 히스토그램을 그려볼까요?

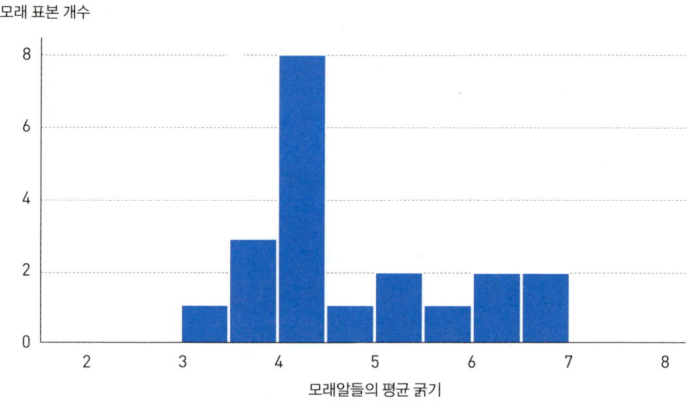

이번에는 4점대의 값들이 많아서 4~4.5의 막대가 꽤 높네요! 그러나 역시 내 모래보다 더 고운 모래 한 줌을 찾는 데는 실패한 것 같습니다. 이쯤되면 포기를 할 만도 한데, 집념이 강한 친구가 1,000개의 표본을 더 가져온다면 히스토그램은 어떤 모습이 될까요?

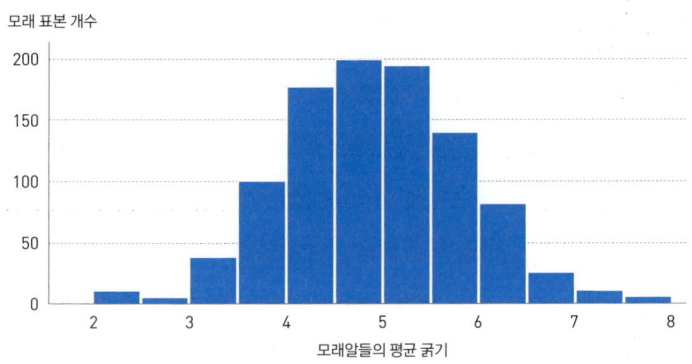

대략 봤을 때 평균은 5에 가까운 것으로 보입니다. 히스토그램을 보면 5 근처의 값들이 많고 또 막대 모양이 좌우대칭인 것을 확인할 수 있으니까요. 히스토그램에서 높이는 낮지만 2나 8 근처 양쪽 끝에도 막대들이 보입니다. 내 고운 모래보다 더 고운 모래도 있고, 또 굵기가 2배가 넘는 거친 모래들도 있었네요. 표본의 개수가 많아질수록 점점 더 패턴은 명확해집니다. 이번에는 100만 개의 표본으로 구간을 더 잘게 나눈 히스토그램을 그려보겠습니다.

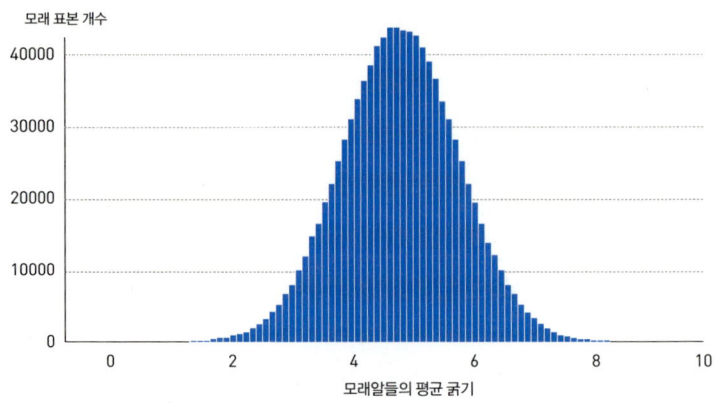

　각각 10,000개의 모래알 평균 굵기를 계산한 100만 개의 표본평균을 0부터 10까지 0.1 간격으로 나눠 히스토그램을 그렸습니다. 앞서 살펴본 히스토그램과 마찬가지로 5 근처에 있는 막대들이 가장 높고 좌우대칭의 형태를 보입니다. 역시 드물지만 아주 가늘거나 굵은 모래 한 줌도 있었다는 것을 알 수 있습니다. 친구가 100만 줌의 모래를 가져왔지만, 모래를 퍼온 백사장이 바뀌진 않았습니다. 백사장의 모래를 모두 셀 수는 없지만 집념이 강한 친구 덕분에 꽤 많은 모래 한 줌들을 살펴보니 위의 히스토그램과 같은 패턴을 확인할 수 있었습니다. 이렇게 관측치나 데이터로부터 계산된 통계량들이 만들어 내는 패턴을 분포^{Distribution}라고 합니다.

　이제 다시 우리의 소중한 모래 한 줌에게 관심을 가져봅시다. 비밀의 섬에서 가져온 모래 한 줌의 평균 굵기는 3이었는데요. 히스토그램에서 3의 위치를 확인해보면 이 해변에 있는 대부분의 모래는 굵기가 3보다 크며 모래 굵기가 3보다 작은 건 아주 드물다는 것을 볼 수 있습니다.

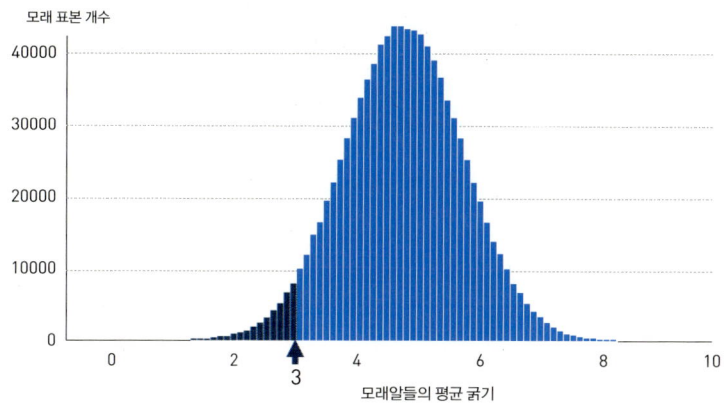

　정말 고집이 센 친구가 아니라면, 이제 우리 모래가 충분히 곱다는 것을 인정하지 않을까요? 물론 더 고운 모래가 있긴 하지만, 3정도로 고운 모래는 상위 1~2%에 들 정도니 이제 인정을 해줘야 할 것 같습니다. 제일 곱지 않기 때문에 인정할 수 없다고 생각할 수 있지만 처음 우리가 던졌던 말을 생각해야 합니다. 우리는 "이 모래가 최고로 곱다"라고 하지 않고 "진짜 곱다"라고 주장을 했거든요!

　이처럼 우리가 가지고 있는 단 하나의 데이터가 얼마나 의미 있는 차이를 가지고 있는지 확인하려면 표본의 개념을 끌어와 분포를 만들어야 합니다. 하지만 아무리 훌륭한 통계학자라고 해도 아무런 조건 없이 비교 대상이 될 분포를 만들어 낼 수는 없습니다. 마케팅의 성과를 측정하고 싶다고 해서 아무 분포에나 갖다 댈 수는 없죠. 그래서 기준이 되는 가정이 필요합니다. 예를 들면, 몇 명에게 몇 개 그룹으로 마케팅을 진행했는지와 같은 정보가 필요하죠. 어떤 변수에 어떤 가정을 했느냐에 따라서 분포는 다양하게 바뀝니다. 당연히 100만 개의 모래알 히스토그램처럼 꼭 좌우대칭에 종 모양일 수는 없습니다. 매번 분포는 달라지지만, 실제 데이터를 그 분포 속에 집어넣어서 상대적 위치를 찾으면 됩니다. 내가 가진 데이터의 값이 충분히 작은지, 큰지 혹은 충분히 무난한 값인지를 상대적인 위치로 확인하는 것이죠. 조금 어려워 보이지만, 뒤에 나올 예제들을 천천히 읽으면 이 과정을 이해하는 데 도움이 될 것입니다. 우리에겐 책장 너머 든든한 통계학자들이 있으니까요. 우린 답을 찾을 겁니다. 늘 그랬듯이!

자연스러운 확률

앞서 두 연속형 변수가 어떤 관계를 가지고 있는지 살펴볼 때 상관계수를 계산했습니다. −1부터 1 사이의 값을 가지는 이 수는 두 변수가 같이 커지는지, 아니면 한쪽이 커지면 다른 한쪽은 작아지는지, 아니면 서로 관련이 없는지를 알려줬습니다. 그렇다면 서로 전혀 관련이 없는 변수 두 개를 데려와서 상관계수를 구해보면 어떨까요? 당연히 서로 관련이 없는 변수들이니까 상관계수는 0이 나오지 않을까요? 결론부터 말하자면, 평균적으로는 0이 나옵니다. 그러나 관련이 없는 두 변수의 상관계수가 항상 0은 아니죠. 모의 실험 예제를 통해 살펴봅시다.

상관계수를 구하기 위해서 두 변수를 랜덤으로 만들겠습니다. 첫 번째 변수는 평균이 171.9이고 표준편차가 7의 값을 갖도록 랜덤으로 1,078개의 관측치를 뽑았습니다. 두 번째 변수는 평균이 174.5, 표준편차는 7이 되도록 똑같이 1,078개의 관측치를 뽑았고요. 두 변수 모두 관측치 수가 1,078개니까 하나씩 짝지어 줍니다.

행 번호	변수1
1	176.0
2	176.9
...	...
1,078	164.3

첫 번째 변수

행 번호	변수2
1	178.5
2	172.6
...	...
1,078	181.9

두 번째 변수

행 번호	변수1	변수2
1	176.0	178.5
2	176.9	172.6
...	...	...
1,078	164.3	181.9

완성된 랜덤 샘플

 이런 데이터를 임의^{Random}로 만든 표본이라는 뜻으로 임의 표본이라고 부르지만, 흔히 영어 그대로 랜덤 샘플이라고도 합니다. 서로 전혀 관련이 없는 두 변수지만, 랜덤 샘플에서는 마치 아빠와 아들같이 하나로 묶습니다. 그런 다음 두 변수의 상관계수를 계산했더니 0.01이 나왔습니다. 역시나 관계없는 두 변수라서 거의 0에 가까운 상관계수가 나온 것 같습니다. 그러나 한 번의 실험, 다시 말해 하나의 랜덤 샘플로 살펴보는 것은 의미가 없습니다. 드넓은 백사장에서 퍼올린 모래 한 줌으로 모든 걸 판단해서는 안 되죠. 그래서 위의 과정을 10,000번 반복해서 10,000개의 랜덤 샘플을 만들었습니다. 그리고 10,000개의 상관계수를 히스토그램으로 그렸습니다.

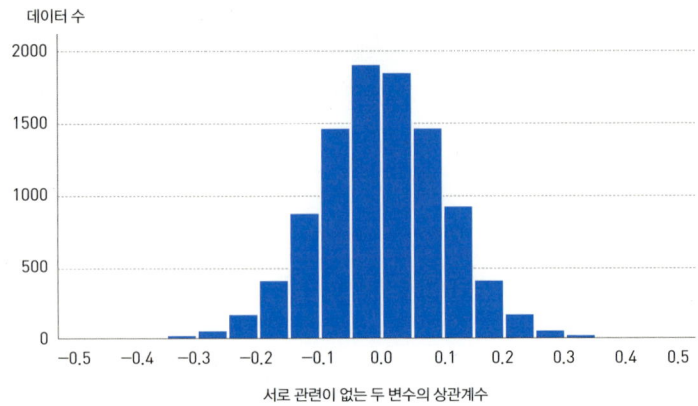

서로 관련이 없는 두 변수의 상관계수

또다시 아름다운 종 모양의 좌우대칭 그림이 나왔네요! 히스토그램에서 알 수 있듯이 서로 상관이 없는 두 변수의 상관계수를 구했다고 해서 항상 0이 나오는 것은 아닙니다. 다만 그 중심에 0이 있는 걸 보면 굳이 계산해보지 않아도 상관계수의 평균은 0이라고 짐작할 수 있습니다. 랜덤으로 만들어 낸 두 변수는 전반적으로 의미 있는 관계가 없는 것을 확인할 수 있습니다. 물론 대부분의 상관계수는 0 근처에 있지만 몇몇 상관계수는 0.4가 넘는 큰 값을 가지기도 합니다. 10,000개의 상관계수 중에서 ±0.3이 넘는 상관계수를 세어 보니 22개가 있습니다. 전혀 상관없는 두 변수로 계산한 상관계수가 ±0.3이 넘는 건 그냥 우연이지만, 통계에선 0.22%의 확률로 일어날 수 있는 사건이라고 봅니다. 보통 사람들은 우연이라고 부르는 것을 통계는 그 우연의 정도를 측정해서 확률로 표현합니다.

반대로 운명이 있습니다. 사실 우리는 이미 운명을 나타내는 데이터를 본 적이 있습니다. 바로 **35% 부전자전, 유전 연결고리**에서 살펴본 1,078쌍의 아빠와 아들의 키 데이터입니다. 이 둘의 상관계수는 0.5였죠. 우리는 두 변수의 관계를 0.5라고 표현하긴 했지만, 그 숫자가 진짜 의미가 있는지 아닌지는 판단하지 못했습니다. 그러나 이제는 할 수 있습니다! 우선 목표는 '아빠 키와 아들 키의 상관계수 0.5가 의미가 있다'는 것을 입증하는 것입니다. 비교를 위해서는 앞에서 살펴본 것처럼 어떤 분포가 필요합니다. 마침 적절한 분포를 살펴본 적도 있죠. 바로 1,078개의 관측치로 구성된 10,000개의 랜덤 샘플로 계산한 10,000개의 상관계수죠. 굳이 1,078개의 관측치를 뽑은 것도 관측치 수가 동일한 데이터를 만들기 위해서였습니다. 심지어 두 변수의 평균과 표준편차도 키 데이터에서 가져왔습니다. 눈에 보이는 데이터의 크기나 변수의 특징은 똑같아 보이지만, 랜덤 샘플에는 '두 변수가 전혀 상관이 없다'는 가정이 더해져 있습니다. 그리고 히스토그램으로 확인한 10,000개 상관계수의 패턴이 바로 우리가 비교에 사용할 분포가 됩니다.

실제 데이터 속 두 사람은 아빠와 아들이라는 끈끈한 사이지만 우리가 랜덤으로 만든 데이터 속에서 두 사람은 생전 처음 보는 낯선 사이죠. 10,000번의 1,078쌍의 어색한 두 사람 사이에서는 ±0.5가 넘는 상관계수가 한 번도 나오지 않았습니다. 횟수를 1억 번으로 올리면 한 번 정도 나올 수 있겠죠. 즉, 0.5라는 아빠 키와 아들 키의 상관계수는 '두 변수가 전혀 상관이 없다'는 가정하에서는 발생 확률이 0.0000001%쯤 되는 매우 특이한 일입니다. 우연히 나왔다고 보기엔 거의 불가능한 일입니다. 상식적으로 생각해보나, 통계적으로 계산해보나 아빠 키와 아들 키는 상당히 의미 있는 양의 상관관계가 있다고 할 수 있습니다.

그렇다면 두 연속형 변수 말고 두 범주형 변수의 관계는 어떨까요? 두 범주형 변수의 관계 역시 비슷한 방법으로 확인할 수 있습니다. 이번에는 온라인 배너 광고를 통해 이용자의 반응을 살펴볼까요? 온라인 배너

광고는 흔히 AB 테스트라는 방법으로, 이용자에게 두 가지 배너 중 랜덤으로 하나를 보여주고 반응을 보려고 합니다. 두 배너 중에서 어떤 배너가 더 매력적인지 이용자 100명을 대상으로 확인해봤더니 배너를 보고 클릭해서 반응한 사람과 무시한 사람 두 유형으로 나뉘었습니다.

	배너A	배너B	합계
반응	35	25	60
무시	15	25	40
합계	50	50	100

배너A, 배너B에 노출된 사람은 각각 50명이었고, 전체 중에서 반응한 사람은 60명, 배너를 무시한 사람은 40명이었습니다. 그런데 배너A는 50명 중에 35명이나 반응했고, 배너B는 50명의 절반인 25명이 반응을 했네요. 배너A가 더 효과가 좋습니다. 그런데 이 배너 효과의 차이가 과연 의미 있는 차이일까요? 과연 우리는 배너A의 반응이 더 좋은 것이 '우연이 아니다'라고 자신 있게 말할 수 있을까요?

마케팅의 성과를 판단하기 위해서 우리는 또 다시 비교를 해야 합니다. 역시 어떤 분포가 필요하죠. 현실에서는 똑같은 마케팅을 반복하기 어렵지만, 통계에서는 랜덤 샘플로 이와 비슷한 데이터를 수없이 만들 수 있습니다. 배너의 종류를 의미하는 첫 번째 변수는 A가 50번, B가 50번 랜덤으로 나오도록 하고 이용자의 반응 여부를 의미하는 두 번째 변수는 랜덤으로 성공이 60번, 실패가 40번 나오게 만듭니다. 두 변수 모두 100개의 관측치를 가지고 있으니까 하나씩 짝을 지어 데이터를 만들고 교차표를 만들 수 있습니다.

행 번호	배너	반응 여부
1	A	반응
2	A	무시
…		
100	B	무시

100개의 관측치

	A	B	합계
반응	?	?	60
무시	?	?	40
합계	50	50	100

교차표

    두 변수의 값 100개가 어떻게 채워지는가에 따라 교차표의 네 칸은 달라지겠지만, 행 합계와 열 합계, 그리고 전체 합계는 항상 똑같습니다. 왜냐면 관측치가 100개인 랜덤 샘플을 만들었고, 행 합계는 60과 40, 열 합계는 각각 50이 되도록 조건을 걸었기 때문이죠. 즉, 랜덤 샘플을 뽑고 교차표를 계산하는 것은 행 합계와 열 합계만 맞게 네 칸을 채우는 것과 동일합니다. 어떤 값으로 표를 채우든 상관없이 배너A와 배너B의 반응률을 계산할 수 있고 어느 배너의 반응률이 더 높은지도 확인할 수 있습니다. 앞선 예제들의 경험으로 미뤄 짐작해보면 때로는 배너A가, 때로는 배너B의 반응률이 높겠지만 평균적으로 두 배너의 반응률은 같을 겁니다. 반응률의 차이가 없도록 랜덤으로 데이터를 뽑았기 때문이죠. 물론 복잡하게 교차표 전체를 비교할 필요는 없습니다. 전체 합계가 100인 것을 알고 있으니까 배너A에 반응한 사람이 몇 명인지만 알면 나머지 세 칸은 간단한 산수만으로도 채울 수 있습니다.

	배너A	배너B	합계
반응	a	60−a	60
무시	50−a	a−10	40
합계	50	50	100

만약 배너에 따라서 반응률의 차이가 없다고 가정하면, 100명 중에 60명이 반응했고, 배너A에는 50명이 있으니까 평균적으로 30명이 배너A에 반응할 가능성이 큽니다. 그럼 이 가정에 따라 1,000개 랜덤 샘플에서 배너A에 반응한 사람의 수가 몇 명이나 되는지 살펴봅시다.

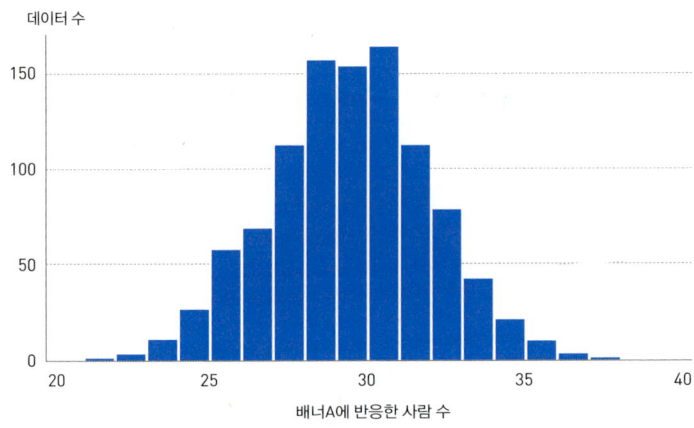

역시 예상대로 30명을 중심으로 조금씩 크거나 작은 값을 가집니다. 그럼 배너B에 반응한 사람 수도 60−30으로 계산되므로 30명 혹은 조금 더 많거나 적다는 것을 의미합니다. 즉, 두 배너의 효과 차이가 없다는 것을 의미하죠. 그런데 실제로 우리가 실행한 마케팅에서 배너A에 반응한 사람 수는 35명입니다. 실제 데이터의 35라는 값을 가정으로 만든 분포에 넣어 볼까요? 1,000번의 표본 중에서 실제 값 35보다 큰 값이 나온 표본은 단 39개입니다. 확률로 계산하면 3.9%네요. '배너의 반응률에 차이가 없다'라는 가정에서 100명 중 배너A에 반응한 사람 수가 35보다 클 확률은 고작 3.9%라는 것입니다. 우연히라면 100번 중에 4번 정도 일어날 수 있는 드문 일이 우리 눈앞에 벌어진 것이죠. 단순히 우연이라 하기에는 충분히 큰 차이를 보여줍니다.

물론 실제 데이터가 의미 없는 표본 39개보다 값이 작은 것은 문제가 있다고 볼 수도 있습니다. 그러나 우연을 무시하면 안 됩니다. 그 어려운 로또 당첨도 매주 당첨자가 나오니까요. 예를 들어, 실력이 비슷한 100명의 아마추어 볼링 동호회 회원과 한 명의 뛰어난 프로볼러가 볼링을 합니다. 동호회 회원 중에서 1명이 퍼펙트 300점을 받았다고 250점을 받은 프로볼러가 동호회 회원과 실력이 비슷하다고 말할 수는 없죠. 어쩌다가 얻은 300점을 실력으로 얻은 250점과 단순히 크기로 비교해서는 안 됩니다. 그래서 우리는 확률을 계산합니다.

지금까지 데이터가 가진 어떤 차이의 의미를 설명하기 위해서 분포의 힘을 빌렸습니다. 차이가 없는 상황을 가정하고, 우리가 가지고 있는 데이터와 모양새만 똑같은 랜덤 샘플들로 분포를 만들어 냈죠. 그리고 그 분포에 단 하나밖에 없는 실제 데이터의 값을 집어넣고 상대적인 위치를 확률로 계산했습니다. 예를 들어, 예제에서 35라는 실제 값은 분포 속에서 상위 3.9%라는 확률을 얻었습니다. 이 확률값을 p-값 p-value이라고 합니다. 지금까지 살펴본 것처럼 p-값을 계산하는 목적은 대부분 우리의 데이터 속 차이가 얼마나 의미 있는지를 보이기 위해서입니다. 그리고 이 p-값은 차이가 없다는 가정하에 우리의 데이터가 얼마나 특이한 값인지를 의미합니다. p-값이 0에 가까워, 작으면 작을수록 차이가 없다고 보기엔 실현 불가능할 만큼 큰 차이를 보인다는 것을 의미하고, p-값이 1에 가까워, 커지면 커질수록 충분히 우연하게 일어날 수 있는 흔한 차이를 의미합니다. 그렇다면 p-값이 도대체 얼마나 작아야 할까요? 차이의 의미가 있다, 없다를 판단하는 기준이 p-값이라면 그 **기준값**Threshold 은 얼마일까요?

65% 웬만해선 이길 수 없다

주변을 둘러보면 모든 일에 부정적이고 의심이 많은 사람들이 있습니다. 웬만해서는 논쟁에서 그들을 이길 수가 없습니다. 충분히 의미 있는 증거도 모든 것을 의심하는 그들 앞에서는 무용지물이 됩니다. 이 사람들을 이기기 위해서는, 강력하고 묵직한 큰 증거 한방이 필요합니다.

앞에서 살펴본 p-값 이야기를 계속해봅시다. p-값이 얼마나 작아야 데이터 속 차이가 의미를 가질까요? 머릿속에 가장 먼저 떠오르는 기준값은 0.5입니다. 만약 p-값이 0.5보다 작다면, 분포에서 절반 이상의 경우보다 차이가 큰 것이니까 그 차이가 의미가 있다고 할 수 있지 않을까요? 게다가 두 주장 중 한쪽이 옳다면, 마치 가위바위보처럼 이길 확률을 50%로 생각하는 것이 합리적이기도 하죠. 하지만 0.5가 기준이 되면 큰 혼란이 발생합니다. 분포를 만들 때 사용된 전혀 의미가 없는 데이터 중 50%인 절반이 0.5보다 작게 나올 수 있기 때문이죠. 그 말은 의미 없는 50%의 차이에 대해서도 의미 있는 차이라고 결정을 내려야 한다는 뜻이 됩니다. 다시 데이터 속에서 답을 찾아봅시다.

아빠 키와 아들 키 데이터에서 두 변수의 상관계수는 0.5였고, 아무리 랜덤으로 데이터를 만들어도 0.5를 넘는 값은 찾기 어려웠습니다. 그럼 누구도 의심할 것 없이 아빠 키와 아들 키는 유의미한 상관관계가 있다고 할 수 있죠. 굳이 p-값을 구하면 0입니다. 그런데 만약 실제 상관계수가 0.3이면 어떻게 될까요? ±0.3이 넘는 상관계수는 22개가 있고 p-값은 0.0022가 됩니다. 0.3이라는 값도 0.22% 안에 들 만큼 아주 드문 일이니까 두 변수의 상관관계가 충분히 의미 있다고 할 수 있습니다.

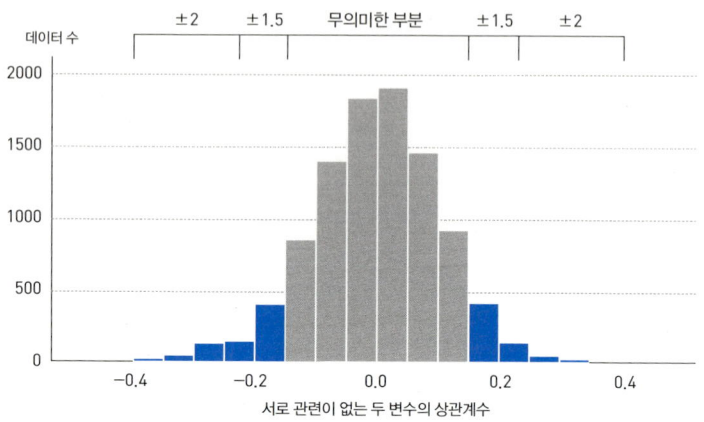

그럼 0.2는 어떤가요? ±0.2가 넘는 상관계수는 10,000개 중에 484개가 있고 p-값은 0.0484입니다. 확률이 점점 커져갑니다. 조금 더 가서 0.15는 안 될까요? ±0.15를 넘는 상관계수는 1,352개, p-값은 0.1352, 확률로 표현하면 13.52%입니다. 예닐곱 개의 의미 없는 데이터 중 하나 정도는 가질 수 있는 상대적으로 흔한 상관계수네요. p-값에 대한 판단의 기준으로 0.5는 너무 크지만, 0은 또 너무 작습니다. 그 사이의 적절한 기준이 필요합니다.

유의수준

p-값은 데이터 속 차이가 얼마나 희귀한지 혹은 흔한지의 정도를 0부

터 1 사이의 확률로 표현합니다. 만약 p-값이 1이라면 사실상 데이터 속에 차이가 없는 것이고 p-값이 0이라면 그 차이가 너무 커서 누가 봐도 차이를 인정해야 하는 상황입니다. 우리의 목적이 p-값을 활용해서 데이터의 차이에 의미를 불어넣는 것이라면, p-값은 0에 가까울수록 좋습니다. 그만큼 드문 확률로 발생할 수 있는 큰 차이라는 것이죠.

그렇다면 얼마나 희귀한 확률이어야 통계적으로 의미가 있다고 볼까요? 누군가는 자연적으로 열 번 중에 한 번 정도 발생할 수 있는 확률 10%면 충분하다고 할 수 있고, 누군가는 상위 1%에 들 만큼 희귀한 일이어야 된다고 할 수도 있습니다. 혹은 0.1%로 더욱 빡빡한 조건을 제시할 수도 있죠. 과연 희귀한 확률이란 몇 %를 기준으로 잡아야 할까요? 답은 정해져 있지 않습니다. 다만 대부분의 학자와 연구자들은 5%라는 기준을 사용하고 있습니다. 10%를 기준으로 잡으면 작은 차이도 유의미하다고 판단을 하고, 1%를 기준으로 잡으면 차이를 보이기가 힘들었기 때문에 오랜 시간 수많은 시행착오를 거쳐 5%라는 기준이 자리 잡은 것으로 보입니다. 이렇게 설정된 5%와 같은 기준을 유의수준Significant level이라고 합니다.

다시 말하면, 유의수준이란 데이터의 차이가 유의미한 것인지 아닌지를 판단하는 기준인 것입니다. 만약 p-값이 유의수준보다 작다면 차이가 통계적으로 유의미하고, p-값이 유의수준보다 크면 우연히라도 충분히 일어날 수 있는 그저 그런 차이인 것으로 판단할 수 있습니다. 이 과정을 유의성 검정Significance Test이라고 합니다. 유의성 검정은 말 그대로 p-값과 유의수준을 활용해서 차이의 유의성을 판단합니다. 중요한 것은 유의성 검정의 결과가 차이의 유의성을 '결정'하는 것이 아니라 판단의 근거가 된다는 점입니다. 이게 도대체 무슨 말일까요?

p-값을 계산할 때 사용한 분포를 생각해봅시다. 분포는 의미 없는 표본들로부터 만들어졌습니다. 유의수준이라는 기준은 그 분포에 적용이 되고요. 그럼 우리가 유의수준을 5%로 고정하는 순간 의미 없는 표본 중에서 5%는 유의성 검정에서 유의미한 것으로 판단될 수 있죠. 즉, 우리는 데이터에서 발견한 차이의 유의미성을 판단하고 싶은데 이 과정에서 어쩔 수 없이 유의수준만큼의 틀릴 가능성을 감당해야 합니다. 틀릴 가능성을 감수하고서라도 차이의 의미를 찾기 때문에 유의성 검정의 결과는 '차이가 있다'는 결정이 아니라 '(틀릴 가능성도 있지만)차이가 있다고 볼 수 있다'라고 판단합니다.

그럼 유의수준을 1% 정도로 더 낮추면 좋지 않을까요? 물론 유의수준이 낮아지면 우리의 판단이 틀릴 가능성도 낮아집니다. 그러나 딱 그만큼 내 데이터의 차이를 입증하는 것도 어려워집니다. 100명 중에 5등만 해도 통과였는데, 이제는 1등을 해야만 통과를 할 수 있으니까요. 반대로 유의수준을 10%로 높이면 어떨까요? 100명 중에 10등만 해도 통과가 되니까 차이의 유의성을 쉽게 보일 수 있겠지만, 딱 그만큼 의미 없는 차이를 의미 있다고 판단할 가능성도 커집니다. 그러다 많은 시행착오를 거치고, 다양한 이야기가 오가다가 암묵적으로 5%라는 기준이 설정되었습니다. 이제부터 5%의 오류 가능성을 품고 p-값과 유의수준을 비교해서 판단만 하면 됩니다.

필요악과 같은 분포

어렵고 복잡한 과정을 거쳤지만 어떤 차이에 대한 유의성 검정 과정은 생각보다 간단합니다. 유의수준은 5%로 고정시켜 놓고 우리가 가진 데이터를 활용해서 p-값만 계산하면 됩니다. 그리고 유의수준과 p-값을 비교만 하면 끝나죠. 하지만 개념을 이해하기도 빠듯한 우리가 직접 적절한 p-값을 구하는 건 힘듭니다. 각자 가지고 있는 데이터는 관측치의 개수도 다르고 변수의 구성도 다르고 무엇보다 관심사, 이 데이터로 보이고 싶은 차이가 다릅니다. 그 끝은 p-값으로 똑같지만 시작점과 과정이 모두 다른 것이죠. 그럼 앞서 살펴본 것처럼 각자 데이터에 맞는 랜덤 데이터들을 만들어서 직접 확률을 계산해야 할까요? 당연히 아닙니다. 이미 훌륭한 통계학자들이 데이터의 구성과 상황에 따라 확률을 계산할 수 있는 틀을 만들어 놨습니다. 바로 '분포'입니다.

 물론 우리는 이미 랜덤 샘플을 활용해서 직접 분포를 확인하고 그림으로 표현까지 했습니다. 그러나 지금까지 살펴본 분포가 그냥 커피라면, 지금부터 이야기할 분포는 스타벅스, 투썸플레이스, 이디야와 같은 커피 체인처럼 이름을 가지고 있는 분포들입니다. 브랜드마다 창업주가 있듯이 이 분포들도 분포를 만든 사람들이 있습니다. 왜 만들었을까요? 우리와 똑같이 차이를 확인하고 검정하려면 p-값이 필요했기 때문이죠! 프랜차이즈 분포들은 시간이 흐를수록 성장하면서 이론적으로 정리되고, 특정한 상황이 아니라 일반적인 상황에서 사용할 수 있게 만들어졌습니다. 물론 쉽지는 않지만 분석 과정에서는 필요악이죠. 절대 피할 수 없습니다.

 이제 p-값 문제가 조금 수월해졌습니다. 우리가 직접 표본을 뽑아서 분포를 만들지 않고 적절한 분포를 활용하면 됩니다. 그럼 이제 문제는 언제 어떤 분포를 활용하냐는 것이네요. 먼저 분포의 장점에 대해서 살펴봅시다. 아무리 통계를 모른다고 해도 '정규분포'라는 단어는 살면서 스쳐 지나가듯이라도 한 번쯤 들어본 적이 있을 겁니다. 그리고 고등학교 때 공부를 열심히 했다면 정규분포를 활용해서 95% 신뢰구간을 구한 것도 어렴풋이 기억날 겁니다. 잘 기억나진 않지만 1.96이라는 숫자가 중요했었죠! 95% 신뢰구간이 정규분포를 활용한 대표적인 예입니다. 그럼 오랜만에 정규분포를 함께 살펴볼까요?

키의 히스토그램과 정규분포

잊을 만하면 나오는 예제 데이터, 아빠 키와 아들 키 데이터 중에서 아들 키만 따로 살펴보겠습니다. 앞선 예제에서는 상관계수를 다뤘지만, 이번에는 아들 키의 분포를 집중적으로 살펴보겠습니다.

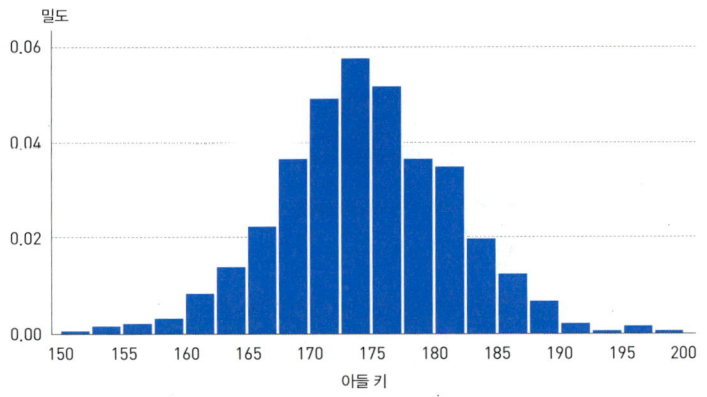

여기 1,078명 아들들의 키를 표현한 히스토그램이 있습니다. 150cm 부터 200cm까지 2.5cm 단위로 총 20개 구간으로 나눠 빈도를 계산했죠. 평소와는 달리 세로축은 '사람 수'가 아니라 전체 1,078명 중 구간마

다 사람 수의 비중을 나타낸 밀도Density를 나타냈습니다. '172.5~175cm' 구간 비중이 가장 높고, 그 구간을 중심으로 양쪽으로 넓게 종 모양으로 펼쳐져 있네요. 그렇다면 이 히스토그램을 활용해 '키가 180cm보다 클 확률'을 어떻게 계산할 수 있을까요?

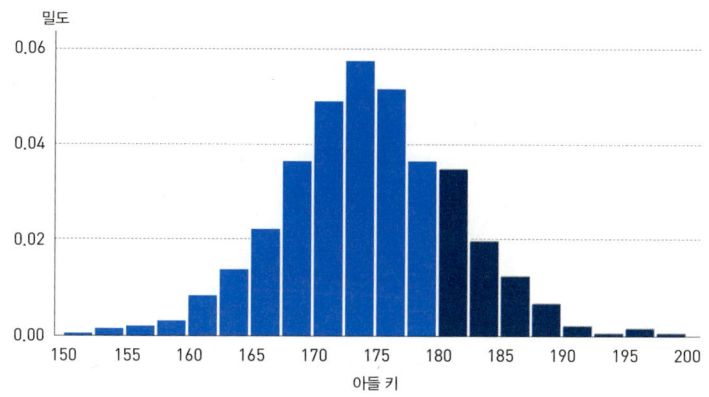

전체 중에서 키가 180cm보다 큰 구간들의 비중을 모두 합해봅시다. 데이터에서 키가 180cm 이상인 아들들이 237명이 있다면, 이 비중의 합은 237/1,078, 0.22가 됩니다. 즉, 히스토그램을 통해 계산한 관심 확률은 22%가 됩니다. 이렇게 데이터에서 직접 확률을 계산하는 것이 직관적이긴 하지만 현실적인 어려움들이 있습니다. 표본에 따라서 확률이 쉽게 바뀔 수 있고, 또 가끔은 지금처럼 확률 계산이 간단하지 않을 수도 있습니다. 그래서 간접적인 방법, 이론적인 분포를 활용합니다. 이와 같은 패턴을 보이는 데이터를 설명하는 대표적인 분포가 정규분포입니다. 아들 키라는 이름 대신 일반적인 변수 x에 대한 정규분포는 다음과 같은 확률밀도함수Probability density function로 표현됩니다.

$$f(x) = \frac{1}{\sqrt{2\pi}\sigma} e^{-\frac{1}{2}\left(\frac{x-\mu}{\sigma}\right)^2}$$

뭔가 굉장히 복잡해 보이니 깊이는 말고 살짝만 살펴보겠습니다. $f(x)$는 확률밀도함수로, '높이'를 의미합니다. 앞서 히스토그램에서 계산한 상대적인 비율, 밀도와 같습니다. 히스토그램에서는 데이터에서 직접 밀도를 계산했습니다. 그런데 $f(x)$는 직접 계산할 필요 없이 x에 값만 넣으면 밀도를 계산할 수 있다는 겁니다. 그럼 어떻게 값을 계산할지 식을 한번 살펴볼까요? π, e는 각각 3.1, 2.7에 가까운 조금 특별한 숫자일 뿐 겁먹을 필요는 없습니다. x는 우리가 입력할 값이니 신경 쓰지 않아도 되고, 남은 것은 μ와 σ입니다. 바로 여기 지나치기 쉬울 정도로 작지만, 어쩐지 익숙한 부분이 있습니다. x에서 μ를 빼고 σ로 나눠주는 $\left(\frac{x-\mu}{\sigma}\right)$ 부분입니다. 바로 평균과 표준편차를 활용한 표준화 과정이네요! 우리가 어떤 x를 넣든지 $f(x)$는 표준화의 개념을 활용해서 밀도를 계산할 겁니다. 원래 μ는 모집단에서의 평균, σ는 표준편차를 의미하지만 우리는 알 수 없죠. 대신 데이터에서 계산한 평균과 표준편차를 사용해봅시다. 아들 키의 평균 174.5cm와 표준편차 7.1cm를 활용해서 아들 키의 확률밀도함수를 만들면 다음과 같습니다.

$$f(x) = \frac{1}{\sqrt{2\pi} \times 7.1} e^{-\frac{1}{2}\left(\frac{x-174.5}{7.1}\right)^2}$$

이제 아들 키, 변수 x에 적절한 키를 넣기만 하면 밀도가 계산됩니다.

키(x)	165cm	170cm	175cm	180cm	185cm
밀도($f(x)$)	0.023	0.046	0.056	0.041	0.019

이 표는 5개의 값에 대한 밀도를 계산한 것이지만, 170.12345cm처럼 어떠한 값을 넣든 f(x)는 계산됩니다. 그럼 150cm부터 200cm까지 모든 값을 넣어 밀도를 계산한 다음 아들 키 히스토그램 위에 곡선 형태로 그려볼까요?

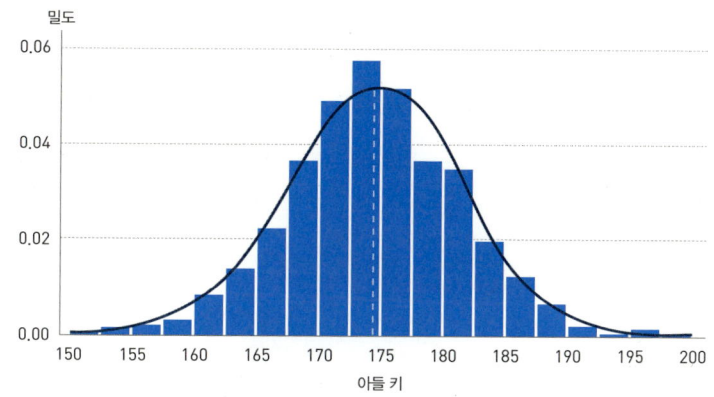

이쁘게 자리 잡은 곡선이 보입니다. 이 곡선이 평균 174.5cm, 표준편차 7.1cm를 활용한 정규분포의 밀도를 보여줍니다. 표준화 부분에 제곱을 했기 때문에 좌우대칭이 되고, 마이너스가 붙어 있어서 값이 커질수록 감소하게 됩니다. 그런데 지수(e)가 있으니 지수적으로 감소하게 됩니다. 어쨌든 밀도 곡선은 히스토그램의 패턴과 거의 일치합니다. 굳이 히스토그램을 그리지 않고서도 이 정규분포 곡선만 있으면 아들 키를 잘 설명할 수 있지 않을까요?

그렇다면 이번에는 어떤 사건에 대해서 모든 경우의 수를 다 알고 있다고 가정해보겠습니다. 그리고 모든 경우의 확률 혹은 밀도도 다 알고 있고요. 그렇다면 이 밀도의 합계는 얼마일까요? 모든 확률의 합계는 100%니까 1입니다. 그래서 히스토그램에서 각 구간의 밀도를 의미하는 직사각형 20개 넓이의 합계, 면적을 구하면 1이 되죠. 그렇다면 정규분포 곡선은 어떨까요? 히스토그램과 다르게 곡선으로 표현되지만 역시 밀도를 의미하니까 곡선 아래의 면적은 1이 됩니다. 그렇다면, 정규분포 곡선을 활용해서 키가 180cm 이상일 확률은 어떻게 구할 수 있을까요? 바로 다음 그림처럼 곡선 아랫부분 중 180cm 이상인 면적만 계산하면 됩니다. 최솟값부터 최댓값까지 영역의 면적을 구하면 1이 나오겠지만, 그 중간, 일부 구간의 면적을 구하면 1보다 작은 숫자, 확률이 계산되는 것이죠.

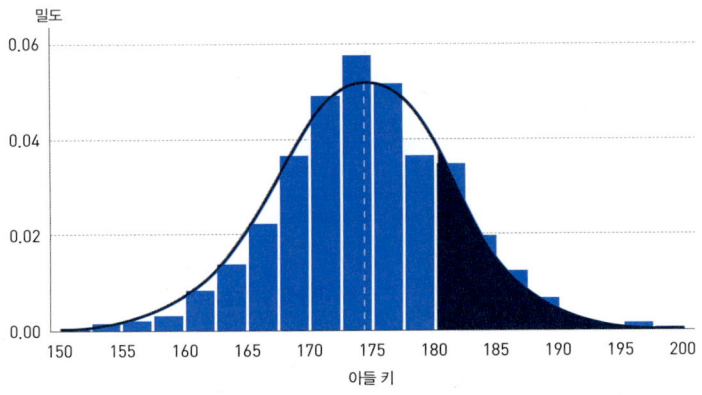

실제로 면적을 계산하면 21.91%가 나옵니다. 정규분포가 워낙 키 분포를 잘 설명하기 때문에 실제 데이터에서 계산한 22%와 거의 차이가 없습니다. 물론 면적을 구하는 일이 절대 쉬운 작업은 아닙니다. 대부분의 사람들에게는 차라리 히스토그램으로 확률을 계산하는 것이 훨씬 편할 수 있습니다. 곡선의 면적을 계산하기 위해서는 미분과 적분이라는 또 다른 수학이 필요하기 때문입니다. 그렇지만 걱정할 필요는 없습니다. R과 같은 분석 프로그램들이 우리가 원하는 대부분의 확률을 계산해주기 때문이죠.

한참을 돌아왔지만, 결론은 통계적인 비교를 위해서는 확률을 계산해야 한다는 것입니다. 그리고 그 확률을 데이터에서 매번 직접 계산하거나 수많은 랜덤 샘플을 활용해서 계산하는 것보다 분포를 활용하면 쉽다는 것이죠. 다만 데이터에서 계산한 몇 개의 값이 필요합니다. 예제로 살펴본 정규분포의 경우 확률밀도함수 $f(x)$에서 우리가 모르는 것은 μ와 σ였습니다. 대신 이 값들을 실제 데이터의 평균 174.5cm와 표준편차 7.1cm로 채워 넣었습니다. 그리고 180cm와 같은 기준값만 정해지면 바로 확률을 계산할 수 있었죠. 당연히 기준값이 180.1cm나 179.999cm로 바뀌어도 확률은 간단히 계산할 수 있고요. 정규분포에서는 μ와 σ가 정해지면 $f(x)$의 형태도 정해졌습니다. 이렇게 μ와 σ처럼 분포의 특징을 결정하는 값들을 모수Parameter라고 합니다. 통계에는 다양한 분포가 있고 각 분포마다 사용하는 모수가 다릅니다. 정규분포처럼 평균과 표준편차라는 모수가 필요할 수도 있고, 분포에 따라서 관측치 수, 범주형 변수의 수준 개수 등 다양한 값들을 활용할 수 있습니다.

데이터 분석 과정에서 확률을 계산하는 것은 꼭 필요한 작업이지만 굳이 어렵게 해야 할 필요는 없습니다. 똑똑한 사람들이 만들어 놓은 프랜차이즈와 같이 정교한 분포들을 사용해서 확률을 간편하게 계산하면 됩니다. 다만, 이 책에서 수만 가지 상황에 대해 적절한 분포를 이야기하는 것은 불가능하기 때문에 거꾸로 접근하려고 합니다. 유명한 분포들은 어떤 것들이 있고 이 분포들의 전문 분야는 무엇인지, 또 어떤 차이를 설명할 때 사용할 수 있는지를 살펴보려고 합니다. t-분포, χ^2(카이제곱)-분포, F-분포 등 이름만 들어도 무시무시하지만 알고 보면 우리를 도와줄 친절한 통계학자들의 배려가 묻어있습니다. 그럼 그중 가장 덜 무서운 t-분포부터 살펴봅시다.

70% 남자 평균 174.9cm, 여자 평균 162.3cm

영국의 한 연구팀에 따르면 지난 100년간 한국 남성의 평균 키가 159.8cm에서 174.9cm로 15.1cm 커졌고, 여성의 평균 키는 142.2cm에서 162.3cm로 무려 20.1cm나 폭풍 성장했다고 합니다. 170cm 남자와 160cm 여자의 고민이 깊어집니다….

"가만히 있으면 중간은 간다"라는 말에서 느껴지듯이 '중간'은 우리에게 중요한 기준점이 됩니다. 의미상으로는 중앙값이 더 어울리겠지만 흔히 평균을 중간의 의미로 많이 사용하고 있습니다. 무엇이든 평균 이상일 때는 묘한 안도감이 들고, 평균 이하일 때는 평균을 향해 도전하려는 자극이 일어납니다. 그러나 안타깝게도 키는 더 클 수 없습니다. 키가 170cm인 남자와 160cm인 여자, 이 두 사람은 지금까지 '내 키는 평균은 된다'라고 생각하고 살아왔습니다. 그런데 갑자기 영국의 연구팀이 그들을 평균 이하로 만들었습니다. 이 상황을 해결할 방법은 두 가지입니다. 첫 번째는 그냥 신경 쓰지 않는 것입니다. 그러나 이 상황이 너무나 억울하다면 두 번째 방법으로, 영국의 연구팀과 맞서 싸우면 됩니다. 물론 데이터와 통계로 말이죠! 직접 사람들을 모으고 키를 재서 평균 키가 170cm 혹은 160cm라는 것을 함께 입증해보겠습니다.

표본평균의 표준편차

고등학교 수학 교과서에서 통계 단원을 보면 '표' 잔치가 벌어집니다. 표본평균, 표본 표준편차 그리고 표본평균의 표준편차까지! 앞에서 표본은 곧 우리가 가진 데이터를 의미한다고 했으니 표본평균, 표본 표준편차는 데이터로 계산한 평균과 표준편차라는 뜻이죠. 그런데 뜬금없이 표본평균의 표준편차가 나옵니다. 난감하네요. 여러분의 이해를 돕기 위해 다시 한번 대선 득표율을 예로 들어보겠습니다.

4천만 명이 투표하는 대선 결과를 예측하려고 합니다. 그래서 엄마에게 물었습니다. "몇 번 찍으셨어요?" 엄마는 기호 1번을 찍었다고 하시네요. 물론 이 말을 듣고 그럼 그 후보가 당선될 것이라고 믿는 사람은 없을 것입니다. 단 한 명에게만 묻고 판단한다면, 아빠에게 묻거나 다른 가족, 친구, 심지어 지나가는 아무나 붙잡고 물어볼 때마다 예측 결과는 계속 달라지겠죠. 그래서 한 명이 아니라 여러 사람에게 물어보고 평균을 계산해야 합니다. 바꿔 말하면 평균을 구할 때는 한두 개가 아니라 충분한 관측치 수가 필요합니다. 만약 100명 중에 60명이 기호 1번을 찍었다면, 기호 1번이 60%의 득표율로 당선될 것이라고 예측할 수 있죠. 물론 100명에게 더 물어보면 예측 결과는 또 달라질 수 있습니다. 기호 1번의 예상 득표율이 55%로 낮아질 수 있고, 반대로 65%로 높아질 수도 있습니다. 또는 가능성은 아주 희박하지만 100명 모두 기호 1번을 안 찍어서 0%로 예측할 수도 있겠죠. 그런데 만약 1,000명에게 물어서 득표율이 60%로 예측되었다면 어떨까요? 100명으로 득표율을 계산한 것보다 조금 더 자신감을 가지고 기호 1번의 당선을 예상할 수 있습니다. 왜냐면 또 다른 1,000명에게 물어보더라도 100명에게 물어본 것보다는 예상 득표율이 큰 폭으로 바뀌지는 않을 것이기 때문입니다. 100명 중에 한 명만 생각이 바뀌어도 예상은 1% 포인트가 바뀌지만, 1,000명의 예상 결과가 1% 포인트 바뀌기 위해서는 10명이 필요하기 때문이죠. 많이 무리해서 전체 4천만 명 중 1만 명을 제외한 3,999만 명을 조사해서 60%라는 예상 득표율을 얻었다면 어떻게 될까요? 또 다른 3,999만 명을 아무리 조사한들 비율로 계산된 평균 60%는 거의 바뀌지 않습니다. 기존에 빠져 있던 1만명이 모두 새 조사에 포함된다 하더라도 3,999만 명 중에서 나머지 3,998만 명은 기존 조사에 포함되어 있었기 때문이죠.

　이처럼 데이터의 관측치가 많으면 많을수록 데이터에서 계산된 평균, 표본평균은 흔들리지 않습니다. 통계학자들이 이 개념을 표현한 것이 바로 **표본평균의 표준편차**입니다. 갑자기 표본평균과 표본평균의 표준편차가 왜 나왔을까요? 바로 우리가 살펴볼 t-분포가 이 두 개의 값을 활용하기 때문입니다. 우리는 한국 성인 남성의 평균 키가 174.9cm가 아니라 170cm인 것을 입증하고 싶습니다. 그것을 입증하는 방법은 영국 연구팀이 측정한 평균 키 174.9cm가 170cm라는 기준보다 그다지 크지 않다는 것을 보이면 됩니다. 그러니까 실제 평균 키가 170cm일 때 표본의 평균 키가 174.9cm로 나올 가능성이 충분히 높다는 것을 보이면 되죠. 바로 '표본평균에 대한 유의성 검정'입니다. 앞서 살펴본 유의성 검정들은 충분히 큰 차이가 있다는 걸 보이고 싶었지만, 이번에는 반대로 그다지 큰 차이가 없다는 것을 보이고 싶은 거죠. 만약 연구팀이 성인 남성 10명의 키로 평균을 구했다면 4.9cm라는 차이는 큰 의미가 없겠죠. 그러나 만약 성인 남성 1,000만 명의 키를 측정한 것이라면 4.9cm의 차이는 절대 우연일 수가 없습니다. 실제 평균 키가 174.9cm일 수 있다는 강력한 증거인 거죠. 즉, 관측치 수에 따라서 차이가 가지는 힘이

70% 남자 평균 174.9cm, 여자 평균 162.3cm

다릅니다. 그 힘의 정도를 표본평균의 표준편차로 측정하는 것이죠.

표본평균의 표준편차 계산

표본평균은 손쉽게 계산할 수 있습니다. 다 더한 다음 관측치의 개수만큼 나누기만 하면 되죠.

$$\bar{x} = \frac{1}{n}\sum_{i=1}^{n} x_i$$

그럼 표본평균의 표준편차는 어떻게 할까요? 먼저 표본평균의 분산을 계산해볼까요? 하지만, 현재 우리가 가진 데이터로는 분산을 구하는 것이 불가능합니다. 분산을 구하려면 여러 개의 값이 있어야 하는데, 지금 우리 손에 쥔 데이터는 하나뿐이며 따라서 표본평균도 하나뿐입니다. 그래서 계산이 아니라 추정 Estimation을 해야 합니다. 사실 추정은 지금까지 여러 번 나왔습니다. 실제로 계산할 수 없는 값들을 데이터에서 계산된 값으로 바꿔 넣는 것이죠. 앞서 정규분포에서 알 수 없는 평균 μ와 표준편차 σ를 데이터에서 계산한 표본평균과 표본 표준편차로 바꿔 사용했는데, 이것 역시 추정입니다.

이제 표본평균의 표준편차를 적절한 계산값으로 대체해보겠습니다. 여기서부터 표본평균의 표준편차를 계산하는 조금 복잡한 과정을 다룹니다. 모든 과정이 수식으로 설명되지만, 그중 중요한 개념 하나만 짚고 넘어갑시다. 관측치가 10개라고 하면, 표본평균은 10개의 값을 더하고 10으로 나눠서 계산합니다. 하지만 분산이나 표준편차를 계산하기 위해서는 여러 개의 값이 필요한데, 우리 데이터로 계산할 수 있는 표본평균은 단 하나밖에 없죠. 그럼 분산을 계산할 수 없습니다. 그래서 관측치가 1개밖에 없는 데이터도 마치 관측치가 10개 있는 것처럼 생각하고 표준편차를 계산합니다. 하나씩 차근차근 살펴보겠습니다.

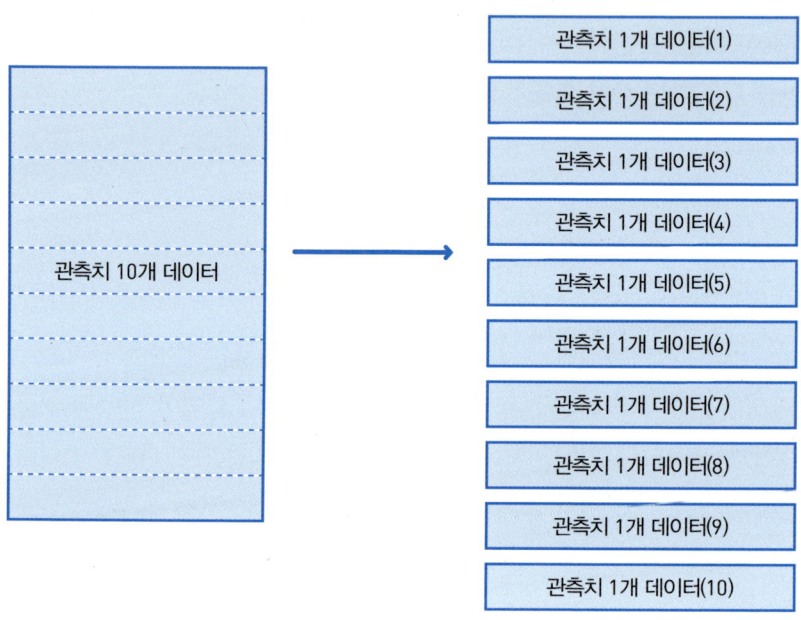

앞서 표본평균의 식을 덧셈으로 풀어 쓰면 다음과 같습니다.

$$\bar{x} = \frac{x_1}{n} + \frac{x_2}{n} + \frac{x_3}{n} + \cdots \frac{x_{n-1}}{n} + \frac{x_n}{n}$$

원래 값을 n으로 나눈 x_i들을 모두 합했습니다. x_i들은 관측치이므로 표본, 데이터가 바뀌면 모두 바뀔 수 있습니다. 통계에서 바뀔 수 있는 값들은 모두 분산을 갖습니다. 그렇다면 x_1의 분산 σ_x^2은 어떻게 계산할 수 있을까요? 역시 계산할 수 없으므로 표본 분산으로 추정합니다.

$$s_x^2 = \frac{1}{n-1} \sum_{i=1}^{n} (x_i - \bar{x})^2$$

그럼 x_1/n의 분산도 추정할 수 있을까요? 네! 가능합니다. 표본 분산의 계산식에는 $(x_i - \bar{x})^2$가 있습니다. x_i 대신 $1/n$배 된 x_i/n가 들어가면 제곱이 되어 표본 분산은 $1/n^2$ 배 됩니다. 그럼 $s_{x/n}^2$는 다음처럼 표현되죠.

$$s_{x/n}^2 = \frac{s_x^2}{n^2}$$

안타깝게도 끝이 아닙니다. 이 분산은 x_1/n의 분산이고 우리의 표본평균 $\bar{x}$는 x_1/n과 똑같이 생긴 n개 값을 더해서 만들어졌죠. 다만 n개 값들은 서로 관련이 전혀 없습니다. 첫 번째 관측치가 크다고 두 번째 관측치가 작거나 더 큰 건 아니니까요. 이럴 경우, 서로 관련이 없는 변수를 더해 만든 새로운 변수의 분산은, 각 변수의 분산의 합과 같습니다. 이왕 복잡해진 거 식으로도 표현해 봅시다. 표본평균의 분산 $s_{\bar{x}}^2$는 다음과 같이 n개의 분산의 합으로 추정할 수 있습니다.

$$\begin{aligned} s_{\bar{x}}^2 &= s_{x_1/n}^2 + s_{x_2/n}^2 + s_{x_3/n}^2 + \cdots + s_{x_{n-1}/n}^2 + s_{x_n/n}^2 \\ &= \frac{s_x^2}{n^2} + \frac{s_x^2}{n^2} + \frac{s_x^2}{n^2} + \cdots + \frac{s_x^2}{n^2} + \frac{s_x^2}{n^2} \\ &= n \times \frac{s_x^2}{n^2} = \frac{s_x^2}{n} \end{aligned}$$

길게 돌아왔지만 결론은 간단합니다. 표본평균의 분산 $s_{\bar{x}}^2$은 표본의 분산 s_x^2의 $1/n$배라는 것입니다. 당연히 하나의 값 x의 분산보다 n개 값의 평균인 $\bar{x}$가 덜 흔들릴 테고, 따라서 분산이 작습니다. 그리고 그 정도가 관측치의 개수 n에 반비례하는 것을 말합니다. 이제 표본평균의 표준편차를 계산해볼까요? 제곱근만 씌우면 됩니다.

$$s_{\bar{x}} = \sqrt{\frac{s_x^2}{n}} = \frac{s_x}{\sqrt{n}}$$

표본평균의 표준편차는 표본의 표준편차의 $1/\sqrt{n}$ 배가 됩니다. 즉, 관측치 수가 100배가 되면 흔들림의 정도가 1/100이 되는 것이 아니라 $1/\sqrt{100}$, 1/10이 된다는 겁니다. 반대로 표준편차를 분석 결과의 정밀도 혹은 신뢰도의 척도로 생각했을 때 신뢰도를 2배로 높이려면 그 제곱인 4배 많은 관측치를 가진 데이터가 필요하다는 것을 의미하기도 합니다. 이렇게 표본평균의 표준편차는 다양하게 해석할 수 있습니다. 그러나 무엇보다도 평균값의 차이를 입증해야 하는 우리에게 절대적인 평균값 차이를 상대적인 차이로 바꿔주는 중요한 역할을 합니다.

t-값과 t-분포

아일랜드의 수도, 더블린에는 흑맥주의 대명사 기네스 양조장이 있습니다. 맥주를 좋아한다면 반드시 거쳐가야 하는 명소로 손꼽히는 곳입니다. 하지만, 통계를 공부하는 사람에게 이 양조장은 기네스보다 t-분포가 나온 것으로 더 유명합니다. t-분포는 윌리엄 고셋[William Sealy Gosset]이라는 영국 통계학자가 맥주의 품질관리를 위해 원료들을 분석하며 고안한 분포입니다. 기네스는 회사기밀이 유출되는 것을 막기 위해 연구원들이 논문을 발표하지 못하게 막았는데, 고셋은 'Student'라는 가명으로 자신이 고안한 분포를 분석한 논문을 발표했습니다. 이 분포는 나중에 **t-분포**라는 이름이 붙었습니다.

t-분포는 표본평균이 0인지 아닌지 판단할 때 사용합니다. 물론 표본평균이 3인지 아닌지를 판단할 때도 사용합니다. 예를 들어, 어떤 맥주는 알코올 도수가 4.2%여야만 팔 수 있다고 합시다. 그러나 원료가 조금씩 다르고, 양조 과정에서의 미묘한 차이 때문에 모든 맥주의 알코올 도수가 정확히 4.2%가 될 수는 없습니다. 그래서 통계학자는 샘플을 뽑아 테스트를 했습니다.

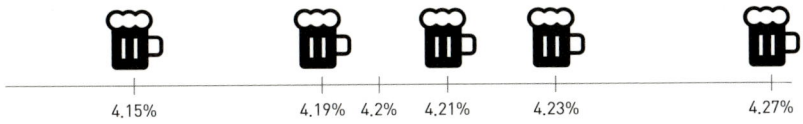

맥주 다섯 잔을 샘플로 뽑아 알코올 도수를 측정했습니다. 이 데이터로 알코올 도수를 4.2%로 볼 수 있는지를 확인해야 하는데요, t-분포를 활용하기 위한 1단계가 바로 관측치에서 기준값을 빼는 것입니다. **20% 물수능과 불수능**에서 살펴본 표준화의 중심화와 비슷하죠? 중심화에서는 표본의 평균을 뺐지만, 지금은 평균이 아니라 기준값 4.2%를 빼기 때문에 조금 다릅니다. 그럼 도수가 4.2%에서 얼마나 차이가 나는지 확인할 수 있도록 모든 관측치에서 4.2%를 빼 봅시다.

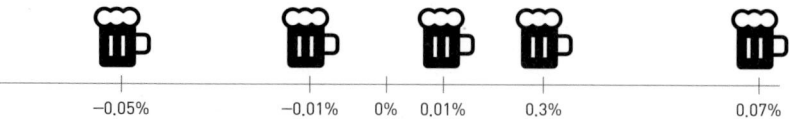

관측치들이 전체적으로 왼쪽으로 4.2%만큼 움직였을 뿐, 상대적인 차이는 그대로인 것을 볼 수 있습니다. 가장 도수가 낮은 맥주는 4.2%보다 0.05% 낮고, 반대로 어떤 맥주는 0.07%나 높네요. 다음으로는 이 값들의 평균과 분산을 구합니다. 맥주 도수가 4.2%에서 벗어난 정도를 x라고 하면, x의 평균 $\bar{x}$는 다음 식과 같습니다.

$$\bar{x} = \frac{(-0.05\%)+(0.01\%)+0.01\%+0.03\%+0.07\%}{n} = \frac{0.05\%}{5} = 0.01\%$$

평균 $\bar{x}$는 0.01%가 되고 x의 분산 s_x^2 역시 다음 식으로 구할 수 있습니다.

$$s_x^2 = \frac{(-0.05-0.01)^2+(-0.01-0.01)^2+(0.01-0.01)^2+(0.03-0.01)^2+(0.07-0.01)^2}{5-1}$$

$$= \frac{0.008}{4} = 0.002$$

즉, 이미 우리가 전체적으로 알코올 도수를 4.2%씩 뺀 것을 감안하면 평균 알코올 도수는 4.2%보다 0.01% 포인트 높은 4.21%인 것이죠. 이제는 표본평균의 표준편차를 구할 차례입니다. 먼저 표본평균의 분산을 추정할 텐데요, 데이터의 분산을 관측치의 개수만큼 나누면 되죠? 그래서 0.002/5, 즉 0.0004가 됩니다. 표본평균의 표준편차는 이 0.0004의 제곱근, 0.02%가 됩니다!

t-분포를 활용하기 위한 세 번째 단계는 관측치에서 기준값을 뺀 것의 평균, 0.01%를 방금 구한 표본평균의 표준편차 0.02%로 나누는 작업입니다. 0.01%/0.02%, 즉 0.5가 계산되네요! 분모와 분자 모두 %가 있기 때문에 자연스레 단위는 없어집니다. 이렇게 계산된 값을 **t-통계량**t-statistic 혹은 **t-값**t-value이라고 합니다. 어렵지 않죠?

$$t\text{-값} = \frac{\text{표본평균} - \text{기준값}}{\text{표본평균의 표준편차}}$$

그런데 왠지 t-값을 구하는 과정이 낯익지 않나요? 바로 앞에서 살펴본 표준화 과정과 비슷합니다. 표준화 과정에서는 각각의 관측치에서 평균을 빼고 표준편차로 나눴습니다. 반면 고셋은 데이터에서 표본평균과 표본평균의 표준편차를 추정하고, 기준값과 표본평균의 차이를 표준편차로 나눠서 t-값을 계산했습니다. 데이터에 적용된 표준화의 결과는 상대적인 거리를 바꾼 n개 값이지만, t-값은 단 하나의 값이죠. 그러나 t-값의 의미는 표준화와 같습니다.

t-값은 우리가 가진 데이터가 기준값으로부터 상대적으로 얼마나 떨어져 있는지 알려줍니다. 표준화 과정처럼 데이터가 어떤 단위를 가지고 있든 상관없이 상대적인 차이를 계산해주는 것이죠. 이제 t-분포에서 t-값의 상대적인 위치를 확인하기만 하면 됩니다!

t-분포

60% 지구는 우주의 티끌에서 의미 없는 변수들의 상관계수를 여러 번 구해서 분포를 만든 것처럼, 평균 차이가 0이라는 가정하에 표본을 만들고 t-값을 계속 뽑다 보면 t-값의 패턴이 생깁니다. 이 패턴이 't-분포'가 됩니다. 그러나 우리는 앞장에서 굳이 힘들게 표본을 뽑을 필요 없이 통계학자가 만들어 놓은 분포를 활용하면 된다는 것을 배웠습니다. 이름 있는 분포들은 통계학자가 수식으로 완벽히 설명해놨기 때문에 수식에 필요한 값만 집어서 사용하면 됩니다. 분포를 활용한 간단한 예제를 살펴보겠습니다. 분포는 각자의 고유한 수식이 있습니다. t-값의 수식을 살펴볼까요?

$$f(x) = \frac{\Gamma\left(\frac{\nu+1}{2}\right)}{\sqrt{\nu\pi}\,\Gamma\left(\frac{\nu}{2}\right)} \left(1 + \frac{x^2}{\nu}\right)^{-\frac{\nu+1}{2}}$$

Γ gamma는 특별한 역할이 있는 함수입니다만, 이 수식을 이해하는 데는 전혀 도움이 되지 않네요. 수식이 정말 복잡합니다. 그렇지만 우리가 직접 계산을 하는 것이 아니기 때문에 너무 걱정할 필요는 없습니다. 저도 분석에서 t-분포를 꽤 자주 마주했지만 한 번도 저 수식을 살펴본 적이 없습니다. 다만, t-분포에서는 어떤 모수가 있는지를 살펴봐야 합니다. ν nu가 눈에 띕니다. 사실 t-분포의 수식, 확률밀도함수가 보기에는 아주 복잡하지만 ν만 결정되면 $f(x)$를 계산할 수 있습니다. 그럼 x를 하나씩 넣어서 각 x의 곡선 높이를 확인할 수 있겠죠. ν가 t-분포의 모양을 결정하기 때문에 ν가 바로 t-분포의 모수입니다. 이를 가리켜 흔히 **자유도** Degree of freedom라고 부르고 관측치 수에서 1을 빼서 계산합니다.

$$v = n - 1$$

맥주 예제에서 관측치가 5개였으니까 자유도는 4가 됩니다. 자유도가 4인 t-분포를 그래프로 나타내면 다음과 같습니다.

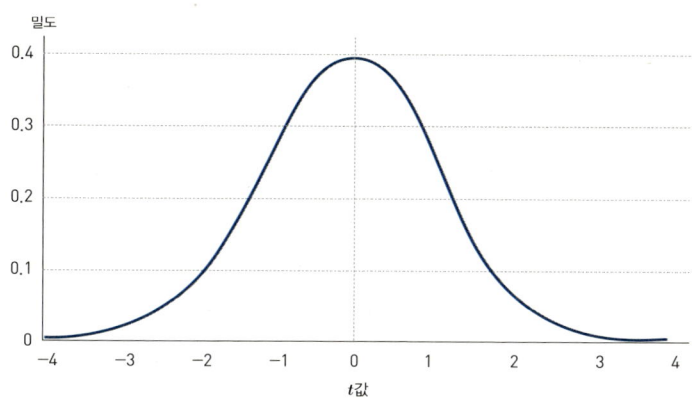

t-값을 구할 때 차이를 표준화와 비슷한 상대적인 값으로 바꿨습니다. 그래서 t-분포는 항상 평균이 0입니다. 그리고 좌우 대칭의 종 모양이죠. 낯익지 않나요? t-분포는 정규분포와 매우 닮았습니다. 물론 평균값의 차이를 입증할 때 정규분포를 사용해도 됩니다. 그러나 사실 정규분포는 전체 인구의 키나 아프리카 소 떼의 몸무게 분포처럼 스케일이 크고 관측치가 많은 데이터를 설명할 때에 어울리는 분포라서 관측치가 많은 데이터에는 잘 들어맞지만, 관측치가 적은 데이터에는 조금 덜 들어맞았죠. 맥주 공장에서 일하는 고셋이 품질 관리를 위해서 하루에도 맥주 캔을 수십, 수백 개를 딴다면 사장님이 가만히 있었을까요? 예제에서처럼 5개와 같이 아주 적은 관측치의 차이를 설명할 수 있도록 고안한 것이 바로 t-분포입니다.

자유도라고 불리는 v는 t-값이라는 어떤 차이의 정도가 몇 개의 값으로 계산된 것인지를 의미합니다. 그런데 왜 굳이 1을 빼는 걸까요? 평균은 모든 사람이 가진 것을 한데 모은 다음, 공정하게 나눴을 때 한 명이 가지게 되는 몫을 의미합니다. 예를 들어, 세 사람이 기네스 9잔을 마셨다면 평균 3잔씩 마신 셈입니다. 이때 한 명이 1잔, 다른 한 명이 3잔을 마셨다면, 나머지 한 명은 5잔을 마셨다는 것을 손쉽게 계산할 수 있습니다. 깐깐한 통계의 신이 이 부분을 놓칠 리가 없습니다. 앞서 알코올 도수가 4.2%에서 얼마나 벗어나 있는지 차이를 계산하면서 5잔의 맥주를 사용했지만, 평균 도수가 4.21%인 것을 계산한 순간 그 차이는 실질적으로 4개의 값으로 구한 것과 같다는 겁니다. 전체 평균을 알고, 4잔의 도수를 알면 나머지 하나는 바로 계산할 수 있으니까요. 자유도를 1 낮춘 데는 그만한 이유가 있었던 것입니다.

물론 아무리 큰 차이라고 해도 한 개의 관측치로부터 계산된 차이라면 의미가 없습니다. t-분포에서의 자유도도 0이 되죠. 즉, 분포가 존재하지 않는다는 것입니다. 당연합니다. 하나의 값으로는 분산을 계산하지 못하니까 t-값도 있을 수가 없죠. 자, 그럼 이제 우리가 계산한 알코올 도수의 t-값 0.5가 자유도 4인 t-분포에서 어디쯤 있는지 p-값을 계산하고 살펴봅시다.

p-값과 t-테스트

분포는 모수가 결정되면 모양이 정해집니다. t-분포의 경우에는 자유도가 4라는 것만 정해지면 t-분포의 모양이 결정될 뿐, 실제 5개의 관측치가 어떤 값을 가지는지는 전혀 상관이 없습니다. 우리가 해야 할 것은 데이터로부터 t-값을 계산한 다음 고정된 t-분포 속에 집어넣어서 확률만 계산하는 것이죠! 그렇다면 이제 자유도 4인 t-분포에서 앞서 계산한 알코올 도수의 t-값인 0.5가 얼마나 큰 차이를 의미하는지 살펴보겠습니다.

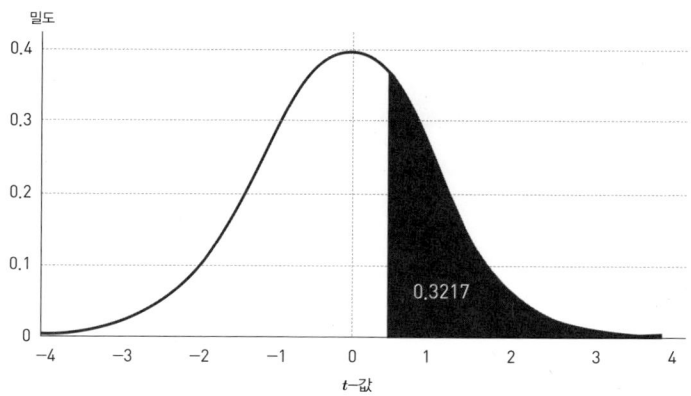

자유도가 4인 t-분포에서 0.5라는 값은 0으로부터 그다지 멀리 떨어져 있지 않네요. 컴퓨터가 계산한 p-값은 0.3217입니다. 다시 말해 0.5보다 더 큰 차이가 날 확률이 무려 32.17%나 됩니다. 실제 맥주 도수가 4.2%라고 할 때 원료나 공정에 따라 맥주 도수가 조금씩 차이가 날 수 있겠죠. 그런데 맥주 5잔으로 테스트했을 때 평균적으로 0.1% 포인트 차이가 나는 건 대수롭지 않다는 이야깁니다. 왜냐면 그것보다 훨씬 더 큰 차이가 날 가능성이 32%가 넘기 때문이죠! 여기에 한가지 더 고려해야 할 것이 있습니다. 앞서 우리의 데이터에선 도수가 기준값 4.2%보다 0.01% 포인트 높게 나왔는데요, 반대로 평균 도수가 더 낮게 나올 수도 있겠죠? 만약 도수가 0.01% 포인트만큼 낮게 나왔다면 t-값은 부호만 바뀌어

−0.5가 되었을 겁니다. +0.5와 함께 t−분포에 표현해봅시다.

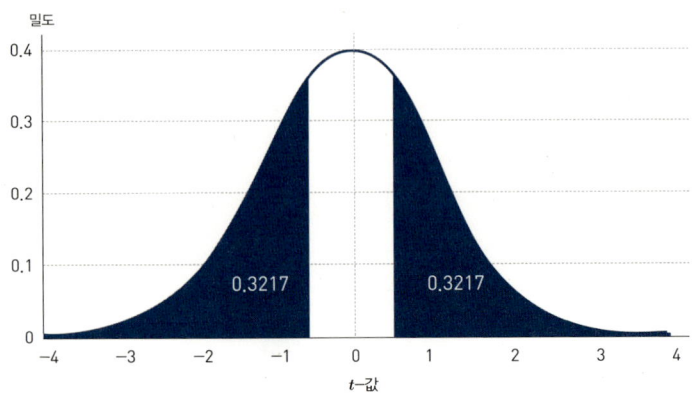

모든 맥주의 도수가 4.2%의 언저리에 있어서 의미 있는 차이가 없다고 가정합시다. 그리고 5잔씩 표본을 뽑아서 평균 도수를 계산하는 것을 수없이 반복합니다. 매번 평균 도수는 조금씩 다를 겁니다. 정확히 4.2%가 아니라 조금 높거나 낮을 수 있죠. 그런데 그 차이가 0.01% 포인트, 우리가 앞서 계산한 t−값으로는 0.5나 −0.5보다 클 확률은 64.34%나 됩니다. p−값이 0.6434라는 것은 실제 맥주들의 도수에 문제가 없더라도 표본 10개 중에 예닐곱 개는 도수가 0.01% 포인트 이상 차이가 날 수 있다는 것이죠. 유의수준 5%를 고려할 것도 없이 이 데이터의 평균값 차이는 의미가 없습니다. 다시 말해, 우리가 처음 살펴본 5잔의 샘플은 지극히 평범한 데이터라는 의미입니다. 따라서 맥주의 도수는 정상이라고 할 수 있으니 걱정 말고 맥주를 출고하면 됩니다.

이처럼 평균값의 차이를 t−값으로 계산하고, t−분포를 활용해서 p−값을 계산한 뒤 유의성 검정을 하는 것을 **t−검정**[t-test] 혹은 영어 표현 그대로 **t−테스트**라고 합니다. t−분포를 활용하고 t−값을 계산했기 때문에 t-검정이라고 하죠. 물론 마지막 결과를 얻기까지 중간 과정이 복잡하고, 그 과정에 깔린 개념들을 함께 살펴봤기 때문에 검정 과정이 매우 복잡하게 느껴질 수 있습니다. 그러나 다시 한번 생각해보면, t-검정을 위해서 우리가 한 것은 단 두 가지입니다.

1 표본평균과 표본평균의 표준편차를 계산하고 기준값을 활용해서 t-값 계산하기
2 계산된 t-값을 자유도가 $n-1$인 t-분포에 넣어 p-값을 계산하고 유의수준과 비교하기

생각보다 간단하죠? 자, 그렇다면 이제 t-검정을 역으로 활용해 키 평균을 높여버린 영국의 연구팀과 데이터 싸움을 벌여보도록 하겠습니다.

75% 관계 검증을 위한 테스트

평균을 비교한 t-검정은 시작일 뿐입니다. 범주형 변수의 관계를 살펴봤던 교차표와 그룹별 차이를 확인했던 분산분석도 유의성 검정의 대상입니다. 우리가 찾았던 그 차이가 정말 의미가 있는지 테스트로 확인해 봅시다.

t-검정의 활용

지금껏 자신은 대한민국 남성 키의 평균은 된다고 자부하고 살았던 키 170cm인 한 남성은 청천벽력 같은 소식을 들었습니다. 영국의 한 연구팀의 조사에 따르면 한국인 남성 키의 평균은 174.9cm라는 것입니다. 이에 분개한 남성은 직접 영국 연구팀의 연구 결과를 검증해보기로 합니다. 이론은 앞서 살펴본 t-검정이면 충분합니다. 다만, 돈과 시간 문제 때문에 많은 관측치를 구하긴 어려우므로 간단히 지나가는 성인 남성 10명의 키를 재서 한국 남성의 평균 키가 174.9cm보다 작다는 것을 증명하려고 합니다. 10명의 평균 키가 얼마나 작게 나와야 이길 수 있을까요? 일반적으로 t-검정은 다음 순서로 실행합니다.

❶ 가지고 있는 데이터로부터 t-값과 자유도 $n-1$을 계산한다.
❷ 자유도 $n-1$의 t-분포에서 t-값의 위치를 찾아 p-값을 계산한다.
❸ p-값이 유의수준 0.05보다 더 작으면 차이가 의미가 있다고 판단한다.

그런데 이 남자는 아직 ❶에서 필요한 데이터가 없습니다. 데이터는 없지만 t-값이 어느 정도 나와야 영국 연구팀을 이길 수 있을지가 궁금한 것이죠. 그럼 우리도 함께 역으로 살펴볼까요?

❸ p-값은 적어도 유의수준과 동일한 0.05가 나와야 의미가 있다고 판단할 수 있다.
❷ 10명의 키를 잴 예정이므로 자유도가 9인 t-분포에서 p-값이 0.05가 되는 t-값이 필요하다.
❶ t-값을 만들어 낼 적절한 기준값과 표본평균과 표본평균의 표준편차가 필요하다.

일단 기준값은 영국 연구팀에서 제시한 평균 키인 174.9cm입니다. 이 남성이 원하는 결과는 남성 10명의 평균 키가 174.9cm보다 충분히 작다는 것이겠죠? 그럼 자유도가 9인 t-분포에서 t-값이 얼마나 작아야 할지 살펴봅시다.

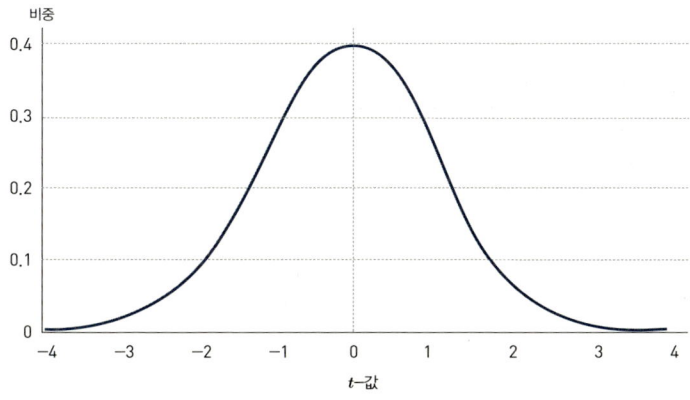

여기 자유도가 9인 t-분포가 있습니다. t-분포는 자유도에 상관없이 중심이 0이고 좌우대칭인 종 모양을 하고 있습니다. 만약 계산된 t-값이 −1이라면 p-값은 얼마가 될까요?

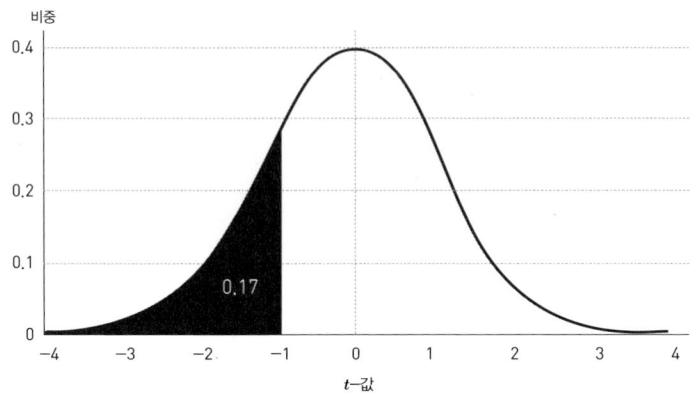

−1이라는 t-값에 대한 p-값은 0.17이 됩니다. 유의수준이 0.05니까 0.17의 p-값으로는 영국 연구팀에 반박할 수가 없죠. 더 작은 t-값이 필요합니다. 역시 직접 계산하는 것은 힘듭니다. 확률분포표를 활용할 수도 있지만, R과 같은 분석 프로그램을 이용하면 더 쉽게 계산할 수 있습니다(R을 다루는 방법은 PART 4에서 다루도록 하겠습니다). 결론부터 말하자면 답은 −1.83입니다.

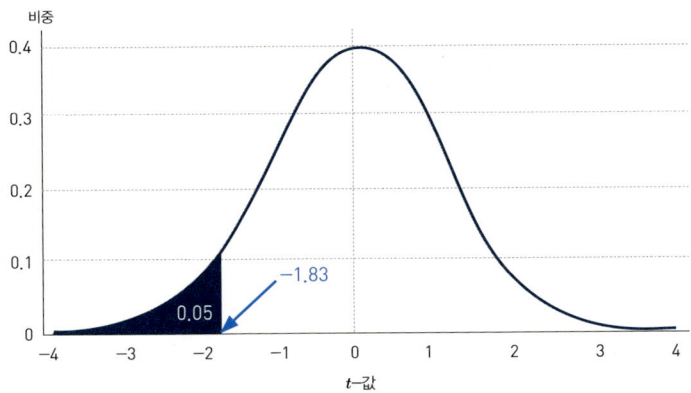

 만약 한국 성인 남성의 키가 174.9cm라고 가정하고 실제 사람들의 키를 재서 계산한 t-값이 −1.83보다 더 작게 나온다면 p-값은 0.05보다 작아집니다. 그럼 이 결과를 "평균이 174.9cm라고 하기에는 실제 사람들의 키가 작다"라는 근거로 쓸 수 있겠죠! 그럼 10명의 평균 키가 얼마나 작아야 t-값이 −1.83보다 작아질지 역으로 계산해볼까요? t-값 계산식을 풀어보면 다음과 같은 식을 만들어 볼 수 있습니다.

$$목표\ t\text{-}값 = \frac{표본평균 - 기준값}{표본평균의\ 표준편차} \leq -1.83$$

 기준값은 앞서 살펴본 것처럼 174.9cm를 사용하면 됩니다. 하지만 여기엔 한가지 문제가 있습니다. 데이터에서 표본평균과 표본평균의 표준편차를 구해야 t-값을 계산할 수 있는데, 우린 둘 다 알 수 없습니다. 그리고 우리에게 필요한 건 표본평균이죠. 10명의 평균 키가 얼마나 작아야 할지가 궁금합니다. 그럼 표본평균의 표준편차를 적절한 값으로 대체하면 되지 않을까요?

실제 분석에서 분포를 다루다 보면 필요한 값을 직접 계산하거나 추정하는 것이 불가능할 때가 있습니다. 아직 데이터가 없는 상태에서 표본평균의 표준편차를 계산해야 하는 지금과 같은 상황이죠. 이럴 때는 기존의 연구나 공신력 있는 기관의 자료 등을 참고할 수 있습니다. 마침 우리는 앞서 아들 1,078명의 키에 대한 분포를 살펴본 적이 있습니다. 마땅한 대안이 없는 지금, 10명보다 훨씬 큰 1,078명으로부터 계산된 키의 표준편차를 사용하는 것이 가장 합리적입니다. 아들 키의 표준편차 7.1cm를 가지고 옵시다. 가져온 것은 키의 표준편차고 우리가 필요한 것은 평균 키의 표준편차입니다. 둘의 관계가 기억나시나요?

$$s_{\bar{x}} = \frac{s_x}{\sqrt{n}}$$

평균의 표준편차는 원래 변수의 표준편차를 관측치 수의 절댓값, $\sqrt{n}$으로 나누면 됩니다.

$$\frac{7.1cm}{\sqrt{10}} = 2.25cm$$

원래 키의 표준편차 7.1cm를 $\sqrt{10}$으로 나눠 얻은 2.25cm가 우리가 찾던 그 값입니다. 그럼 이제 목표 t-값에 대한 식은 다음처럼 바뀝니다.

$$목표\ t\text{-}값 = \frac{표본평균 - 174.9cm}{2.25cm} \leq -1.83$$

아직 표본이 없어서 평균을 계산하지는 못했지만, 표본평균이 충분히 작아서 계산된 t-값이 −1.83보다 작다면, 키가 170cm인 이 남성은 영국 연구팀에 항의 서한을 보낼 자격을 얻게 됩니다. 분모의 2.25cm를 양변에 곱하고, 174.9cm를 양변에 더해볼까요?

$$\text{표본평균} \leq -1.83 \times 2.25\text{cm} + 174.9\text{cm} = 170.8\text{cm}$$

드디어 그와 우리가 찾던 목표 값이 계산되었습니다. 이 남성의 계획대로 남성 10명의 평균 키를 측정해서 그 값이 170.8cm보다 작다면, t-값이 −1.83보다 작을 것이고 그럼 p-값은 유의수준 0.05보다 작은 값을 가지기 때문에 "한국 남성의 평균 키는 174.9cm보다 작다고 할 수 있다"라는 결과를 얻을 수 있습니다. 물론 테스트를 통과했다고 100% 확신을 할 수는 없습니다. 임의로 선택한 10명이 마침 키가 작은 편에 속하는 사람들이었을 가능성도 있죠. 그래서 테스트 결과를 말할 때에는 "내가 맞다!"라고 하지 않고 "내가 맞다고 할 수 있다"라는 여지를 두는 듯한 표현을 씁니다. 사실을 단정 짓는 결론을 내는 것이 아니라, 테스트에 근거한 판단을 내리는 뉘앙스를 풍기죠. 유의수준을 5%로 설정하는 순간, 아무리 데이터가 강력한 증거를 보이더라도 유의수준 5%만큼의 틀릴 위험을 안고 간다고 말했습니다. 그러니 아무리 테스트에 근거해서 판단을 했더라도 결과를 단정지을 수는 없는 것입니다. 세상에 100% 확실한 것은 없으니까요!

이외에도 t-검정은 다양하게 활용할 수 있습니다. 지금까지 살펴본 것처럼 한 변수가 기준값보다 큰지 작은지를 판단하는 것은 기본이고, 두 그룹을 비교할 때도 사용합니다. 예를 들어, 한국 남성과 일본 남성의 키가 의미 있는 차이가 있는지 없는지, 두 그룹의 평균 키 차이를 활용해서 테스트할 수 있습니다. 차이가 0에 가깝다면 한국 남성과 일본 남성의 키 차이는 거의 없다고 할 수 있겠죠. 그러나 키 차이가 0에서 충분히 멀리 떨어져 있다면, 만약 한국 남성의 평균 키가 월등히 크다면 t-분포에서 계산된 p-값이 거의 0에 가까울 만큼 작게 나올 것입니다. 그럼 "한국 남성의 키가 더 크다고 할 수 있다"라는 결론을 얻을 수 있겠죠. 비교 외에도 t-검정의 중요한 역할은 또 있습니다. 곧 나올 선형회귀분석에서 변수의 필요성을 판단할 때도 t-검정이 사용됩니다. t-값으로 계산될 변수의 중요성이 0에 가까우면 그 변수는 쓸모가 없고, 충분히 큰 양수이거나 음수일 때만 필요 있는 변수라고 판단을 하는 것이죠. 이 부분에 대한 자세한 내용은 다른 검정들을 간단히 살펴본 후에 다시 이야기해보겠습니다.

지금부터는 또 다른 분포 2개를 소개합니다. 이 분포들은 변수의 관계에 대한 검정에 활용됩니다. 두 연속형 변수의 관계는 상관계수라고 하는 하나의 숫자로 표현이 가능합니다. 그러나 두 범주형 변수의 관계는 교차표를 만들었고, 하나의 연속형 변수와 다른 하나의 범주형 변수는 그룹별로 평균을 구해 비교는 했있죠. 물론 교차표에서는 수준별로 차이가 있고, 그룹별 평균을 비교하면 그룹 간 차이가 있다는 것을 알 수는 있지만 정말 의미 있는 차이인지 아닌지는 따져 보지 못했죠. 차이를 확인하는 것도 중요하지만, 의사 판단을 위해서는 분포를 활용해서 차이를 검정하는 것이 더욱 중요합니다.

카이제곱분포를 활용한 독립성검정

40% 니가 하면 나도 한다에서 최근에 개최한 올림픽 대회 4회와 각 대회에서 딴 메달 색의 관계를 살펴본 것을 기억하시나요? 다음 교차표는 두 변수가 서로 전혀 관련이 없는 독립을 가정한 상황에서 마지막으로 살펴봤던 내용입니다. 각 칸은 (실제값 – 독립을 가정했을 때의 예상값)이 표현되어 있습니다.

	금메달	은메달	동메달
28회 아테네	9 – 12 = -3	12 – 9 = 3	9 – 9 = 0
29회 베이징	13 – 13 = 0	10 – 10 = 0	9 -10 = -1
30회 런던	13 – 11 = 2	8 – 8 = 0	7 – 9 = -2
31회 리우	9 – 8 = 1	3 – 6 = -3	9 – 6 = 3

28회 아테네의 금메달을 살펴보면, 실제로 아테네에서 딴 금메달은 9개지만, 4번의 대회 중 아테네에서 획득한 메달의 비중과 전체적인 메달 색의 비율을 고려했을 때는 12개의 메달이 있을 것이라고 예상했기 때문에 9에서 12를 뺀 –3이 계산되었습니다. 예상보다 메달 수가 3개 적다는 것을 의미하죠. 똑같은 방법으로 나머지 11개 칸도 숫자들이 계산되어 있습니다. 만약 4번의 대회와 3개의 메달 종류가 실제로 서로 전혀 관련이 없다면, 실제값과 예상값이 차이가 없을 테고 이 12개의 차이들은 대부분 0의 값을 가질 겁니다. 반대로 부호와 관계없이 0에서 멀리 떨어진 값이 많다면, 독립을 가정하고 예상한 값과 실제값의 차이가 크니까 두 변수 속에 뭔가 관계가 있다는 것을 의미합니다. 즉, 범주형 변

수의 수준 간에 차이가 있다는 것을 의미하죠. 우리는 그 차이에 대해서 유의성 검정을 하려고 합니다.

지금까지 t-분포를 활용한 유의성 검정을 하기 위해서 데이터에서 무엇을 계산했나요? 바로 t-값이라는 통계량이었습니다. 교차표의 차이에 대한 유의성 검정을 위해서도 특별한 통계량을 계산해야 합니다. 즉, 교차표에 있는 12개 숫자를 활용해서 차이를 의미하는 하나의 숫자를 만들어 내야 하는 겁니다. 일단 앞의 표에서 계산된 값들을 살펴봅시다. 실제값과 예상값이 차이가 없을 때는 0이 계산되고, 실제값이 가끔은 예상값보다 3만큼 크기도 하도, 또 가끔은 3만큼 작기도 하네요. 차이의 정도를 측정할 때 부호가 상관이 있나요? 없습니다. 그래서 부호의 문제도 없앨 겸 분산을 구할 때처럼 이 차이들을 제곱을 합니다.

	금메달	은메달	동메달
28회 아테네	$(-3)^2 = 9$	$3^2 = 9$	$0^2 = 0$
29회 베이징	$0^2 = 0$	$0^2 = 0$	$(-1)^2 = 1$
30회 런던	$2^2 = 4$	$0^2 = 0$	$(-2)^2 = 4$
31회 리우	$1^2 = 1$	$(-3)^2 = 9$	$3^2 = 9$

그다음으로 분산처럼 제곱된 값을 바로 합하는 것이 아니라 중간 과정이 하나 더 필요합니다. 바로 제곱의 결과를 독립 상황을 가정했을 때의 예상값으로 나눠주는 것이죠. 아테네 금메달의 경우 실제 메달 수는 9개, 예상 메달 수는 12개이므로 차이는 −3이고 이 값을 제곱하면 9입니다. 근데 이 9를 다시 예상 메달 수 12로 나누는 겁니다. 그럼 9/12, 0.75가 계산됩니다.

$$\frac{(실제값-예상값)^2}{예상값} = \frac{(9-12)^2}{12} = \frac{9}{12} = 0.75$$

이렇게 값을 계산하는 과정을 살펴보면, 이 값이 독립을 가정했을 때의 예상값보다 실제값이 얼마나 다른지 상대적인 비율을 의미한다는 것을 알 수 있습니다. 값이 크면 클수록 예상보다 크게 차이가 난다는 의미죠. 이런 식으로 나머지 칸도 채워줍니다.

	금메달	은메달	동메달
28회 아테네	9/12 = **0.75**	9/9 = **1**	0/9 = **0**
29회 베이징	0/13 = **0**	0/10 = **0**	1/10 = **0.1**
30회 런던	4/11 = **0.36**	0/8 = **0**	4/9 = **0.44**
31회 리우	1/8 = **0.13**	9/6 = **1.5**	9/6 = **1.5**

이제 이 12개의 값을 모두 더합니다. 즉, 예상값에 비해 실제값들이 얼마나 큰 차이를 보이는지 차이 정도의 합계를 구하는 것이죠.

$$0.75+0+0.36+0.13+1+0+0+1.5+0+0.1+0.44+1.5=5.78$$

이렇게 계산된 차이 정도의 합계 5.78을 **카이제곱통계량**^{Chi-squared statistic} 혹은 **카이제곱값**^{Chi-squared value}이라고 합니다. 카이는 그리스 문자이고 소문자는 χ로 적습니다. 변수 x와 닮지 않았나요? 네! 바로 '어떤 변수 x를 제곱한 것'이라는 의미에서 카이제곱(χ^2)이라고 표현합니다. 위의 교차표 예제에서도 실제값과 예상값의 차이를 제곱해서 더했죠. 하지만, 무작정 제곱을 더했다고 모두 카이제곱값이 되는 건 아닙니다. 제곱을 해서 더할 어떤 변수 x가 평균이 0이고 표준편차가 1인 표준정규분포를 따라야 하거든요. 그래서 교차표 예제에서도 차이의 제곱을 예상값으로 나눈 것입니다. 꼼꼼한 통계학자들이 그런 식으로 계산을 하면 카이제곱값으로 볼 수 있다는 걸 증명한 거죠.

자, 유의성 검정 과정을 다시 한번 짚어 봅시다. 우리는 차이를 입증하고 싶고, 그 차이의 정도를 통계량이라고 불리는 값을 계산한 다음 분포 속에서 상대적인 위치를 판단합니다. 카이제곱값은 이름도, 계산 방법도 어려워 보이지만 확실한 것은 이 통계량도 결국 차이의 정도를 측정한 숫자라는 것이죠. 만약 카이제곱값이 0이라면 무엇을 의미할까요? 교차표의 실제 값과 교차표의 두 변수가 독립인 경우의 값이 모두 똑같다는 뜻입니다. 결국 두 범주형 변수의 수준들끼리 전혀 관계가 없는 독립인 상황입니다. 그러나 카이제곱값이 커지면 커질수록 실제 교차표가 독립인 상황과는 많이 다르다는 것을 의미합니다. 즉, 두 변수의 수준들끼리 밀접한 관계가 있다고 할 수 있죠. 그럼 이 값이 얼마만큼 커야 할지 판단할 기준이 필요하겠죠? 이때 **카이제곱분포**^{Chi-square distribution}를 활용합니다. 표준정규분포의 제곱합으로 계산한 카이제곱값의 패턴을 수식으로 아름답게 표현한 것이 카이제곱분포죠. 어렵지만 어떻게 생겼는지 확률밀도함수의 수식을 살펴볼까요?

$$f(x) = \frac{1}{2^{\frac{k}{2}} \Gamma\left(\frac{k}{2}\right)} x^{\frac{k-1}{2}} e^{-\frac{x}{2}}$$

역시나 복잡합니다. 수식이 아름답다는 말에 쉽게 공감하기는 어렵죠. 중요한 건 이 분포를 결정지을 모수를 찾는 겁니다. k가 눈에 띕니다. k만 적절하게 고정된다면 $f(x)$에 x만 넣어 밀도를 계산할 수 있겠네요. 카이제곱분포 역시 t-분포와 마찬가지로 k는 자유도의 개념입니다. 상식적으로 생각해서 6개의 값으로 계산한 제곱합보다 60개로 계산한 제곱합이 당연히 크지 않을까요? 그래서 제곱합에 몇 개의 값을 활용했는지가 중요하고, 그 개수를 k로 표현하는 것입니다. 당연히 많은 값을 썼으면 그만큼 충분히 큰 제곱합이 나와야겠죠?

앞서 살펴본 교차표에서는 4번의 올림픽에서 획득한 금·은·동메달, 총 12개의 값을 활용했습니다. 그럼 자유도는 얼마가 될까요? 4×3=12가 아니고 (4−1)×(3−1)=6이 됩니다. 왜냐면 t-분포에서와 마찬가지로 우리는 열 합계, 행 합계를 알고 있기 때문이죠! 또 다시 깐깐한 통계의 신이 등장합니다. 다음의 교차표에서 6개의 파란색 칸에 있어야 할 값만 알면 나머지 6칸은 손쉽게 채울 수 있습니다. 우리는 12개의 값을 제곱하고 더했지만, 행 합계와 열 합계를 이미 알고 있다면 실질적으로는 6개의 값을 제곱하고 더한 것과 같다는 의미죠.

	금메달	은메달	동메달	행 합계
28회 아테네				30
29회 베이징				32
30회 런던				28
31회 리우				21
열 합계	44	33	34	111

자, 그럼 자유도 k가 6인 카이제곱분포는 어떻게 생겼는지 그림으로 살펴볼까요?

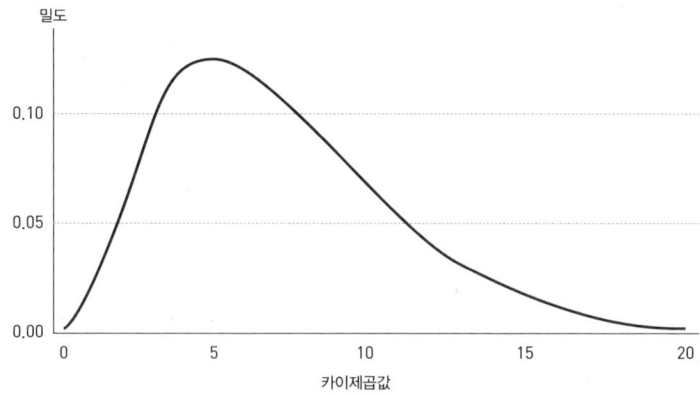

드디어 좌우 대칭이 아닌 확률밀도함수가 나왔습니다. 제곱합의 특징은 0보다 크거나 같다는 것이죠. 그래서 카이제곱값의 최솟값은 항상 0입니다. 그렇다면 평균은 얼마일까요? k와 똑같이 6이 됩니다. 정규분포나 t-분포는 평균을 중심으로 좌우대칭이었기 때문에 평균이 곧 중앙값이었는데요, 이제는 다릅니다. 계산을 해보면 5.35가 중앙값이 됩니다.

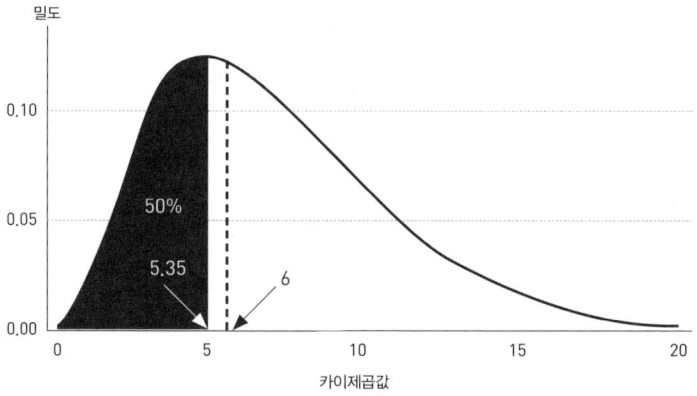

카이제곱분포에서 5.35가 중앙값이면 0부터 5.35까지 50%의 비중을 차지한다는 것을 의미합니다. 그런데 평균은 6으로, 이 중앙값보다 크네요. 보통 중앙값보다 평균값이 클 경우, 아주 큰 값들이 나올 수 있다는 것을 의미합니다. 서민 10명과 재벌 1명의 평균 자산은 재벌 1명의 자산에 따라 크게 요동을 치겠지만, 자산의 중앙값은 재벌과는 상관없이 6번째 서민의 자산으로 계산되는 것과 비슷한 논리죠. 그럼 이 카이제곱분포에다가 우리가 교차표에서 계산한 값 5.78을 넣어 볼까요?

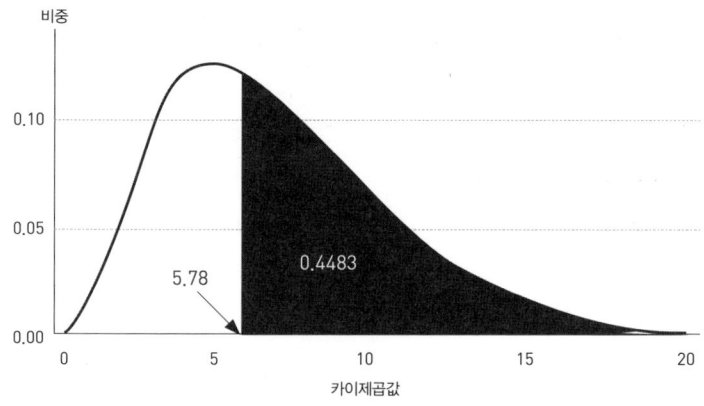

원래 차이가 크면 클수록 제곱합도 커진다는 것을 고려하면, 카이제곱값이 충분히 커야 교차표의 두 변수가 관련이 있다는 근거가 됩니다. 그러나 우리가 계산한 5.78이라는 카이제곱값의 p-값은 0.4483입니다. 실제 두 변수가 아무런 관계가 없더라도 5.78보다 큰 차이가 나올 확률이 무려 44.83%나 된다는 것이죠. 그럼 우리 교차표 차이는 그다지 크지 않은 평범한 차이가 됩니다. 즉, 교차표 속 두 변수는 서로 큰 관련이 없다고 말할 수 있습니다. 다시 말해 대회별로 메달 분포에 차이가 나긴 하지만, 통계적으로 유의미한 차이는 없다고 볼 수 있습니다. 그럼 유의

수준 0.05에서 두 변수가 관련이 없다는 가정을 깨뜨리기 위해서는 얼마나 큰 카이제곱값이 나와야 할까요? 역시 컴퓨터를 활용해서 계산해보면 12.59라는 값이 나옵니다. 우리가 가진 5.78이라는 값은 턱없이 부족하네요.

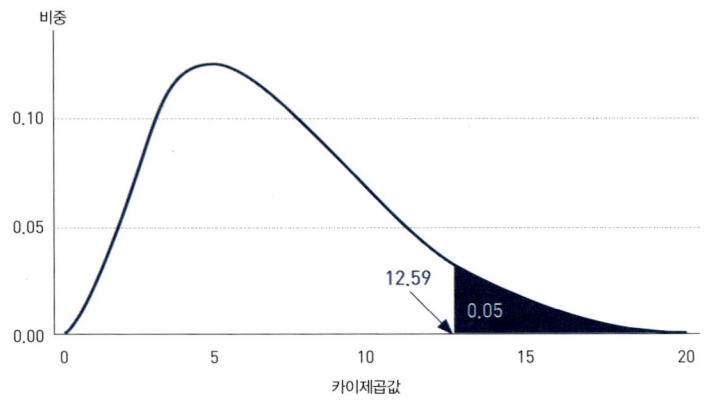

이처럼 교차표를 활용해서 두 범주형 변수가 독립인지 아닌지를 카이제곱값으로 검정하는 과정을 **독립성검정**Test of independence이라고 부릅니다. 따로 이름이 붙어 있을 만큼 많이 활용되는 카이제곱검정의 대표적인 예입니다. 예를 들어, 선거출구조사에서 투표자들을 대상으로 지역, 성별, 연령대 그리고 누구에게 투표했는지를 기록하는데요, 바로 이 특징들을 데이터로 기록하면 범주형 변수가 됩니다. 그럼 우리는 각 후보들의 지역별 득표수, 성별 득표수, 연령대별 득표수를 계산할 수 있고 모두 교차표로 나타낼 수 있죠. 여기까지는 데이터의 요약입니다. 물론 후보별로 지지자들의 특성이 완전히 똑같을 수 없고 차이는 나겠지만, 요약만으로는 그 차이가 의미가 있는지 없는지는 알 수 없습니다. 그래서 카이제곱검정을 활용해서 교차표의 두 변수에 대한 독립성검정이 따라

옵니다. 그럼 각 후보를 지지하는 사람들의 성향이 우연히 조금 다르게 나온 것인지 아니면 우연이라고 하기에는 정말 큰 차이를 보이는지를 판단할 수 있겠죠. 이처럼 독립성검정도 자주 사용하고 그만큼 중요하지만, 이보다 더 많이 사용하고 더 중요한 검정이 있습니다. 바로 우리의 삶을 바꾼 F-분포와 F-검정입니다.

F-분포를 활용한 분산분석

인류는 끊임없이 발전해왔습니다. 바퀴를 발명해 곡식을 편하게 옮기고, 증기기관 덕분에 교류 범위를 넓혔으며, 엔진의 발명이 비약적인 생산력 증가로 이어지기도 했죠. 그러나 이런 획기적인 발명만이 우리의 삶을 바꾼 것은 아닙니다. 발명 이후에는 끊임없는 개선이 이뤄졌습니다. 개선을 통해 더 튼튼한 바퀴를 만들고, 더 빠른 이동수단을 만들고, 더 효율적인 엔진이 나왔습니다. '더'라는 말이 비교라는 뜻을 품고 있듯이, 개선은 기존의 잘못된 것, 부족한 것을 더 좋게 만든다는 뜻입니다. 비교를 하면 차이가 보이고요. 이는 결국 차이에 대한 유의성 검정으로 이어집니다.

개선을 위해서는 실험이 필요합니다. 한쪽은 기존 방법을, 다른 한쪽은 새로운 방법을 적용한 다음 결과를 비교하죠. 새로운 비료가 기존 비료보다 얼마나 더 농작물 생산량을 늘리는지, 새로 개발한 신약이 기존 약보다 얼마나 더 효과가 좋은지, 새롭게 도입한 마케팅 기법이 기존의 방법보다 얼마나 효과가 좋은지를 실험할 수 있습니다. 그리고 그 결과는 **55% 점심 뭐 먹지?**에서 잠깐 다뤘던 분산분석으로 살펴봅니다. 얼핏

들으면 이해가 안 될 수도 있습니다. 차이를 살펴보고 있는데 왜 분산을 분석하는 걸까요? 과연 분산을 살펴보면 수많은 실험의 결과들에서 차이를 입증할 수 있을까요? 간단한 예제를 통해 분산분석을 다시 한번 살펴봅시다.

6명의 학생이 시험을 친 결과를 표로 만들어 보았습니다. 10점이 만점인 이 시험에서 놀랍게도 6명의 점수가 0점부터 10점까지 2점 간격으로 골고루 분포되어 있습니다. 6명의 점수를 편하게 변수 y라고 합시다.

학생 번호	점수(y)
1	0
2	2
3	4
4	6
5	8
6	10

데이터에서 숫자들을 직접 살펴보는 것보다는 그림으로 표현하면 훨씬 보기도, 이해하기도 좋습니다.

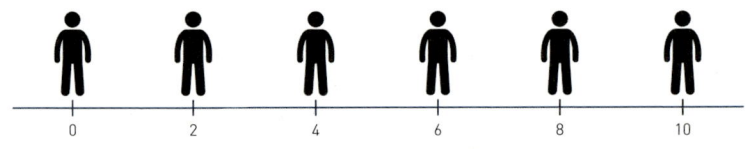

그럼 먼저 y의 평균, 즉 점수의 평균을 계산해봅시다.

$$\overline{y} = \frac{0+2+4+6+8+10}{6} = \frac{30}{6} = 5$$

  6명의 친구들이 받은 점수의 평균은 5입니다. 점수는 가지각색이지만, 이 친구들이 공부한 방식은 A, B, C 총 3가지라고 합니다. 두 명씩 짝지어서 학생 1, 6은 A 방법, 학생 2, 5는 B 방법, 학생 3, 4는 C 방법으로 공부했습니다. 이제 데이터에 새로운 변수, 공부 방법이 추가되었습니다. 편의상 공부 방법을 x라고 하면 다음과 같은 표로 데이터를 표현할 수 있습니다.

학생 번호	점수(y)	공부 방법(x)
1	0	A
2	2	B
3	4	C
4	6	C
5	8	B
6	10	A

  역시 데이터를 숫자로 보는 것은 힘듭니다. x와 같은 범주형 변수들은 그룹의 역할을 하는데요, 그룹별로 색을 다르게 칠하면 간단히 그림으로 표현할 수 있습니다. y의 수직선 그림을 x에 따라 A는 회색, B는 흰색, C는 파란색으로 구분해 다시 그려봅시다.

PART 3   차이를 예측하는 통계 모형

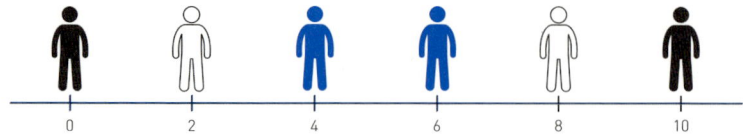

　같은 공부 방법으로 공부했지만, A 방법으로 공부한 회색 학생들은 0점과 10점을 받아서 평균 5점이고, B 방법으로 공부한 흰색 학생들은 2점과 8점으로 평균 5점, C 방법으로 공부한 파란색 학생들도 4점과 6점으로 역시 평균 5점입니다. 결론은 공부 방법에 상관없이 그냥 공부를 잘하는 학생이 점수가 높다는 것입니다. 그렇다면 만약 공부 방법이 다른 새로운 6명의 친구들이 다음과 같은 점수를 받았다면 어떻게 될까요?

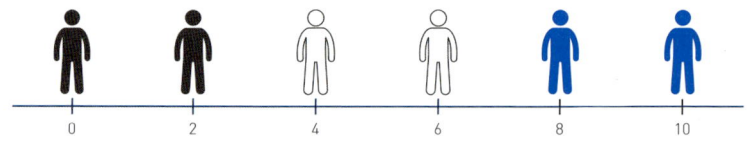

　회색의 평균 점수는 1이지만, 흰색은 중간인 5점, 파란색은 무려 9점입니다. 그저 학생에 따라 점수가 다른 줄 알았더니 공부 방법에 따른 확연한 차이가 있네요. 당장 공부 방법을 파란색 학생들의 방법으로 바꿔야 합니다!
　이 예에서 점수라는 관심 있는 연속형 변수의 차이를 공부 방법이라는 범주형 변수로 설명했습니다. 조금 다르게 말하면 공부 방법에 따라 점수 차이가 있는지 확인한 것으로도 볼 수 있고요. 인류가 끊임없이 현실을 개선하면서 마주친 대부분의 문제들도 이런 식으로 표현할 수 있습니다. 그리고 이 과정에서 답을 제시한 것이 바로 분산분석이었습니다.

지금까지 살펴본 다른 검정들과 마찬가지로 분산분석은 데이터 속 어떤 차이의 정도를 F-통계량^{F-statistic} 혹은 F-값^{F-value}으로 계산합니다. F-분포^{F-distribution}는 이를 고안한 로널드 피셔^{Ronald A. Fisher}라는 통계학자의 이름 첫 글자를 따서 지어졌습니다. F-분포는 농업과 화학업 그리고 제조업의 끊임없는 품질과 성능 개선에 영향을 주었고, 지금도 의약업을 중심으로 널리 활용되고 있습니다. 당연히 다양한 분야의 논문에서도 주장의 근거로 활용되는 대표적인 분석 방법이죠. 얼핏 보면 이해하기가 쉽지 않아 보이지만, 조금만 참고 자세히 들여다보면 그룹이나 조건에 따른 차이를 검정하는 편리한 수단이라는 것을 알 수 있습니다. 이 F-값은 범주형 변수, 즉, '그룹에 따라 연속형 변수에 얼마나 큰 차이가 있는지' 혹은 '범주형 변수가 연속형 변수의 차이를 얼마나 많이 설명하는지'를 말하는 값입니다. 그러나 통계량만으로 판단을 할 수는 없었죠? 이 값이 얼마나 큰 값인지는 F-분포 속에서 상대적인 위치를 측정한 p-값으로 계산합니다. 그럼 F-값과 F-분포를 어떻게 계산하고 어떻게 쓰는지 예제를 통해 살펴볼까요?

3가지 방법으로 공부하고 시험을 치른 여섯 친구들의 성적을 다시 살펴봅시다. 이 친구들의 전체 평균은 5였지만 공부 방법이라는 변수를 가져와서 그룹별로 평균을 구해봤더니 각 그룹이 1, 5, 9점으로 큰 차이가 났었죠. 전체 평균과 각 수준별로 평균을 계산해서 표를 잘 정리하면 그룹에 따른 차이를 간단히 확인할 수 있습니다.

구분	전체	A방법	B방법	C방법
평균	5	1	5	9

문제는 평균을 계산해서는 차이만 확인할 수 있을 뿐 유의성 검정은 별개라는 것이죠. 우리는 그룹에 따른 평균의 차이를 확인하고 검정하고 싶습니다. 그리고 재밌게도 그 답은 분산이 가지고 있습니다. 10점짜리 시험을 치른 6명의 친구들의 평균 점수 $\bar{y}$는 5점이었습니다. 점수의 분산 s_y^2도 계산해볼까요?

$$s_y^2 = \frac{(0-5)^2+(2-5)^2+(4-5)^2+(6-5)^2+(8-5)^2+(10-5)^2}{6-1} = \frac{70}{5} = 14$$

분산 s_y^2는 14인데요, 우리는 14 대신 ($n-1$)로 나누기 전의 제곱합, 70을 좀 더 살펴보겠습니다.

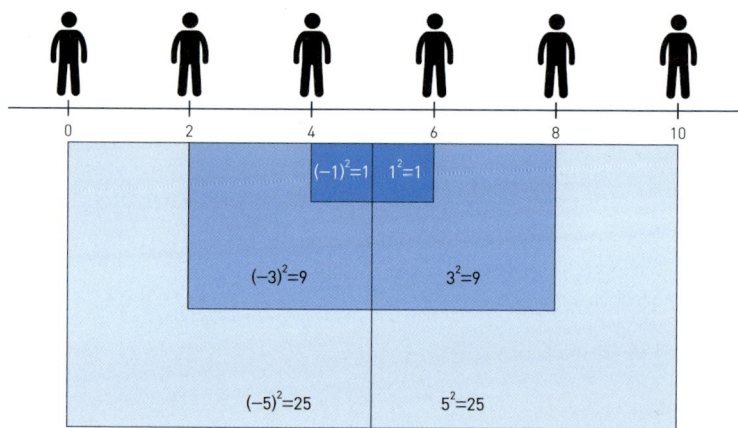

분산은 각 관측치가 평균으로부터 떨어진 거리의 제곱을 합하고, 이 '제곱합'을 ($n-1$)로 나눠서 계산합니다. 그림에서 제곱은 정사각형 한 개의 넓이를 의미하고, 제곱합은 정사각형 여섯 개, 전체 넓이의 합이

죠. 그런데 이 과정에서 낯익은 단어가 보입니다. 바로 제곱합입니다. 우리는 앞에서 뭔가 제곱을 해서 더하면 자유도가 $(n-1)$인 카이제곱분포와 관련이 있다는 것을 살펴봤습니다. 분산을 구할 때 n이 아니라 굳이 $(n-1)$로 나누는 이유를 짐작할 수 있겠죠? 분산은 관측치의 평균적인 차이 정도를 계산한 것인데, 깐깐한 통계의 신의 입장에서는 이 제곱합이 사실상 $(n-1)$개의 값으로 계산된 것이라고 본 거죠. 그래서 분산, 즉 평균 면적을 구할 때 전체 면적을 관측치의 수보다 1 작은 자유도로 나눕니다. 일단 우리는 평균 면적이 아닌 전체 면적의 합이 70이라는 점을 기억해 둡시다.

이제 또 다른 제곱합을 계산하려고 합니다. 친구 6명을 공부 방법에 따라 A, B, C 세 그룹으로 나눈 다음 각 그룹 안에서의 차이를 제곱합으로 계산하는 것입니다. 같은 공부 방법을 썼다고 해서 점수가 다 똑같지는 않죠. 같은 그룹에 속해 있어도 그 안에서 개인차는 존재합니다. 각자의 점수에서 그룹 평균을 빼서 제곱하면 이 개인차의 정도가 얼마만큼인지 확인할 수 있습니다.

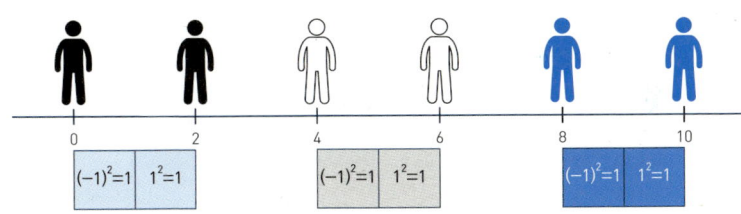

A 방법으로 공부한 회색 학생들의 평균은 1입니다. 전체 평균은 5라서 꽤 멀지만, 두 학생 모두 회색 그룹의 평균 1로부터 1씩밖에 떨어져 있지 않기 때문에 정사각형의 넓이는 1입니다. 흰색 그룹, 파란색 그룹의

학생들도 마찬가지입니다. 전체 평균이 아니라 각 그룹의 평균으로부터의 거리는 모두 1이므로 정사각형의 넓이 역시 1입니다. 따라서 정사각형 여섯 개의 면적을 모두 더해 봤자 6밖에 안 됩니다.

$$\{(0-1)^2+(2-1)^2\}+\{(4-5)^2+(6-5)^2\}+\{(8-9)^2+(10-9)^2\}=6$$

이제 마지막 제곱합을 한번 계산해보겠습니다. 전체 평균 5와 각 그룹의 평균인 1, 5, 9의 차이로 만든 제곱합입니다. 이 제곱합은 공부 방법에 따른 점수 차이가 얼마나 큰지를 계산해줍니다. 분산을 구하되 각 학생의 개인 점수가 아닌 자신이 속한 그룹의 평균 점수로 구하는 것과 같습니다.

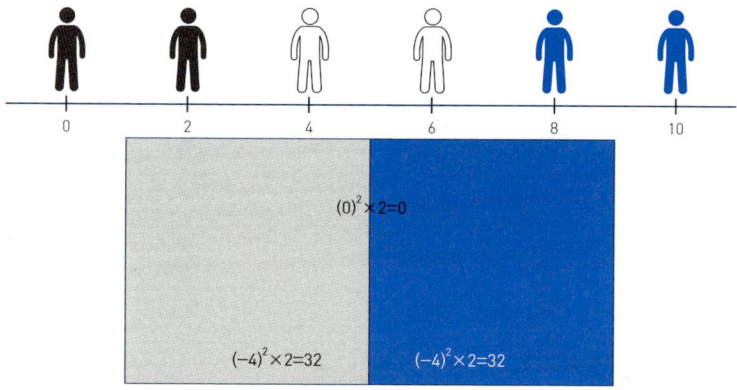

회색 그룹의 평균 1은 전체 평균인 5로부터 4만큼 떨어져 있어서 면적이 16인 정사각형이 만들어지는데요, 두 명이라서 여기에 2를 곱합니다. 파란색 그룹도 마찬가지입니다. 흰색 그룹의 평균은 전체 평균과 똑같이 5라서 정사각형의 면적이 0이네요.

$$\{(1-5)^2+(1-5)^2\} + \{(5-5)^2+(5-5)^2\} + \{(9-5)^2+(9-5)^2\} = 64$$

이 결과를 앞서 **55% 점심 뭐 먹지?**에서 살펴본 것처럼 표로 정리해보 겠습니다.

학생 번호	점수(y)	공부 방법(x)	전체 평균($\bar{y}$)	그룹 평균($\bar{y_x}$)
1	0	A	5	1
2	2	A	5	1
3	4	B	5	5
4	6	B	5	5
5	8	C	5	9
6	10	C	5	9

 6명의 전체 평균 점수 $\bar{y}$는 모두 5지만, 공부 방법 x에 따라서 그룹 평균 점수 $\bar{y_x}$는 다릅니다. 이 점수 표 속에는 학생들의 점수 차이와 공부 방법의 차이 그리고 같은 공부 방법에도 존재하는 개인 차이가 담겨 있습니다. 이 중 우리가 특히 관심 있는 것은 공부 방법에 따른 차이가 있는지 확인하는 것이죠. 우리는 지금까지 세 가지 제곱합을 계산했습니다. 그런데 이 제곱합들은 순서대로 $(y-\bar{y})$, $(y-\bar{y_x})$, $(\bar{y_x}-\bar{y})$의 제곱합에 해당합니다. 각 제곱합들은 의미를 가지고 있습니다.
 첫 번째 $(y-\bar{y})$의 제곱합은 $(n-1)$로 나누지만 않았지 사실상 분산과 같습니다. 관측치들이 서로 얼마나 다른지를 의미합니다. 점수라는 변수 y에는 70이라는 차이가 있는 것이죠. 세 번째 $(\bar{y_x}-\bar{y})$의 제곱합은 그룹의 평균들이 전체의 평균과 얼마나 차이가 나는지를 의미합니다. 그

룹 간 평균 점수가 얼마나 차이가 나는지를 측정하고, 공부 방법에 따라서 점수가 얼마나 다른지를 알려줍니다. 이 세 번째 제곱합이 크면 클수록 그룹에 따른 차이가 크다고 할 수 있죠! 그렇다면 두 번째 $(y - \overline{y_x})$의 제곱합의 의미는 무엇일까요? 우리가 아무리 설명 변수로 관심 변수를 살펴봐도 도저히 설명할 수 없는 부분입니다. 같은 그룹에 있는 두 학생은 똑같은 방법으로 공부했지만 2점이라는 점수차가 있습니다. 이 차이는 개개인의 환경, 성격 등 다양한 요인이 있을 수 있으므로 데이터만으로는 설명하는 데 한계가 있는 부분이죠.

이 세 가지 제곱합을 자세히 보면 소름 돋는 일이 생겼음을 알 수 있습니다. 첫 번째 제곱합은 70, 두 번째는 6, 세 번째는 64입니다. 두 번째와 세 번째 제곱합을 더하면 정확하게 첫 번째 제곱합과 같습니다!

$$70 = 64 + 6$$

이 데이터가 특이해서 그런 것일까요? 아닙니다. 어떤 데이터든지 결과는 똑같습니다. 앞서 **분산과 분산분석**에서 나온 것처럼 식으로도 표현 가능하죠. 다시 한번 수식으로 정리해봅시다(여기서 y_i는 i번째 관측치의 값, $\bar{y}$는 전체 평균, yg_i는 i번째 관측치가 속한 그룹의 평균을 의미합니다).

$$\sum_{i=1}^{n}(y_i - \bar{y})^2 = \sum_{i=1}^{n}(yg_i - \bar{y})^2 + \sum_{i=1}^{n}(y_i - yg_i)^2$$

이 관계를 풀어보면 재밌는 걸 발견할 수 있습니다. 관측치들의 전체적인 차이를 의미하는 분산은, 그룹의 차이로 설명할 수 있는 부분과 도저히 설명할 수 없는 개인차에 해당하는 나머지 부분으로 나뉜다는 것이죠. 그렇다면 데이터가 만들어진 순간 변수의 분산은 고정되니까 이왕이면 어떤 범주형 변수로 설명이 가능한 부분이 클수록 좋지 않을까요?

분산분석은 이렇게 제곱합을 활용해서 범주형 변수, 그룹에 따른 평균의 차이를 설명하려고 합니다. 그럼 제곱합으로 파악한 차이의 정도를 표현해줄 적당한 통계량이 필요하겠죠? 바로 $F-$값입니다. $F-$값을 구하는 과정은 상당히 복잡합니다. 제곱합의 특성상 관측치가 많으면 많을수록 값이 커지니까 관측치의 개수를 고려해야 합니다. 그리고 범주형 변수의 수준의 개수, 그룹의 개수도 고려해야 합니다. $F-$값은 표로 정리하면 그나마 편합니다.

구분	제곱합	자유도	분산
점수	70	5	14

$(y-\bar{y})$의 제곱합 70을 $(n-1)$인 자유도 5로 나누면 우리가 잘 알고 있는 분산 14가 나옵니다. 그런데 이 제곱합이 두 개로 쪼개졌습니다. 첫 번째는 공부 방법이라는 변수로 나뉘어진 세 그룹 간의 차이를 설명하는 제곱합이었고, 두 번째는 각 그룹에 있는 관측치들의 이유를 알 수 없는 개인차였습니다.

구분	제곱합	자유도	분산
공부 방법(그룹 간)	64		
개인차(그룹 내)	6		
점수	70	5	14

제곱합은 카이제곱분포와 관련지어서 모두 자유도의 개념을 적용할 수 있습니다. 공부 방법에 따라 학생들이 3개의 그룹 A, B, C로 나뉘었으니까 실제 수준의 개수는 3이고 자유도는 거기서 1을 뺀 2가 됩니다. 전체 평균이 결정되어 있으니 실질적으로는 2개 그룹의 차이를 측정한 것이라고 보는 것이죠.

구분	제곱합	자유도	분산
공부 방법(그룹 간)	64	2	
개인차(그룹 내)	6		
점수	70	5	14

공부 방법과 개인차 제곱합을 합한 값이 점수의 제곱합과 같은 것처럼 '몇 개의 값으로 계산된 제곱합인가?'를 따지는 자유도의 합도 전체 자유도의 합과 똑같은 것이 아름답겠죠? 따라서 개인차의 자유도는 전체 자유도 5에서 2를 뺀 3이 됩니다.

구분	제곱합	자유도	분산
공부 방법(그룹 간)	64	2	
개인차(그룹 내)	6	3	
점수	70	5	14

점수의 제곱합을 자유도로 나눠서 분산을 구했듯이 공부 방법과 개인차 역시 똑같이 계산할 수 있습니다. 단, 이름을 분산 대신 조금 더 일반적인 평균제곱합이라고 하겠습니다. 공부 방법의 제곱합 64를 자유도

2로 나누면 32가 되고, 개인차의 제곱합 6을 자유도 3으로 나누면 2가 되네요!

구분	제곱합	자유도	평균제곱합
공부 방법(그룹 간)	64	2	32
개인차(그룹 내)	6	3	2
점수	70	5	14

자, 이제 거의 끝났습니다. F-값은 공부 방법의 평균제곱합 32를 개인차의 평균제곱합 2로 나눈 16입니다.

$$F\text{-값} = \frac{\text{설명할 수 있는 부분의 평균제곱합}}{\text{설명할 수 없는 부분의 평균제곱합}} = \frac{32}{2} = 16$$

이렇게 복잡하게 계산했지만 의미는 상당히 단순하고 명확합니다. F-값이 크면 클수록 그룹을 나누는 역할을 하는 범주형 설명 변수로 관심 변수의 차이를 더 많이 설명할 수 있다는 것이죠. 달리 표현하면 F-값이 크면 클수록 그룹별로 평균 차이가 크다는 겁니다. 과거의 방법과 새로운 방법을 비교한 실험결과를 분석해서 충분히 큰 F-값을 얻으면 기존보다 개선된 방법이 훨씬 더 낫다는 것을 의미하죠. 그러나 F-값이 충분히 큰 것인지에 대한 판단이 필요합니다. 항상 그랬듯이 통계량은 상대적인 위치를 찾아야 합니다. 먼저 F-분포에 대해 살펴본 다음, 계산된 F-값을 F-분포에서 집어넣고 p-값을 계산해봅시다.

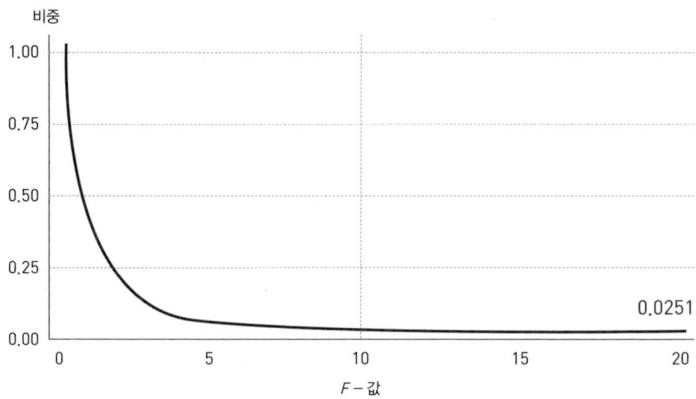

F-분포의 확률밀도함수 $f(x)$는 정말 복잡하게 생겼습니다.

$$f(x) = \frac{\sqrt{\frac{(d_1 x)^{d_1} d_2^{d_2}}{(d_1 x + d_2)^{d_1+d_2}}}}{x B\left(\frac{d_1}{2}, \frac{d_2}{2}\right)}$$

모두를 위해서 수식에 대한 설명은 생략하겠습니다. $B(\ )$는 조금 특별한 함수라서 제외하면 F-분포의 모수는 d_1과 d_2라는 것을 눈치껏 알 수 있습니다. 식은 복잡하지만 d_1과 d_2만 결정되면 $f(x)$는 금세 계산할 수 있을 테니까요! 그럼 과연 d_1과 d_2는 무엇일까요?

바로 평균제곱합을 구할 때 사용한 두 개의 자유도입니다. F-분포가 자유도를 하나도 아니고 두 개나 사용하는 데에는 이유가 있습니다. 일단 카이제곱분포와 마찬가지로 차이를 보이기 위해서 얼마나 많은 관측치를 사용했는지가 중요합니다. 그룹 간의 차이가 작아도 관측치의 개수가 많다면 의미가 있다고 할 수 있기 때문이죠. 또한 설명 변수 속에 그룹이 2개인 것보다는 10개인 것이 관심 변수를 설명하는 데 더욱 유리합니다. 그만큼 관측치들을 세분화해서 설명할 수 있으니까요. 즉, 몇 개의 관측치로 계산한 차이인지, 그리고 그 차이를 설명하기 위해서 몇 개의 그룹을 활용했는지를 고려해서 판단해야 하기 때문에 F-분포는 자유도를 2개나 활용하는 것입니다. 그럼 공부 방법에 따른 성적 차이 예제로 돌아가서 자유도가 (2, 3)인 F-분포 속에서 우리가 계산한 F-값 16이 어디쯤 있는지 확인해볼까요?

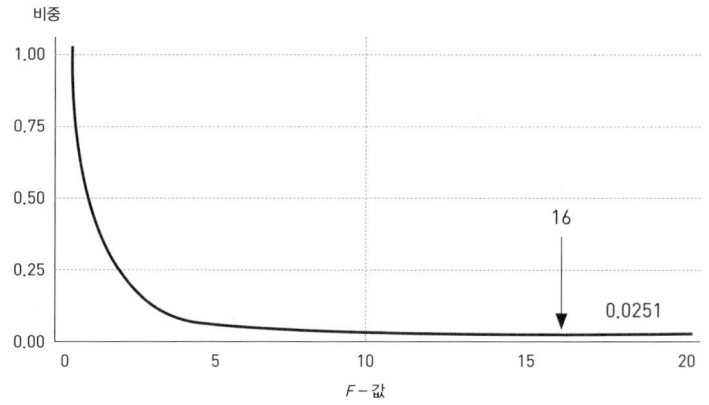

그래프가 납작해서 잘 안 보이지만, 컴퓨터로 계산해보면 자유도가 2, 3일 때 F-값이 16 이상이 나올 확률, p-값은 2.5%가 됩니다. 즉, 실제로는 공부 방법이 성적 차이에 전혀 영향을 미치지 않는데, 우연히 우리 데이터에서만 평균 점수가 1, 5, 9로 극명한 차이가 날 확률은 2.5%로, 매우 드문 일이라는 것이죠. 유의수준 5%보다 계산된 p-값이 작기 때문에 공부 방법에 따른 점수차는 의미 있는 차이라고 할 수 있습니다. 당장 공부 방법을 C 방법으로 바꿔야 합니다.

지금까지 참 어려운 분포와 검정 이야기를 다뤘습니다. 우리는 대표적으로 t-분포, 카이제곱분포 그리고 F-분포를 살펴봤지만, 이외에도 데이터의 특징과 분석 목표에 따라 다양한 분포가 쓰입니다. 당연히 모든 분포를 숙지할 필요는 없습니다. t-분포, 카이제곱분포, F-분포만 알아도 대부분의 데이터 분석 결과를 해석할 수 있고 분포의 개념만 알아도 충분합니다. 그 어떤 새로운 분포도 결국 분석에서 활용하는 방법은 똑같기 때문이죠.

마지막으로 유의성 검정 과정을 다시 생각해봅시다. 차이의 정도를 의미하는 t-값, F-값과 같은 통계량을 데이터에서 계산하고, 적절한 분포에 집어 넣어 상대적인 위치를 p-값으로 계산합니다. p-값이 0에 가까울수록 기존의 입장이나 가정과는 상반된다는 증거가 되고, 유의수준 0.05보다 작으면 충분히 의미 있는 차이라는 뜻이죠.

데이터 속 차이를 설명하는 유의성 검정 자체도 훌륭하지만, 이 검정을 활용하면 더 복잡한 것을 만들어 낼 수 있습니다. 바로 **통계 모형** Statistical model 입니다. 통계 모형은 다양한 상황에서 관심 있는 차이를 확인하고 그 차이를 설명할 수 있는 최적의 관계를 찾아내는 데 목적이 있습니다. 우리가 지금까지 살펴본 유의성 검정은 우리가 직접 설정한 관계 속에서 차이의 의미를 찾았습니다. 그 결론은 '차이가 의미가 있다고 볼 수 있다/없다' 였죠. 그러나 확률 모형은 관심 차이를 설명할 수 있는 수많은 설명 변수 중에서 누가 가장 차이를 잘 설명할 수 있는지를 찾습니다. 그래서 결론이 '선택된 변수들을 활용하면 관심 있는 차이를 잘 설명할 수 있다'가 됩니다. 물론 두 분야가 명확하게 구분되는 것은 아닙니다. 분산분석은 유의성 검정이면서 동시에 통계 모형으로 생각할 수도 있죠. 그러나 유의성 검정이 가정과 주장을 확인하려는 느낌이 있다면,

통계 모형은 조금 더 미지의 세계를 탐험하려는 듯한 느낌을 줍니다. 우리가 잘 모르는 미지의 세계를 설명해줄 통계 모형, 그중에서 가장 역사가 깊고 간단한 선형회귀모형에 대해서 살펴봅시다.

80% 아빠 키 유전 확률, 25%

모든 일이 마음대로 잘 풀리지는 않습니다. 특히 자식에 관한 것은 더더욱이요.
아들이 키가 안 크네요. 마침 키가 작은 아빠를 보고 엄마가 말합니다.
"나 닮아서 머리는 좋은데, 아빠 닮아서 키가 안 커." 억울한 아빠를 위해 아빠 키와
아들 키의 관계를 수식으로 표현해봅시다.

    데이터 분석은 데이터 속에 있는 차이를 확인하고 설명하는 과정입니다. 차이를 설명하기 위해 변수 간의 관계를 확인하고 그 관계가 의미가 있는지 없는지 테스트를 합니다. 데이터와 상황에 따라서 여러 가지 검정 방법이 있는데요, 우리는 이미 두 범주형 변수의 관계, 연속형 변수와 범주형 변수의 관계를 검정하는 과정을 살펴봤습니다. 카이제곱검정으로 두 범주형 변수의 수준들끼리 관련이 있는지 없는지 살펴봤고, 분산분석으로 범주형 변수가 만드는 그룹에 따라 연속형 변수에 차이가 있는지 없는지도 살펴봤죠. 이제 남은 것은 두 연속형 변수의 관계입니다.

    물론 두 연속형 변수의 관계는 상관계수로 설명을 했습니다. 책에서 다루지는 않았지만 상관계수에 대한 유의성 검정 방법도 있죠. 그렇지만 두 변수의 상관계수가 유의하는 것만으로 끝내기는 아쉽지 않나요? 아빠 키와 아들 키의 상관계수가 0.5고, 충분히 의미가 있다지만, 마음속으로는 그다지 와닿지 않습니다. 우리가 원하는 것은 관계의 정도를 확인하는 것이 아니라 실제 하나의 변수를 다른 변수로 표현할 수 있는 관계이기 때문이죠. 그래서 이번에는 두 연속형 변수의 관계를 직선으로

표현하는 선형회귀모형에 대해서 살펴보려고 합니다. 아빠 키가 180cm 라면, 아들 키는 얼마나 클까요? 선형회귀모형에서 답을 찾아봅시다.

다시 한번 상관계수

두 연속형 변수의 관계를 설명하기 위한 시도가 처음은 아닙니다. 앞에서 우리는 아빠 키와 아들 키라는 두 연속형 변수를 산점도로 표현하고 둘 사이의 관계를 −1부터 1 사이의 값을 가지는 상관계수로 표현했었습니다.

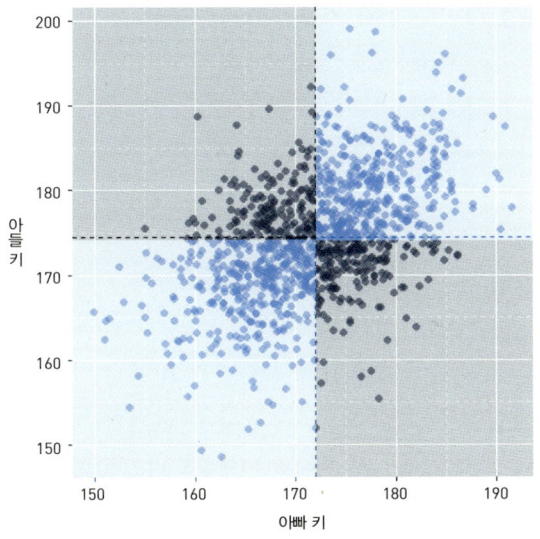

산점도를 다시 한번 살펴보면, 아빠 키의 평균과 아들 키의 평균을 기준으로 제 1, 3사분면에 상대적으로 많은 관측치가 몰려 있습니다. 아무

래도 아들 키는 아빠 키의 영향을 받는 것처럼 보이죠. 그렇다면 그 영향의 정도가 얼마인지 상관계수를 구해봅시다. 이 산점도에 표현된 실제 값으로는 상관계수를 구하기가 어렵죠. 상관계수를 구하려면 먼저 아빠 키와 아들 키에서 각자의 평균을 빼고 다시 각자의 표준편차로 나눠서 표준화를 합니다. 표준화를 한 산점도는 다음과 같습니다.

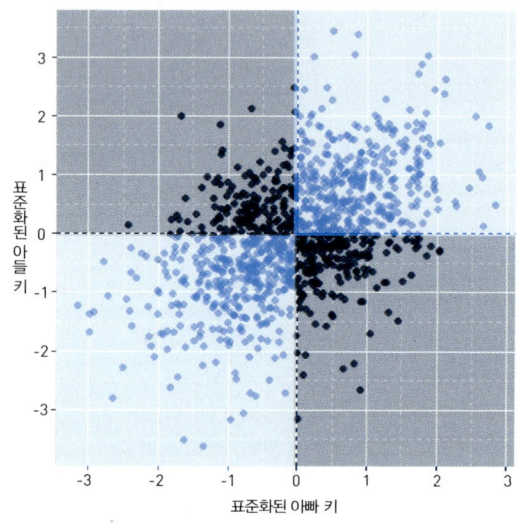

표준화를 한다고 해서 관측치들이 흩어진 모양이 바뀌진 않습니다. 다만, 원점이 중심이 되고 가로축, 세로축의 단위가 바뀌어 상대적인 값들이 되죠. 여기서 원점과 각 점들이 만드는 사각형의 넓이를 구하고 다시 평균을 구하면 상관계수를 구할 수 있습니다. **35% 부전자전, 유전 연결고리**의 **상관계수**에서 구했던 아빠 키와 아들 키의 상관계수는 0.5였죠. 아빠 키와 아들 키가 0.5라는 적당히 큰 양의 상관계수를 가진다는 것은, 아빠 키가 크면 아들 키도 큰 경향이 있다는 것을 의미합니다. 그러나 우리는 모호한 경향 말고 확실한 관계가 궁금합니다. 만약 내 키가 170cm라면 내 아들은 몇 cm까지 자랄 수 있을까요? 이 질문에 **선형회귀모형**Linear regression model이 답을 줄 수 있습니다.

선형회귀모형

회사에서 문서 프로그램 좀 만져본 분들이라면 산점도에 예쁜 추세선 Trend Line을 하나 그리고 싶어질 겁니다. 점들의 관계를 설명할 수 있는 직선을 하나 추가하면 산점도에 훨씬 깊은 의미가 담길 수 있거든요. 아빠 키와 아들 키의 확실한 관계를 구하기 위해 앞서 표준화된 산점도에, 원점을 지나고 기울기가 두 변수의 상관계수 0.5인 직선을 그어보겠습니다.

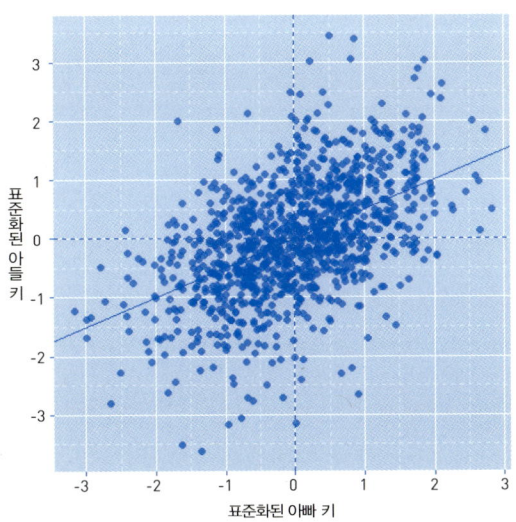

2차원 평면에 그어진 직선은 가로축과 세로축에 있는 변수의 관계를 의미합니다. 직선의 기울기가 양수면, 직선은 왼쪽 아래에서 시작해서 오른쪽 위를 향해 뻗어갑니다. 즉, 아빠 키가 작으면 아들 키도 작고, 아빠 키가 크면 아들 키도 크다는 것을 공간에서 표현하는 것이죠. 중학교 때 배운 직선의 방정식을 기억하시나요? 세로축에 변수 y가 있고, 가로축에 변수 x가 있을 때 기울기가 b이면서 원점을 지나는 직선은 다음 식으로 표현됩니다.

$$y = bx$$

x가 0일 때는 y도 0이고, x가 1씩 커질 때마다 y는 b, $2b$, $3b$, …와 같이 b만큼씩 함께 커진다는 것을 의미하죠. 이 식으로 교차표에 그려진 직선의 식을 표현해보면 다음과 같습니다.

$$\textit{표준화된 아들 키} = 0.5 \times \textit{표준화된 아빠 키}$$

세로축에는 보통 관심 있는 변수를 배치합니다. 아들 키가 아빠 키에 영향을 미친다고 보는 것은 많이 어색합니다. 아무래도 아빠 입장에서 자신의 키가 아들 키에 어떤 영향을 미치는지 살펴보는 것이 자연스럽죠. 그래서 세로축에 아들 키를 두겠습니다. 그런데 문제는, 세로축의 아들 키가 진짜 아들 키가 아니라는 것입니다. 엄밀히 말하면 '표준화를 통해 변형된 아들 키'죠. 아무리 아빠 키와 아들 키의 관계를 잘 설명한들 진짜 아빠 키와 진짜 아들 키의 관계를 설명하는 것은 아니죠. 그럼 다시 원래대로 되돌리면 되겠네요!

이쯤에서 다시 한번 중학교 교과과정을 되짚어 보겠습니다. 사실 우리는 중학교 때 엄청난 것을 배웠습니다. 등식의 양변에 같은 것을 곱하거나 더해도 등식은 유지가 된다는 거죠. 따라서 모든 아들 키에서 평균 키를 빼고 표준편차로 나눴던 표준화 과정을 역으로 연산하면 원래 아빠 키와 원래 아들 키의 관계를 찾을 수 있습니다. 먼저 양변에 아들 키의 표준편차를 곱하고 그다음 양변에 아들 키의 평균을 더하면 됩니다. 이 과정을 수식으로 표현하면 다음과 같습니다.

- **1단계** 상관계수로 표준화된 두 변수 관계를 표현합니다.

$$\frac{(아들\ 키 - 아들\ 키의\ 평균)}{아들\ 키의\ 표준편차} = 0.5 \times \frac{(아빠\ 키 - 아빠\ 키의\ 평균)}{아빠\ 키의\ 표준편차}$$

- **2단계** 양변에 아들 키의 표준편차를 곱합니다.

$$(아들\ 키 - 아들\ 키의\ 평균) = 0.5 \times \frac{(아빠\ 키 - 아빠\ 키의\ 평균)}{아빠\ 키의\ 표준편차} \times (아들\ 키의\ 표준편차)$$

식을 좀 더 예쁘게 정리를 해볼까요? 등식 오른쪽에서 표준편차를 분수로 묶어줍시다.

$$(아들\ 키 - 아들\ 키의\ 평균) = 0.5 \times \frac{아들\ 키의\ 표준편차}{아빠\ 키의\ 표준편차} \times (아빠\ 키 - 아빠\ 키의\ 평균)$$

- **3단계** 양변에 아들 키의 평균을 더합니다.

$$\text{아들 키} = 0.5 \times \frac{\text{아들 키의 표준편차}}{\text{아빠 키의 표준편차}} \times (\text{아빠 키} - \text{아빠 키의 평균}) + \text{아들 키의 평균}$$

복잡해 보이지만 평균과 표준편차에 실제로 계산된 숫자를 대입해서 계산하면 생각보다 간단합니다. 아빠 키의 평균과 표준편차는 각각 171.93cm, 6.97cm이고, 아들 키의 평균과 표준편차는 각각 174.46cm, 7.15cm입니다. 이 숫자들을 3단계 식에 대입해볼까요?

$$\text{아들 키} = 0.5 \times \frac{7.15\text{cm}}{6.97\text{cm}} \times (\text{아빠 키} - 171.93) + 174.46$$

이 식에서 숫자들의 곱하기와 더하기를 계산해보면 다음과 같습니다.

$$\text{아들 키} = 0.514 \times \text{아빠 키} + 86.07\text{cm}$$

결국 아빠 키와 아들 키의 관계는 숫자 두 개를 활용한 곱하기와 더하기로 표현할 수 있습니다. 표준화된 두 변수의 상관계수로 시작해서 두 변수의 관계를 설명하는 식을 만들었네요! 그렇다면 이 관계를 표준화하기 전 산점도에 표현해볼까요? 기울기는 0.5가 아니라 0.514로 살짝 바뀌었고, 흔히 y절편이라고 부르는 x에 상관없이 더해지는 기본값 86.07cm가 있습니다.

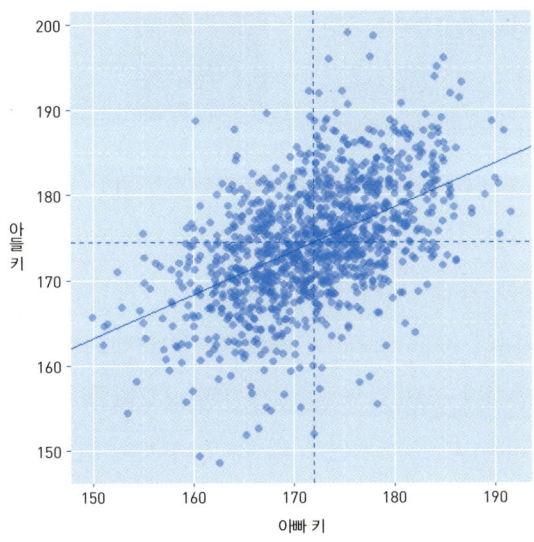

표준화된 산점도에서 중심이 다시 아빠 키의 평균, 아들 키의 평균으로 바뀌고 가로축, 세로축의 단위가 원래대로 살아났을 뿐 패턴의 차이는 없네요. 우리가 계산한 두 변수의 관계식은 2차원 공간에서는 직선을 의미합니다. 그래서 선형^{linear}이라는 표현을 쓰는 것이죠. 방금 계산한 선형회귀식을 다시 한번 살펴봅시다.

$$\textit{아들 키} = 0.514 \times \textit{아빠 키} + 86.07 \text{cm}$$

쉽게 말하면 아들 키는 아빠 키에 0.514를 곱하고 86.07cm를 더하면 된다는 의미네요! 그럼 키가 170cm인 아빠의 아들은 키가 0.51×170cm+86.07cm, 172.77cm 정도 될 것이라고 기대해볼 수 있겠습니다. 이제 이 식을 이용해 다섯 명의 아빠 키를 가지고 아들 키의 예측값을 계산해보겠습니다.

아빠 키	150cm	160cm	172cm	180cm	190cm
아들 키 예측	163.2cm	168.3cm	174.5cm	178.6cm	183.7cm

 이 표를 보면 회귀분석의 특징을 알 수 있습니다. 다섯 명의 아빠 중 키가 평균에 가까운 172cm인 아빠의 아들 키 예측값은 174.5cm로, 아들 키의 평균에 가깝습니다. 평균 정도 키를 가진 아빠의 영향을 받은 아이는 그 세대의 평균 정도의 키를 가질 것이라고 예측한 것이니까 상당히 합리적입니다. 그렇다면 아빠 키가 평균보다 작을 때는 어떨까요? 아빠 키가 150cm면 아들 키는 무려 13.2cm나 더 큰 163.2cm가 될 거라고 희망을 줍니다! 하지만 아빠 키가 평균보다 한참 큰 190cm라면 아들 키는 190cm보다 많이 줄어든 183.7cm로 예측이 됩니다. 우리의 예상과는 조금 다른 결과죠? 아빠 키와 아들 키의 평균을 비교했을 때 아들 키가 2.5cm 크니까 키가 190cm인 아빠의 아들 키를 192.5cm라고 예측하는 것이 그럴싸해 보이지만 합리적이진 않습니다. 그럼 키가 큰 사람들끼리 계속 결혼을 하면 언젠가 그 자손의 키가 300cm도 넘겠죠. 반대로 키가 작은 사람들의 자식은 아무리 커도 평균적인 성장치를 넘지 못하겠죠. 하지만, 아빠의 키도 할아버지의 키를 100% 물려받은 것이 아닙니다. 할아버지의 유전적 영향에다가 설명할 수 없는 자연의 섭리에 따라 키가 많이 커서 190cm가 된 것이죠. 아들의 키는 부모의 영향을 받지만, 그 영향이 100%가 아니기 때문에 그 세대의 평균 키라는 중심으로 끌려갑니다. 즉, 아빠 키의 영향력도 있지만, 그 세대의 평균 키에서 멀리 떨어져 나가기는 힘든 것이죠! 그래서 퇴보, 감소라는 뜻을 가진 회귀^{Regression}라는 표현을 사용합니다. 평균에서 많이 벗어나지 못하고 평균 쪽으로 끌어 당겨지는 효과를 의미합니다.

부모 맘 같지 않은 자식

지금까지 살펴본 내용에 따르면 아들 키는 기본 값 86.07cm에 아빠 키의 0.514배를 한 값을 더해 설명할 수 있습니다. 그렇다면 우리가 만든 아빠 키와 아들 키의 관계를 설명하는 선형회귀직선이 아들 키를 100% 예측할 수 있을까요? 절대 아닙니다. 자식은 절대 부모의 생각대로 움직이지 않죠. 앞서 선형회귀직선을 그린 산점도에서 아빠 키가 171cm에서 173cm 사이로 평균 키 정도인 가족들만 살펴봅시다.

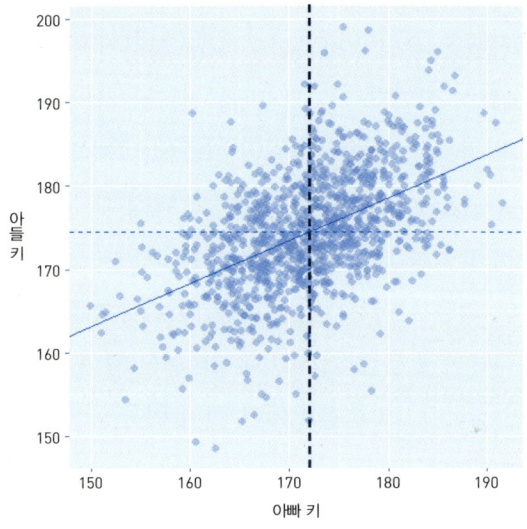

이때 아들 키의 예측값은 174cm에서 175cm 정도입니다. 여기서 중요한 건 예측값에 속하는 모든 아들의 키가 174~175cm는 아니라는 점입니다. 키가 174cm보다 훨씬 작은 아들도 있고 175cm보다 훨씬 큰 아들도 있을 것입니다. 이를 좀 더 쉽게 살펴볼 수 있도록 파란색 점으로 표시된 아들들의 키를 히스토그램으로 표현해볼까요?

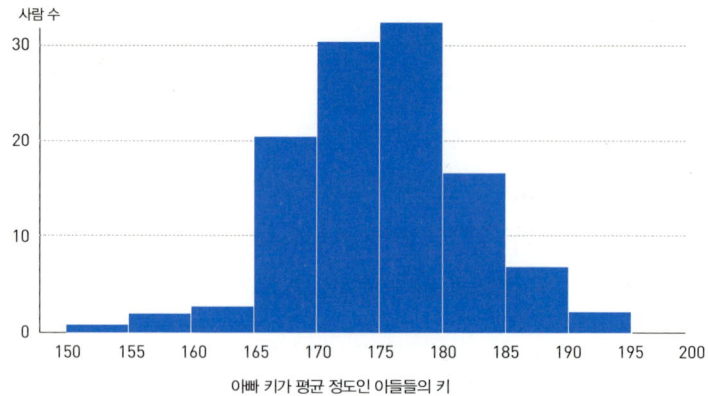
아빠 키가 평균 정도인 아들들의 키

    대부분의 아들들은 우리가 예측한 175cm 정도의 키를 가지고 있지만, 일부는 190cm보다 크기도 하고 150cm 정도로 작기도 합니다. 전반적으로 아빠 키의 영향을 받기는 하지만 그중에는 예상보다 더 큰 아들도 있고 예상보다 덜 큰 아들도 있는, 일종의 복불복이라고 볼 수 있습니다. 즉, 아빠 키가 아들 키를 결정하는 모든 요인은 아니라는 것입니다. 물론 어느 정도 영향은 미치겠지만, 엄마의 키나 성장기의 영양섭취 정도, 운동 여부 등 현재 우리가 가진 데이터로는 알 수 없는 것들이 아들 키에 영향을 미칩니다. 그렇다면 아빠 키가 아들 키에 미치는 영향력은 정확히 얼마나 될까요?

    선형회귀모형이 관심 변수를 얼마나 잘 설명하는지는 앞서 F-분포에서 살펴본 분산의 분해를 통해서 계산할 수 있습니다. 편의상 우리가 관심 있는 아들 키를 y, 아들 키를 설명하는 아빠 키를 x라고 합시다. 그럼 선형회귀모형으로 계산한 y와 x의 관계는 다음처럼 표현됩니다.

$$y = 86.07 + 0.514x + e$$

식을 보면 마지막에 e가 붙은 것을 볼 수 있습니다. 앞서 설명했던 것처럼 아빠 키만으로는 도저히 설명할 수 없지만, 분명히 아들 키에 영향을 미치는 요소들이 있습니다. 바로 그 부분을 e로 표현했습니다. 하지만 아빠 키로 아들 키를 예측할 때는 e가 필요 없습니다. 어차피 모르니까 계산할 수도 없죠. 예측값은 실제값이랑 다를 수 있습니다. 그래서 예측값은 y가 아니라 y에 모자를 씌운 $\hat{y}$ y hat으로 표현합니다.

$$\hat{y} = 86.07 + 0.514x$$

자, 이제 분산분석에서처럼 3개의 값을 활용해서 제곱합을 계산하려고 합니다. 첫 번째는 실제값 y, 두 번째는 y의 평균 $\bar{y}$, 그리고 마지막은 y의 예측값 $\hat{y}$입니다. 이 3개의 값을 표로 나타내 볼까요?

가족 번호	아들 키(y)	평균 키($\bar{y}$)	예측 키($\hat{y}$)
1	151.8	174.46	164.1
2	160.6	174.46	168.62
...	...	...	...
1,077	176	174.46	176.53
1,078	170.2	174.46	173.55

지금부터 3개의 제곱합을 계산합니다. 물론 1,078개의 관측치를 하나하나 계산할 수는 없으니 컴퓨터의 도움을 받았습니다. 첫 번째로 계산할 제곱합은 $(y-\bar{y})$의 제곱합입니다. 사실상 y의 분산을 의미하죠. 계산된 값은 55048.8입니다. 숫자가 조금 크지만 신경 쓸 필요는 없습니다.

$$\sum_{i=1}^{1,078} (y_i - \bar{y})^2 = 55,049$$

두 번째 제곱합은 $(\hat{y}-\bar{y})$의 제곱합입니다. 예측값과 평균값의 차이는 무엇을 의미할까요? 만약 우리가 관심 변수인 아들 키 말고는 다른 변수가 하나도 없는 상황에서 키를 예측해야 한다면 어떻게 해야 할까요? 여러 가지 방법이 있지만 평균 키 $\bar{y}$를 예측값으로 사용하는 것이 가장 합리적입니다. 모든 아들에 대해서 전체 평균 키인 174.5cm로 예측하는 거죠.

그런데 우리는 지금 아빠 키를 활용해서 예측값 $\hat{y}$를 만들었습니다. 모든 아들들을 똑같은 하나의 숫자로 예측한 것보다 각자의 아빠 키를 활용한 예측이 당연히 더 잘 맞겠죠? 그럼 $(\hat{y}-\bar{y})$는 평균값을 쓴 예측보다 선형회귀모형으로 예측한 값이 얼마나 더 좋은지를 의미한다고 볼 수 있습니다. 역시 1,078개의 키에 대해서 제곱합을 계산합니다.

$$\sum_{i=1}^{1,078} (\hat{y}_i - \bar{y})^2 = 13,836$$

마지막 제곱합은 $(y-\hat{y})$의 제곱합입니다. 분산분석에서와 비슷하게 이 제곱합은 우리가 알 수 없는 부분을 의미합니다. 아빠 키를 활용해서 $\hat{y}$로 예측을 하긴 했지만, 어쩔 수 없이 생기기 마련인 실제값 y와의 차이를 제곱합으로 표현한 것입니다. 역시 계산해봅시다.

$$\sum_{i=1}^{1,078} (y_i - \hat{y}_i)^2 = 41,213$$

세 제곱합을 나열해 봅시다.

$$55{,}049 \quad 13{,}836 \quad 41{,}213$$

또 다시 운명과 같은 일이 벌어졌습니다. 뒤의 두 제곱합을 더하면 첫 번째 제곱합과 같죠. 분산분석에서와 동일한 결과입니다.

$$55{,}049 = 13{,}836 + 41{,}213$$

분산분석이 그룹 평균을 사용한 반면 선형회귀모형은 사람마다 예측 값이 다르다는 차이만 있습니다. 즉, 우리의 관심 변수 y의 차이의 정도를 의미하는 분산은, 우리가 모형으로 설명할 수 있는 부분과 설명하지 못하는 부분으로 나뉜다는 것을 의미합니다. 그럼 전체 중에서 우리의 선형회귀모형이 설명하는 부분의 비중은 얼마나 될까요?

$$\frac{13{,}836}{55{,}049} = 0.25$$

0.25, 즉 25%입니다. 아빠의 키로 아들 키를 설명한 직선이 아들 키의 차이 중에서 25%를 설명하는 것이죠. 즉, 아빠 키가 아들 키에 미치는 영향력은 25%입니다. 나머지 75%는 엄마의 영향이거나 환경과 같은 우리가 알 수 없는 부분들이죠. 따라서 자식의 키 때문에 배우자를 원망할 때는 25%만 원망하면 됩니다. 하지만 자식의 키가 작다고 너무 슬퍼할 필요는 없습니다. 회귀는 손자의 키를 다시 평균 근처로 끌어 올릴 테고, 불확실성이라는 자연의 법칙은 그 예측보다 더 큰 키를 선물해줄 수도 있으니까요!

전체 분산의 크기 중에서 모형이 설명하는 부분의 양을 비율로 계산한 것을 **결정계수**Coefficient of determination라고 하고 R^2이라고 표현합니다. R^2이

1에 가까울수록 모형이 설명하는 비중이 크니까 더 좋다고 할 수 있죠. 굳이 R^2이라고 표현한 이유는, 지금처럼 두 연속형 변수에 대한 선형회귀모형의 결정계수 R^2은 두 변수의 상관계수 r_{xy}의 제곱과 같기 때문입니다. 실제로 아빠 키와 아들 키의 상관계수 0.5를 제곱하면 결정계수와 동일한 0.25가 나오죠!

지금까지 살펴본 선형회귀모형은 연속형 관심 변수 y를 하나의 연속형 설명 변수 x와의 직선 관계로 설명하는 아주 간단한 선형회귀모형이라서 특별히 **단순선형회귀**Simple linear regression라고 부릅니다. 실제로는 더 복잡한 회귀모형들이 있습니다. 하나가 아닌 여러 개의 연속형 설명 변수를 사용할 수도 있고 분산분석의 개념을 더해서 범주형 설명 변수를 활용할 수도 있죠. 게다가 연속형 관심 변수가 아니라 0 혹은 1, 성공 혹은 실패와 같이 두 개의 수준을 갖는 범주형 변수, 이진Binary 변수를 관심 변수로 두고 '1일 확률', '성공할 확률'을 계산해주는 회귀모형을 만들 수도 있죠. 그러나 통계의 아주 기본적인 개념을 다루고 있는 이 책에는 벅찬 내용이라서 담지 못했습니다.

다만 이 책에서 살펴본 내용을 다시 한번 익힌다면, 복잡한 회귀모형들을 이해하는 데 큰 도움이 될 겁니다. 많은 설명 변수 중에서 진짜 모형에 필요한 의미 있는 변수를 찾기 위해서 t-검정을 사용하고, 전체 모형이 관심 변수를 설명하는 양으로 F-검정을 활용해서 모형이 쓸모 있는지 없는지를 판단합니다. 우리가 이미 확인한 개념들이 자연스럽게 녹아 있죠. 이렇게 필요한 변수를 선택하고 모형의 효율을 따져 가며 회귀모형을 만드는 과정을 **회귀분석**Regression analysis이라고 합니다.

지금까지 PART 1의 데이터 요약과 PART 2의 통계 개념을 확장하여 여러 가지 통계 모형들을 살펴보았습니다. 정리하자면, 흔히 말하는 데이터 속 정보는 어떤 '차이'를 의미하고, 데이터를 잘 요약하면 이 차이들을 확인할 수 있습니다. 그러나 모든 차이가 다 의미가 있는 것은 아닙니다. 또 같은 차이라고 해도 의미가 똑같은 것도 아니고요. 그래서 우리는 이 차이를 확률로 바꿔 계산했습니다. 흔히 말하는 '통계적으로 유의미한' 정도를 측정하기 위해서 $p-$값이라는 확률을 계산합니다. 통계는 세상에 존재하는 온갖 차이들을 0부터 1 사이의 단순한 숫자 하나, $p-$값으로 바꾸고 우리는 간단하게 차이의 유의성을 확인할 수 있었습니다. 차이가 없다는 가정하에 만든 분포에다가 실제 차이를 집어넣고는 '차이가 없다고 하기엔 얼마나 큰 차이'인지를 보였죠. 물론 쉽지 않은 과정입니다. 내 데이터 하나 다루기도 벅찬데, 수없이 많은 데이터가 있다는 가정으로 분포를 만들고, 복잡한 수식도 살펴봐야 하니까요. 그렇지만 중요한 것은 이 과정 자체가 목적은 아니라는 점입니다. 이런 개념들이 깔려 있다는 것을 알고 잘 활용하는 것이 중요하죠. 간단히 살펴본 선형회귀모형이 대표적입니다. 정말 간단한 선형회귀모형 하나에도 표준화와 상관계수, 유의성 검정 등 수많은 개념들이 녹아 있습니다.

그렇다고 그 개념들을 모두 100% 이해하고 숙지해야 하는 것은 아닙니다. PART 3에서 살펴본 선형회귀모형, PART 2에서 잠깐 등장한 의사결정나무 모형 등 똑똑한 사람들이 수많은 확률모형을 만들어 둔 덕에 우리는 편리하게 잘 활용하기만 하면 됩니다. 그렇지만 지금은 내실을 좀 더 다져야 할 때입니다. 더 복잡하고 정교하고 새로운 모형보다는, 오래됐지만 덜 어렵고 덜 까다로운 모형들을 더 잘 이해할 필요가 있죠. 그래서 PART 4에서는 지금까지 배운 내용들을 R이라고 하는 프로그램을 통해 살펴보려고 합니다. 지금까지 우리가 배운 개념들을 실제 데이터에 어떻게 적용하는지 살펴봅시다.

PART 4

데이터 분석 도구, R

81% 그것이 R고 싶다

일하러 갈 때는 꼭 알맞은 연장을 챙겨야 합니다! 마찬가지로 데이터를 살펴볼 때도 알맞은 도구가 필요합니다. 도구를 준비하는 방법은 아주 간단합니다. 그저 인터넷을 켜서 다운로드 버튼을 누르면 되거든요.

아무리 굉장한 디자인이라도 실제로 만들어 내지 못하면 소용이 없습니다. 통계는 데이터를 분석하기 위한 훌륭한 설계도이긴 하지만, 분석을 실행하고 결과를 만들기 위한 도구는 따로 있습니다. 손가락으로 10진법을 만들고 발가락을 더해 20진법을 만든 인류는, 주판으로 더 빨리 계산을 하고 전자식 계산기로 복잡한 계산도 쉽게 처리했습니다. 그리고 컴퓨터가 나왔고 마이크로소프트의 Excel과 같은 프로그램은 데이터를 간편하게 다루고 요약할 수 있게 만들었습니다. 똑같은 재료와 도구를 사용한다고 해서 똑같은 요리가 나오는 것은 아닙니다. 어떤 레시피로 요리하는가에 따라서 수많은 요리를 만들 수 있습니다. 물론 경험 많은 셰프는 더 아름다운 요리를 만들 수 있겠지만, 경험이 없는 사람도 레시피만 잘 따라 하면 꽤 근사한 결과를 만들어 낼 수 있습니다. 전문가의 레시피를 전수받기 위해서 우리가 매일 사용하는 컴퓨터, 노트북에 두 가지 프로그램을 설치하면 됩니다.

첫 번째는 'R'이라고 하는 분석 도구입니다. 많은 분석 프로그램이 있지만, R은 데이터를 불러와서 손질하고, 분석하는 것까지 한두 줄의 명령어로 끝낼 수 있다는 장점이 있습니다. 또한 훌륭한 분석가들이 만든 레시피, 알고리즘 역시 한두 줄의 명령어로 실행하고 결과를 확인할 수 있죠. 게다가 Excel과 달리 무료입니다.

두 번째는 'RStudio'입니다. 기능적으로는 거의 완벽한 R의 가장 큰 단점이 바로 손이 가지 않는 고전적 디자인인데요. RStudio는 이 단점을 커버한 훌륭한 케이스입니다. RStudio는 R을 조금 더 편하게 사용할 수 있도록 예쁜 디자인과 섬세한 기능들을 제공합니다.

데이터아트프로젝트(dataartproject.xyz)를 참고하시면 R과 RStudio 설치 파일 바로가기 링크로 더 편하게 프로그램을 설치하고 예제들을 살펴볼 수 있습니다.

85% R 시작하기

R 설치

먼저 cloud.r-project.org로 접속하세요. 좀 더 상세한 접속 경로를 살펴보려면 구글에서 "R"을 검색하면 "R: The R Project for Statistical Computing"이라는 페이지를 볼 수 있습니다(r-project.org). 이 페이지에서 R에 대한 정보를 찾아볼 수 있는데요, 여기서 좌측의 "CRAN" 혹은 중간의 "download R"을 클릭합니다.

그럼 전 세계의 수많은 서버 리스트가 출력됩니다. 그중에서 한국 서버를 선택해도 되지만, 편하게 리스트의 맨 처음에 있는 "cloud.r-project.org"를 클릭하겠습니다.

서버를 선택하면 설치 파일을 다운받는 화면이 뜹니다. 자신의 운영체제에 맞게 링크를 클릭합니다.

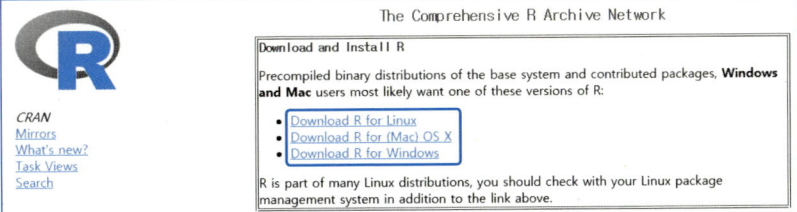

먼저 윈도우의 경우, 새로 뜬 웹페이지에서 "base"를 클릭한 다음 다운로드 페이지 상단에 있는 "Download R x.y.z for Windows"를 클릭합니다. 설치 파일을 다운받아 관리자 권한으로 실행한 후 설치 프로그램의 안내에 따라 "OK"와 "Next" 버튼을 번갈아 눌러 R을 설치합니다.

맥 OS 역시 새로 뜬 웹페이지 가운데에서 "R-x.y.z.pkg"라는 링크를 클릭해 설치 파일을 다운로드하고 실행합니다.

RStudio 설치

이번에는 R을 조금 더 편하고 효율적으로 사용하기 위해서 RStudio를 설치해봅시다. "RStudio.com"으로 접속하거나 구글에서 "RStudio"를 검색합니다.

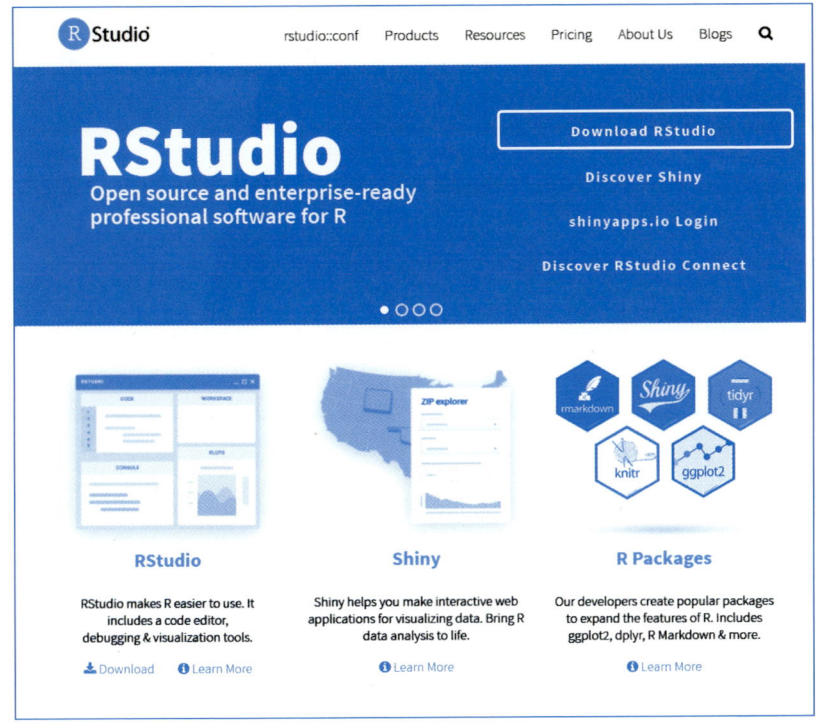

RStudio 웹페이지에서 "Download RStudio" 링크를 클릭합니다.

설치 페이지로 이동하면 RStudio의 라이선스에 대한 설명과 다양한 버전들을 볼 수 있습니다. 여기에서 첫 번째 "RStudio Desktop"의 아래쪽에 있는 "Download" 버튼을 클릭하거나 스크롤을 살짝 아래로 내리면 설치 파일을 다운받을 수 있습니다. 각자의 운영체제에 맞는 설치 파일을 다운받은 다음, 마찬가지로 설치 프로그램의 안내에 따라 "OK"와 "Next" 버튼을 번갈아 눌러 설치를 완료합니다.

	RStudio Desktop Open Source License	RStudio Desktop Commercial License	RStudio Server Open Source License	RStudio Server Pro Commercial License
	FREE	$995 per year	FREE	$9,995 per year
Integrated Tools for R	●	●	●	●
Priority Support		●		●
Access via Web Browser			●	●
Enterprise Security				●
Project Sharing				●
Manage Multiple R Sessions & Versions				●
Admin Dashboard				●
Load Balancing				●
License	AGPL	Commercial	AGPL	Commercial
Pricing	FREE	$995/yr	FREE	$9,995/yr
	DOWNLOAD	BUY NOW	DOWNLOAD	DOWNLOAD
	Learn More	Learn More	Learn More	Learn More

Have Questions?

TALK TO THE SALES TEAM

RStudio Desktop 1.0.136 — Release Notes

RStudio requires R 2.11.1+. If you don't already have R, download it here.

Installers for Supported Platforms

Installers	Size	Date	MD5
RStudio 1.0.136 - Windows Vista/7/8/10	81.9 MB	2016-12-21	93b31307f567c33f17a4db4c114099b3e
RStudio 1.0.136 - Mac OS X 10.6+ (64-bit)	71.2 MB	2016-12-21	12d5d6ade0203a21cef61e3deaB5c1ae
RStudio 1.0.136 - Ubuntu 12.04+/Debian 8+ (32-bit)	85.5 MB	2016-12-21	0a201fb89d8aaeb39b329a640ddadd2c5
RStudio 1.0.136 - Ubuntu 12.04+/Debian 8+ (64-bit)	92.1 MB	2016-12-21	2a73b68a12a91baf95251cecf8b41340
RStudio 1.0.136 - Fedora 19+/RedHat 7+/openSUSE 13.1+ (32-bit)	84.7 MB	2016-12-21	1a6179a7855b1f0f939a34c169da45fd
RStudio 1.0.136 - Fedora 19+/RedHat 7+/openSUSE 13.1+ (64-bit)	85.7 MB	2016-12-21	2b3a148ded380b704e5B496bef b55545

RStudio의 실행

두 개의 프로그램을 설치했지만, RStudio만 실행하면 됩니다. RStudio를 실행하면 R을 자동으로 불러오기 때문이죠. 설치된 프로그램 중에서 RStudio를 찾아서 실행합니다. R과 RStudio를 모두 설치했다면 다음과 같은 두 개의 아이콘을 볼 수 있습니다. 이 중 조금 투박하게 생긴 첫 번째 R 아이콘이 아니라 두 번째 RStudio 아이콘을 잘 찾아주세요.

여기서 한가지 주의해야 할 점은, 윈도우 사용자라면 반드시 RStudio 아이콘을 오른쪽 클릭하여 "관리자 권한으로 실행"해야 합니다. 왜냐하면, R이나 RStudio는 다양한 사람들이 다양한 목적으로 다양한 분석을 하기 때문에 필요한 모든 내용을 프로그램에 담지 않고 패키지package라는 형태로 별도로 파일을 다운받을 수 있도록 구성되어 있습니다. 바로 이 패키지를 설치하려면 관리자 권한이 반드시 필요하기 때문이죠(맥 OS는 관리자 권한으로 실행하지 않아도 패키지 설치가 가능합니다). RStudio를 실행했을 때 다음과 같은 화면이 보인다면 성공입니다.

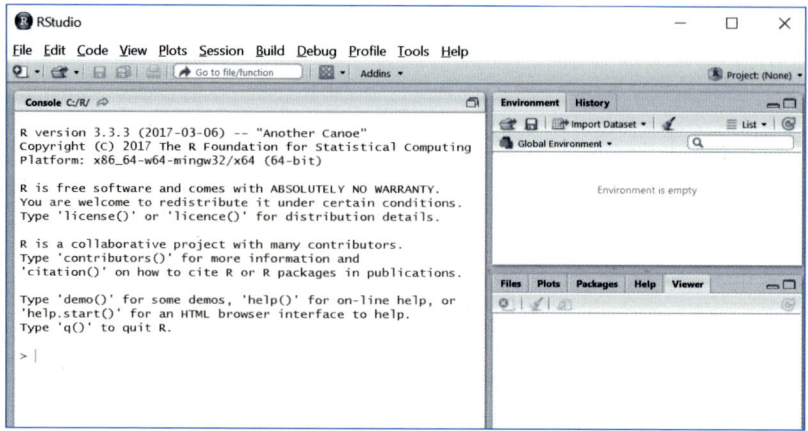

화면이 어떻게 구성되어 있는지 간단하게 설명하겠습니다. 자세한 설명은 조금 뒤로 미루고, 일단 명령어를 입력하고 진행 상황을 한눈에 볼 수 있는 스크립트 창을 열어야 합니다. 새 스크립트를 만들기 위해 화면 왼쪽 상단에 있는 첫 번째 아이콘을 클릭하거나 File 메뉴에서 "New File → R Script"를 클릭합니다.

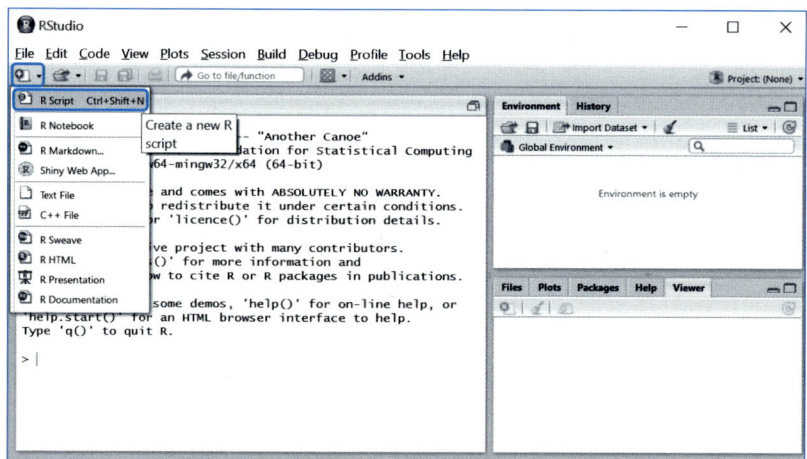

새 스크립트를 생성하면 다음 그림처럼 화면이 4개의 영역으로 나눠집니다.

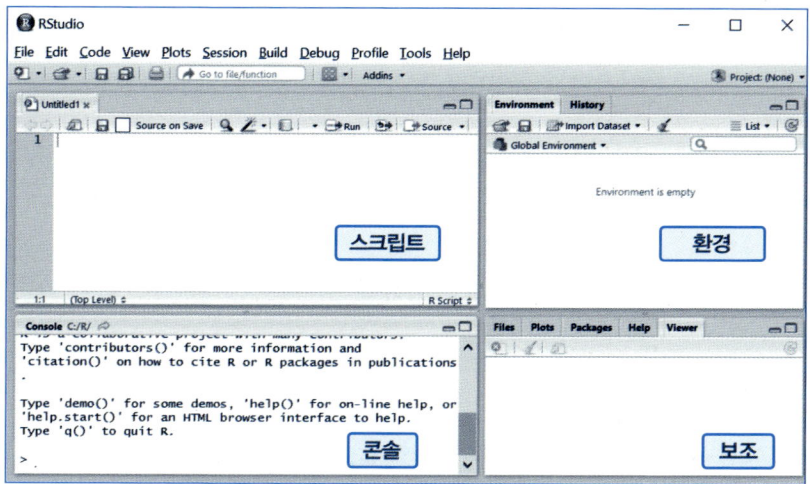

먼저 왼쪽 아래 화면은 콘솔창입니다. 윈도우의 명령 프롬프트나 맥 OS의 터미널처럼 입력칸을 보면 '>' 뒤로 커서가 깜빡이고 있습니다. 이곳에 명령어를 입력하면 실제로 컴퓨터가 필요한 작업을 하고 결과물을 보여줍니다. 그렇다면 스크립트를 어떻게 이용하는지 간단하게 살펴보겠습니다. 먼저 콘솔창을 클릭하고 "1+2"를 입력한 후 Enter 키를 눌러볼까요?

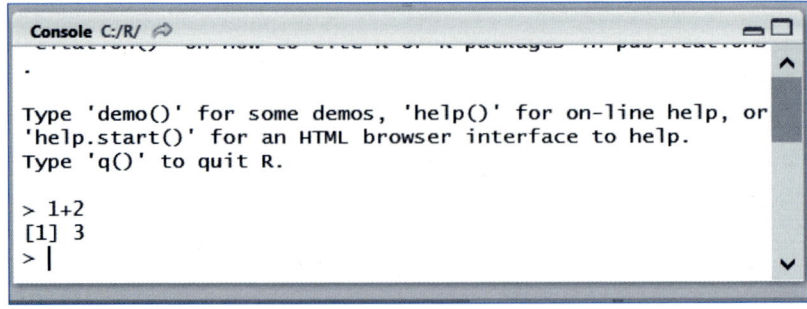

똑똑하게도 1+2라는 계산을 실행한 후 결괏값인 3을 보여줍니다. 복잡한 과정 없이 계산기를 쓰듯이 R에게 필요한 명령만 입력하면 됩니다. 이번에는 "x=1"을 입력하고 Enter 키를 눌러볼까요?

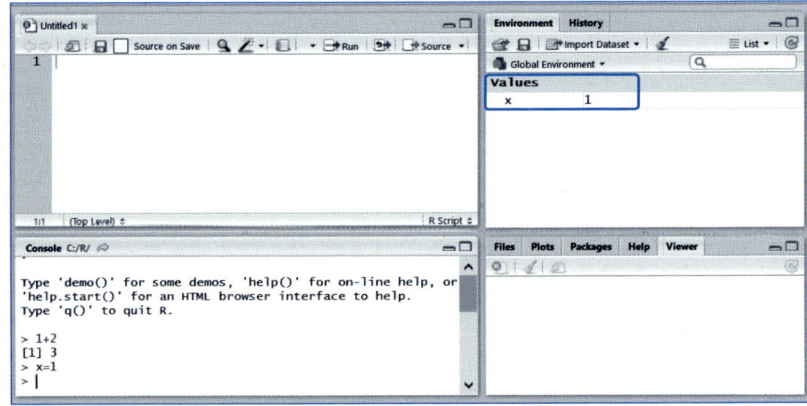

방금 전과는 달리 아무런 반응이 없습니다. 그런데 오른쪽 위, 환경창을 보면 작은 변화가 생겼습니다. "Values"라는 목록에 x가 추가되고 그 옆에 1이라는 값이 붙어있습니다. 우리가 방금 실행한 "x=1"이라는 명령은 "x"라는 이름으로 "1"이라는 값을 저장하라는 뜻이기 때문입니다.

R은 시킨 대로 일을 잘 한 것이죠. 이처럼 환경창에서는 데이터를 불러오거나 중간중간 결괏값들을 저장하면 환경창에서 그 목록과 간단한 내용을 확인할 수 있습니다.

하지만 매번 실행할 명령을 콘솔창에 직접 입력하는 것은 비효율적입니다. 입력 실수를 할 수도 있고, 어떤 명령들을 실행했는지 확인하는 것도 번거롭죠. 그래서 실행하고 싶은 명령어들을 왼쪽 위의 스크립트창에 미리 저장하고 필요할 때마다 실행할 수 있습니다. 말 그대로 R이 실행할 행동들이 적힌 대본인 것이죠. 오른쪽 아래에는 보조창이 있습니다. R을 통해 그린 그래프를 확인하고 도움말을 살펴보는 등 다양한 작업을 할 수 있습니다. RStudio에는 이외에도 다양한 기능들이 있지만, 우선 기본적인 기능들은 여기까지 살펴보고 자세한 기능들은 데이터아트프로젝트 웹 페이지(dataartproject.xyz)에서 살펴보세요.

90% 순서대로 살펴보는 BR31

아무리 R이 쉽고 편하다지만, 처음부터 복잡한 연산을 실행하기는 어렵습니다.
그래서 R을 처음 시작하는 분들을 위해 사칙연산부터 데이터의 부분을 선택하는 인덱스까지
기초적인 연산자와 함수들을 엄선한 31가지 기본적인 명령어, BR31(Basic R 31)을 소개합니다.

R을 사용하면 데이터 처리부터 요약, 다양한 분석 알고리즘을 적용하는 것까지 명령어 몇 줄로 간단하게 실행할 수 있습니다. 다만, 마우스가 아니라 키보드로 명령어를 입력해야 하는 낯선 환경에 적응하는 시간이 필요합니다. 그래서 아주 기본적인 명령어들부터 함께 살펴보려고 합니다. 아주 간단해 보여서 쉽게 넘어가버리기 일쑤지만, 나중에 등장할 복잡한 내용들이 결국 지금부터 살펴볼 명령어들의 조합이니 꼼꼼히 익히는 것이 중요합니다. 자, 그럼 RStudio를 실행하고 콘솔창에 명령어를 하나씩 입력하고 실행해봅시다.

데이터아트프로젝트 웹페이지(dataartproject.xyz)에서 미리 저장된 스크립트들을 다운받을 수 있습니다. 스크립트를 활용하면 직접 명령어를 입력하지 않고 저장된 명령어들을 실행할 수 있어서 편합니다.

사칙 연산자

컴퓨터가 수행하는 아주 작은 단위의 계산을 연산이라고 합니다. 우리에겐 더하기, 빼기, 곱하기, 나누기 이렇게 4가지 연산, 즉 사칙연산이

익숙합니다. 실생활에서 가장 많이 쓰이기도 하고요. R에서 숫자와 연산자 +, −, *, /를 활용해서 간단히 실행할 수 있습니다.

```
> 1+2
[1] 3

> 1-2
[1] -1

> 4*2
[1] 8

> 4/2
[1] 2

> (1+2)*4/2
[1] 6
```

콘솔창 입력칸에 이미 있는 " >"를 제외하고 계산할 부분만 입력한 후에 Enter 키를 누르면 됩니다. 아무리 복잡한 사칙연산이라도 손쉽게 결과를 만들어 냅니다. 결과 앞에 붙어있는 "[1]"은 "한 개의 결과가 있다"라는 의미입니다.

제곱, 몫과 나머지 연산자

이번에는 조금 복잡한 연산을 살펴볼까요? 먼저 "^"를 활용한 제곱입니다. "2^4"라고 입력하면 2를 4번 곱한 2의 4승, 2^4를 계산합니다. 16^(1/4)은 반대로 16의 네 제곱근, $16^{1/4}$을 계산합니다.

```
> 2^4
[1] 16

> 16^(1/4)
[1] 2
```

조금 특이하게 생긴 연산자가 있는데요, "%%"와 "%/%"입니다. "%/%"는 나누기에서 몫을 계산해주고 "%%"는 나머지를 계산해줍니다. 데이터를 순서대로 3개의 그룹으로 나누고 싶을 때 "%%3"을 사용할 수 있습니다.

```
> 16%/%3
[1] 5

> 16%%3
[1] 1
```

:으로 정수 수열 만들기

데이터를 정리하다 보면 1번부터 순서대로 번호를 매겨야 하는 경우가 많습니다. 이렇게 숫자를 여러 개 나열한 것을 수열이라고 하는데요, 이렇게 편한 도구 R을 두고 굳이 하나하나 숫자를 입력할 필요는 없습니다. ":"의 앞과 뒤에 시작과 끝을 입력하면 1씩 커지는 수열을 만들 수 있습니다. 거기에 앞에서 다룬 여러 가지 연산자를 조합하면 더욱 다양한 수열을 만들 수 있습니다.

```
> 2:10
[1] 2 3 4 5 6 7 8 9 10

> 1:5 * 2
[1] 2 4 6 8 10

> 1:10 %% 3
[1] 1 2 0 1 2 0 1 2 0 1
```

두 번째 수열을 보면 1부터 5까지 수열을 만들고 2를 곱해서 짝수 수열을 만들었습니다. 세 번째 수열은 나머지 연산자 "%%"를 활용해서 1부터 10까지 수열을 0, 1, 2라는 세 개의 그룹으로 나눴습니다.

seq( ) 함수로 수열 만들기

처음으로 함수가 나왔습니다. 영어 이름인 function이 더 익숙한 함수는, 연산자에 비해서 조금 더 복잡한 계산을 합니다. R의 함수들의 특징은 바로 소괄호 ( )를 사용한다는 것입니다. 소괄호 앞에 함수의 이름이 있고, 소괄호 안에는 함수에 필요한 속성들이 들어갑니다. 먼저 seq( ) 함수로 수열을 만들어보겠습니다. seq( )는 수열을 의미하는 영어 단어 "sequence"에서 세 글자를 따왔습니다. 이름 그대로 등차수열을 만들어주는 함수입니다.

```
> seq(from=1, to=15, by=5)
[1] 1 6 11
```

"from="이라는 속성에 수열이 시작하는 숫자를 넣고, "to="라는 속성에 수열이 끝나는 숫자를 넣습니다. 그리고 "by="라는 속성에 공차, 간격을 넣습니다. 첫 번째 예제는 1부터 15까지 5 간격의 수열을 만듭니다. 1부터 시작해서 1보다 5 큰 6이 만들어지고, 6보다 5 큰 11이 만들어집니다. 11보다 5 큰 수는 16인데, 수열이 끝나는 "to=" 속성을 15까지로 지정했으므로 1, 6, 11 세 개의 숫자가 출력됩니다.

일일이 속성 이름을 입력하는 일은 번거롭겠죠? 속성의 순서대로 값들을 입력할 때는 속성 이름을 생략해도 됩니다.

```
> seq(1, 15, 5)
[1] 1 6 11
```

만약 1부터 15까지 5등분하려면 "by=" 대신 또 다른 옵션, "length="을 사용하면 됩니다.

```
> seq(1, 15, length=5)
[1] 1.0 4.5 8.0 11.5 15.0
```

그러면 1과 15 사이에 3개의 숫자를 더 넣어서 5개의 숫자로 구성된 수열을 만들어줍니다. 이처럼 같은 함수라도 어떤 옵션을 쓰는가에 따라서 다른 결과가 나옵니다. 복잡하게 느낄 수도 있지만 사용자의 다양한 필요를 맞추기 위한 배려라고 볼 수 있죠.

R의 명령어는 대소문자를 구분합니다.

" ", ' '로 문자 입력하기

지금까지 사칙연산, 수열 등 숫자로만 가득한 데이터를 다루었습니다. 그러나 데이터 속에 숫자만 있는 것은 아닙니다. 예를 들어, 성별이라는 변수가 있다면 "남"과 "여"라는 문자가 필요합니다. 숫자를 나열한 것을 수열이라고 부르듯이 문자를 나열한 것을 문자열이라고 합니다. 문자열을 입력할 때는 따옴표로 묶어줍니다. 큰따옴표(" ")와 작은따옴표(' ') 중에서 편한 것을 사용하면 됩니다.

```
> "A"
[1] "A"

> A
Error: object 'A' not found

> "한글"
[1] "한글"
```

R에게 "A"라고 명령을 하면 딱히 우리가 명령한 것이 없기 때문에 입력한 그대로 "A"를 되돌려 줍니다. 만약 따옴표 없이 A를 입력하면 어떻게 될까요? 따옴표 없이 문자열을 입력하면 R은 A라는 이름을 가진 객체^{object}, 데이터를 찾습니다. 그리고 A라는 객체를 만들어 놓지 않았다면 오류 메시지가 뜹니다. 물론 문자열을 사용할 때 한글을 사용해도 문제는 없습니다.

PART 4 데이터분석도구, R ——— 249

c( ) 함수로 값 나열하기

하나의 값이 아니라 여러 개의 값을 나열하고 싶을 때는 c( ) 함수 속에 값들을 콤마(,)로 구분해서 나열하면 됩니다. 문자들을 나열할 때도 사용할 수 있고 seq( )와 같은 규칙적인 수열 말고 내 마음대로 숫자를 나열하고 싶을 때도 사용할 수 있습니다. 함수 이름 c는 영어 단어 "concatenate"에서 왔다고 하지만, 우리에게 조금 더 쉬운 단어 "combine"으로 기억하면 편합니다.

```
> c("A", "Z", "C")
[1] "A" "Z" "C"

> c(2017, 2019, 2020)
[1] 2017 2019 2020
```

첫 번째 예제처럼 문자를 입력할 때는 문자마다 앞뒤로 큰따옴표 또는 작은따옴표로 감싸야 하지만, 숫자를 입력할 때는 두 번째 예제처럼 따옴표를 생략해도 그대로 출력됩니다.

rep( ) 함수로 값 반복하기

똑같은 값을 여러 번 반복해야 할 때 Ctrl+C/V로 복사, 붙여넣기를 하듯이 R의 rep( ) 함수를 활용하면 똑같은 숫자나 문자를 여러 번 입력할 필요 없이 훨씬 더 간단하게 반복^{repeat}할 수 있습니다. rep( ) 함수가 실행되기 위해서는 두 가지 값이 필요합니다. 콤마를 기준으로 앞에는 반복할 값, 뒤에는 반복 횟수가 들어갑니다.

```
> rep(10, 3)
[1] 10 10 10

> rep(c('A', 'B'), 3)
[1] "A" "B" "A" "B" "A" "B"
```

첫 번째 명령어는 10을 3번 반복하라는 의미입니다. 두 번째는 반복할 값이 하나가 아니라 "A"와 "B" 2개의 값을 가진 문자열이고 반복 횟수는 3입니다. 그래서 문자열을 세 번 반복한 결과를 줍니다.

그렇지만 우리는 문자열 자체를 여러 번 반복하기보다는, 각각의 값을 특정 횟수만큼 반복해서 사용할 때가 많습니다. 이럴 경우 각각의 값을 반복할 횟수를 수열로 넣어주면, 순서대로 "A"를 3번, "B"를 2번 반복한 결과를 보여줍니다.

```
> rep(c('A', 'B'), c(3, 2))
[1] "A" "A" "A" "B" "B"
```

paste( ) 함수로 문자 붙이기

다시 문자를 다뤄보겠습니다. paste( ) 함수를 사용하면 문자와 숫자 등을 붙여서 새로운 문자를 만들 수 있습니다. paste( ) 함수 안에 붙이고 싶은 값들을 콤마로 구분해서 넣어주면 됩니다.

```
> paste("A", "+", 1, "등급")
[1] "A + 1 등급"

> paste("2학년", c("1반", "2반", "3반"), sep = "-")
[1] "2학년-1반" "2학년-2반" "2학년-3반"
```

출력 결과를 보면 "A", "+", "1", "등급"이라는 4개의 값이 붙어서 "A + 1 등급"이라는 하나의 문자로 출력된 것을 확인할 수 있습니다. 기본적으로 paste( ) 함수는 붙인 값들 사이에 공백을 넣는데, "sep=" 옵션을 사용하면 공백 대신 다른 문자를 넣을 수 있습니다. 만약 공백 없이 값들을 붙이고 싶을 때는 "sep=""" 옵션을 추가해서 사용해도 되지만, 편의상 paste0( ) 함수를 사용할 수도 있습니다.

```
> paste(1:4, "학기", sep="")
[1] "1학기" "2학기" "3학기" "4학기"

> paste0(1:4, "학기")
[1] "1학기" "2학기" "3학기" "4학기"
```

대부분의 경우 값들을 붙일 때 공백 없이 붙이기 때문에 사용자의 편의를 고려해서 공백이 없는(0) paste 함수를 paste0이라는 이름으로 따로 만들어 둔 것이죠.

substr( ) 함수로 글자 부분 선택하기

paste( ) 함수가 글자를 붙였다면 substr( ) 함수는 글자^{string}에서 부분$^{sub-}$을 선택할 때 사용합니다. 함수 안에는 첫 번째로 원본 글자가 들어가고 두 번째가 시작 위치, 세 번째가 끝 위치를 의미합니다.

```
> substr("ABCDEFGHIJKLMNOPQRSTUVWXYZ", 10, 13)
[1] "JKLM"

> substr("가A나B다C", 3, 4)
[1] "나B"
```

첫 번째 예제는 26개의 알파벳 중에서 10번째부터 13번째 알파벳을 선택하는 명령어로, 정확히 10~13번째에 해당하는 "JKLM"이라는 4글자가 선택되었습니다. 두 번째 예제를 살펴보면, 한글과 알파벳 모두 한 글자로 인식하는 것을 알 수 있습니다.

=으로 값 저장하기

우리는 복잡한 분석 과정을 모두 기억할 수가 없습니다. 그래서 중간 과정이나 중요한 값들을 저장해 놓고 필요할 때마다 불러서 사용합니다. 이때 가장 간편한 방법이 바로 =을 사용하는 것입니다. =의 뒤에는 우리가 저장하고 싶은 내용이 들어오고, 앞에는 그 내용을 저장할 이름을 지정합니다. 이름을 지정해야 나중에 필요할 때 찾기가 쉽기 때문입니다.

```
> x=1
>
> x
[1] 1

> x = c("A", "D")
> x
[1] "A" "D"

> y = rep(x, 2)
> y
[1] "A" "D" "A" "D"
```

첫 번째 예제에서 "x=1"은 "x"라는 이름으로 값 1을 저장하겠다는 뜻입니다. 그래서 앞서 살펴본 예제들과는 달리 즉각 출력되는 결과가 없습니다. 대신 이후 콘솔창에 x를 입력하면 저장되어 있는 값 1이 출력됩니다. 만약 똑같은 이름으로 새로운 값을 저장하면 기존의 값은 사라지고 새 값으로 업데이트됩니다. 저장된 값은 필요할 때마다 불러와 쓸 수 있습니다. 한가지 주의할 점은 = 앞에 붙는 문자는 값이 아닌 이름이기 때문에 따옴표가 붙지 않고, 숫자로 시작할 수도 없습니다.

부등호(>, <)와 등호(==, !=)로 논리연산하기

논리연산은 데이터 분석에서 정말 중요한 역할을 합니다. 단어가 어렵게 느껴질 수 있지만, 생각보다 간단합니다. 결과가 참^{TRUE} 혹은 거짓 $_{FALSE}$으로 나뉘는 연산들을 묶어서 논리연산이라고 합니다. 대표적인 논리연산이 부등호와 등호를 활용한 논리연산입니다. 단, 사람들이 부등호를 인식하는 방식과 R이 인식하는 방식에는 차이가 있습니다. 예를 들어, "3>0"을 보면, 사람들은 "3이 0보다 크다"라고 인식하지만, R은 "3이 0보다 큰지 판단하라"라는 명령어로 받아들입니다. 즉, 콘솔창에 "3>0"을 입력하면, R에게 "3이 0보다 크냐?"고 물어보는 것과 같습니다.

```
> 3>0
[1] TRUE

> 3<0
[1] FALSE
```

>, <, =을 조합해서 초과, 이상, 미만, 이하를 판단할 수 있습니다. 연산자 앞뒤의 값이 같은지 궁금할 때는 등호를 이어 붙인 ==를 사용합니다. 등호를 하나만 사용하는 것은 더 중요한 상황인 값을 저장할 때 쓰이므로 두 개를 붙여 사용합니다. 연산자 앞뒤의 값이 다른지를 판단할 때에는 등호 앞에 !를 붙여서 표현합니다.

```
> 3==0
[1] FALSE

> 3!=0
[1] TRUE
```

예제를 보면 각각 3과 0이 같은지, 다른지를 물었기 때문에 FALSE와 TRUE 값을 출력하는 것을 볼 수 있습니다. 단, 반드시 두 개의 값을 비교를 할 필요는 없습니다. 다음 예제처럼 1부터 5까지의 수열과 3을 비교하면, 수열의 각 숫자에 대한 논리연산 결과를 출력해줍니다.

```
> 1:5 >= 3
[1] FALSE FALSE TRUE TRUE TRUE

> y = 1:5 >= 3
> y
[1] FALSE FALSE TRUE TRUE TRUE

> y+1
[1] 1 1 2 2 2
```

논리연산의 결과인 TRUE와 FALSE는 단순한 문자가 아닙니다. TRUE는 숫자 1, FALSE는 숫자 0과 같기 때문에 사칙연산도 적용할 수 있습니다. 마지막 예제를 보면, 저장된 y의 두 FALSE 값은 0과 같으므로 1을 더해 1이 되고, 세 TRUE 값은 1에 해당하므로 1을 더해 2로 출력되는 것을 확인할 수 있습니다.

%in%로 논리연산하기

앞서 살펴본 부등호와 등호를 활용한 논리연산으로는 설명하기가 까다로운 상황들이 많습니다. 예를 들어서 1부터 10까지 10개의 숫자들이 3인지, 7인지 또는 9인지를 판단하는 논리연산은 상당히 까다롭습니다. 하지만 %in% 연산자를 활용하면 손쉽게 확인할 수 있습니다. %in% 연산자 앞에는 논리연산을 실행할 대상이 오고 뒤에는 나열된 값이 옵니다. 각각의 대상이 뒤에 있는 나열된 값에 포함ⁱⁿ되어 있으면 TRUE, 그렇지 않으면 FALSE를 출력합니다.

```
> v1 = 1:10
> v1 %in% c(3, 7, 9)
[1] FALSE FALSE  TRUE FALSE FALSE FALSE  TRUE FALSE  TRUE FALSE
```

먼저 1부터 10까지 10개 숫자를 v1이라는 이름으로 저장합니다. 그리고 v1에 들어있는 1부터 10까지 각각의 숫자에 대해서 3, 7, 9에 포함이 되는지 아닌지를 판단합니다. 앞에서 살펴본 부등호와 등호를 활용한 논리연산이 다대일의 관계였다면, 이번에는 다대다의 관계입니다. 당연히 3, 7, 9번째 결과는 TRUE이고 나머지는 FALSE입니다. 그렇다면 이번에는 문자열 10개를 저장한 v2를 이용해 논리연산을 살펴볼까요?

```
> v2 = c("서울", "인천", "부산", "경기", "강원", "대전", "대구", "제주", "광주", "울산")
> v2 %in% c("부산", "대구")
[1] FALSE FALSE  TRUE FALSE FALSE FALSE  TRUE FALSE FALSE FALSE
```

v2가 가진 10개의 지역 정보에 "부산" 혹은 "대구"가 포함되어 있는지를 묻는 논리연산입니다. 역시 10개의 값 중에서 2개의 값만 TRUE이고 나머지는 FALSE인 것을 확인할 수 있습니다.

&(AND)와 |(OR)로 다양한 논리연산하기

데이터 분석에 필요한 조건을 하나의 논리연산으로 표현하는 것은 불가능할 수 있습니다. 때로는 여러 개의 논리연산을 묶어서 활용할 수 있습니다. 두 개의 논리연산을 묶는 데에는 2가지 방법이 있습니다. 첫 번째는 AND 조건을 써서 두 조건을 모두 충족하는 값만 찾아내는 것이고, 두 번째는 OR 조건을 써서 두 조건 중에서 하나라도 충족하는 값을 찾아내는 것이죠.

> (v1 %in% c(3, 7, 9)) & (v2 %in% c("부산", "대구"))
[1] FALSE FALSE TRUE FALSE FALSE FALSE TRUE FALSE FALSE FALSE

> (v1 %in% c(3, 7, 9)) | (v2 %in% c("부산", "대구"))
[1] FALSE FALSE TRUE FALSE FALSE FALSE TRUE FALSE TRUE FALSE

앞서 살펴본 조건문을 활용했습니다. 첫 번째 예제에서는 &를 써서 AND 조건을 만들었습니다. 각각의 조건문은 10개의 결과를 만드는데, AND 조건에서는 2개의 조건을 모두 충족해야만 TRUE가 됩니다. 그래서 3, 7번째 값은 TRUE이지만 한쪽만 TRUE의 값을 가진 9번째 값은 FALSE입니다. 반면 |를 사용한 OR 조건에서는 2개의 조건 중 하나라도 충족하면 TRUE가 됩니다. 그래서 3, 7번째 값뿐만 아니라 9번째 값도 TRUE로 출력된 것을 확인할 수 있습니다.

cbind( ) / rbind( ) 함수로 열/행 결합하기

통계학에서는 데이터를 행렬^{matrix}이라고 표현하기도 합니다. Excel을 실행해보면 가로줄과 세로줄이 만나서 수많은 격자를 만드는데, 가로줄을 행^{row}, 세로줄을 열^{column}이라고 합니다. 이는 앞서 살펴본 변수와 관측치의 배열과도 유사합니다. 예를 들어, 30명의 키와 몸무게를 측정한 정보가 있다면, 30명의 사람을 나열한 한 줄의 행과 키, 몸무게가 한 줄씩 차지하는 2개의 열로 데이터를 정리할 수 있습니다. 즉, 행은 관측치, 열은 변수를 의미합니다. 이 행렬과 관련된 함수들이 있습니다. 먼저 결합과 관련된 함수를 살펴봅시다.

```
> rbind(c("A", "B", "C"), c("x", "y", "z"))
     [,1] [,2] [,3]
[1,] "A"  "B"  "C"
[2,] "x"  "y"  "z"

> cbind(c("A", "B", "C"), c("x", "y", "z"))
     [,1] [,2]
[1,] "A"  "x"
[2,] "B"  "y"
[3,] "C"  "z"
```

두 예제 모두 "A", "B", "C"와 "x", "y", "z"를 결합하지만, 방향이 다릅니다. rbind( )는 행row을 결합bind해서 마치 관측치를 추가하는 것과 같고, cbind( )는 열을 결합해서 변수를 추가하는 것과 같습니다. 두 번째 cbind( )의 결과를 보면 행이 3개, 열이 2개입니다. 이를 '행렬의 크기'라고 부릅니다.

눈썰미가 좋은 분이라면 눈치채셨겠지만, 지금까지 살펴본 콘솔창 출력 화면과는 다른 부분이 있습니다. 바로 대괄호 [ ]입니다. 대괄호의 쓰임새에 대해서는 바로 다음 내용에서 살펴봅시다.

[ ]로 부분 선택하기

길이가 긴 수열을 출력해보면 출력 결과에 [1] 외에도 [2], [3], … 등 다른 대괄호 숫자가 보입니다. 대괄호는 대괄호 옆에 있는 숫자가 몇 번째 숫자인지를 알려줍니다.

콘솔창의 크기에 따라서 대괄호 속 숫자는 다를 수 있습니다.

```
> 1:40
 [1]  1  2  3  4  5  6  7  8  9 10 11 12 13
[14] 14 15 16 17 18 19 20 21 22 23 24 25 26
[27] 27 28 29 30 31 32 33 34 35 36 37 38 39
[40] 40
```

 출력 결과에서 두 번째 줄을 보면 숫자 14 앞에 [14]가 붙어있는 것을 볼 수 있습니다. 이것은 14가 수열에서 14번째라는 것을 말해줍니다. 물론 15는 15번째 숫자이므로 [15]가 붙어있어야 하겠지만, 결과가 복잡하게 보일 수 있으므로 생략한 것입니다. 이 대괄호는 단순히 값들의 순서를 보여주기 위한 것은 아닙니다. 대괄호를 활용하면 특정한 순서의 관측치를 선택할 수 있습니다.

```
> x = 1:20 * 2 - 1
> x [ c(1,13,19) ]
[1] 1 25 37
```

 x에 1부터 39까지 20개의 홀수를 저장한 다음, 대괄호 안에 1과 13, 19를 c( ) 함수로 묶어 넣었습니다. 즉, 20개의 홀수 중에서 1번째, 13번째, 19번째 값을 선택한 것이죠. 그래서 결과로 1, 25, 37이라는 3개의 홀수가 출력된 것을 볼 수 있습니다.

```
> xy = rbind( 1:3, 7:9)
> xy
     [,1] [,2] [,3]
[1,]  1    2    3
[2,]  7    8    9

> xy[2,]
     [,1] [,2] [,3]
[1,]  7    8    9
```

이번 예제는 조금 더 복잡합니다. rbind( )를 이용해 6개의 값으로 행이 2개, 열이 3개인 행렬을 만들었습니다. 각각의 행 앞에는 [행 번호,]가 붙어 있는데 행 번호를 활용하면 일부 행만 선택할 수 있습니다. 원래 객체 이름 뒤에 대괄호를 붙이면 됩니다. 예를 들어, xy[2,]를 실행하면 "xy에서 2번째 행만 선택하라"라는 명령이기 때문에 7, 8, 9가 출력됩니다. 부분만 선택을 했기 때문에 결과에서 행 번호는 [1,]로 바뀝니다.

```
> xy[,c(1,3)]
     [,1] [,2]
[1,]  1    3
[2,]  7    9

> xy[,-2]
     [,1] [,2]
[1,]  1    3
[2,]  7    9

> xy[2,3]
```

마찬가지로 각각의 열 위에는 [,열번호]가 붙어있습니다. 이것을 활용하면 필요한 열만 선택을 할 수 있습니다. 굳이 하나의 열만 선택할 필요는 없습니다. 앞서 배운 수열을 마음대로 활용해서 여러 열을 한꺼번에 불러올 수 있습니다. xy[,c(1,3)]을 실행하면 1, 3번째 열을 선택할 수 있습니다. 2번째 열을 제외한 나머지를 의미하는 xy[,-2]를 선택해도 됩니다.

대괄호를 활용해서 데이터의 부분을 표현하는 것을 **인덱스**라고 합니다. xy는 행과 열을 가진 2차원 데이터이므로 대괄호 속에 콤마를 사용해서 앞은 행, 뒤는 열로 구분했습니다. 지금까지 예제에서는 대괄호 인덱스의 한쪽이 비어 있었습니다. 비어 있으면 전체를 의미합니다. 그래서 [1,]는 1행 전체, [,2]는 2열 전체를 의미하죠. 두 군데 모두 숫자를 채우면 그 위치에 있는 값을 선택할 수 있습니다. 예를 들어, xy[2,3]은 2행 3열에 있는 값이라는 뜻이고 9가 출력됩니다.

read.csv( ) 함수로 csv 파일 불러오기

R에는 데이터를 분석하기 위해 수많은 연산자와 함수가 준비되어 있습니다. 하지만 데이터는 우리가 직접 만들거나 R로 가지고 와야 합니다. 데이터 파일을 불러오려면 불러올 파일 이름과 저장된 형식을 알아야 합니다. 일반적으로 파일 이름은 "name.ooo"와 같이 구성됩니다. 정확히는 "name" 부분이 파일 이름이고 ".ooo"부분이 형식에 따라 정해지는 확장자 이름이죠. 구글 번역기를 사용하려면 입력된 언어의 종류를 선택해야 하듯이 파일을 불러올 때는 확장자를 잘 선택해야 합니다. 확장자에 따라서 파일의 형식이 결정되고 조금씩 다른 함수를 사용하기 때문이죠. 그러나 함수 여러 개를 익히는 것보다는 파일 확장자를 하나

로 통일하는 게 더 편합니다. 여러 데이터 형식 중에서도 많은 분석 프로그램이 널리 사용하는 csv 형식이 좋습니다. csv 확장자는 "Comma Separated Value"의 앞 글자에서 따온 것으로, 말 그대로 한 줄에 여러 개의 값을 콤마로 구분해서 넣어 두는 파일 형식을 가리킵니다. Excel을 사용하는 사람은 csv 파일이 마치 Excel의 저장 형식 중 하나인 것으로 오해할 수도 있지만, csv 파일은 대부분의 분석 도구는 물론, 심지어 메모장에서도 열 수 있는 대중적인 파일 형식입니다.

자, 그럼 csv 파일을 불러오겠습니다. csv 파일은 read.csv( ) 함수를 사용해 불러올 수 있습니다. 함수 안에 파일의 경로(위치)와 이름을 적어주면 됩니다.

만약 sample1.csv라는 파일이 없는 상태에서 불러오기 명령을 실행하면 당연히 오류가 뜹니다. 없는 파일을 불러올 수는 없겠죠. 모든 예제 파일은 dataartproject.xyz에서 다운받을 수 있습니다.

```
> read.csv("c:/R/sample1.csv")
> read.csv("~/R/sample1.csv")
     Gender Salary
1      M      100
2      M      200
3      F      300
4      M      400
5      F      500
```

조금 특이한 것은 경로를 구분할 때 ₩(혹은 \)를 사용하지 않고 /(slash)를 사용한다는 점입니다. read.csv('c:/R/sample1.csv')는 윈도우 운영체제를 기준으로 "내 컴퓨터 → C 드라이브 → R 폴더 → sample1.csv"라는 csv 파일을 불러오라는 명령입니다. 맥 운영체제에서 read.csv("~/R/ sample1.csv")를 실행하면 "홈 디렉터리 → R 폴더 → sample1.csv" 파일을 불러올 수 있습니다. 운영체제에 맞게 경로를 지정하면 됩니다.

그러나 매번 파일의 경로를 지정하는 것도 참 번거로운 일입니다. 이럴 때는 작업 폴더 Working directory를 지정하면 편합니다. 매번 파일을 불러올 폴더를 하나로 지정해 두는 거죠. RStudio의 상단 메뉴에서 "Session → Set Working Directory → Choose Directory"를 선택하면 작업 폴더를 선택할 수 있는 창이 뜹니다. 이 창에서 데이터가 들어 있는 폴더를 선택하면 됩니다.

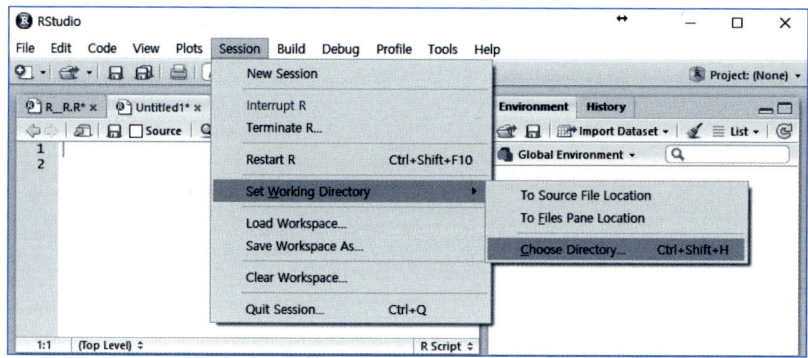

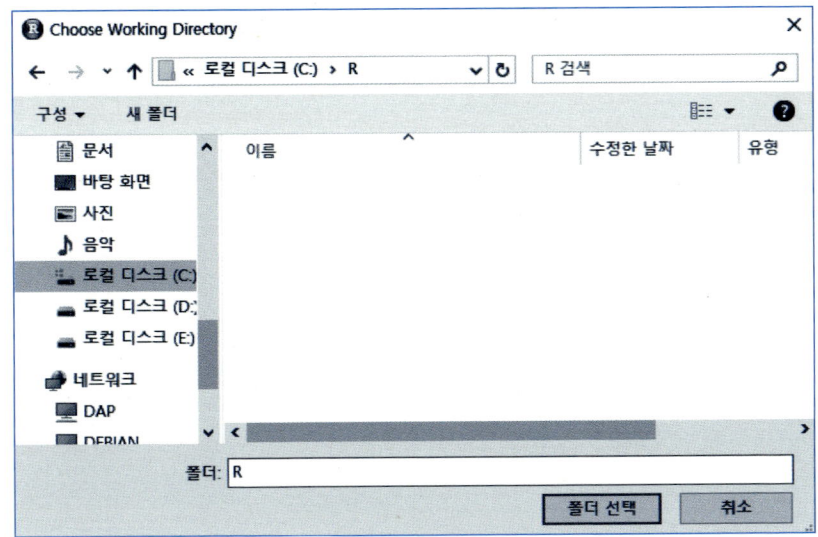

단축키 Ctrl + Shift + H를 사용해도 되고, 콘솔창에서 확인할 수 있듯이 setwd("C:/R")과 같이 함수로도 작업 폴더를 지정할 수 있습니다. 작업 폴더가 지정되면 콘솔창 상단에서 작업 폴더 위치를 확인할 수 있습니다.

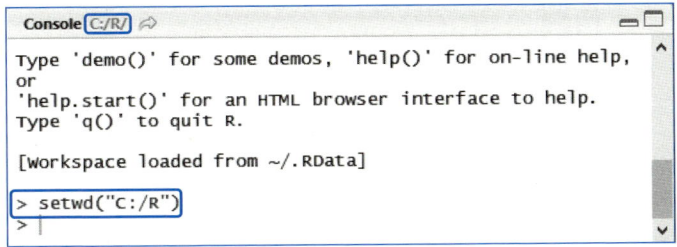

원하는 경로로 작업 폴더를 지정해 두었다면, 이제 파일 이름만 사용해서 데이터를 불러올 수 있습니다. read.csv( )만 실행하면 콘솔창에 데이터를 출력해서 보여주기만 하니까 =을 활용해서 데이터를 저장합니

다. 저장할 이름은 굳이 원본 데이터와 같을 필요는 없으니 원하는 대로 지정합니다. 한 번 저장한 이후에는 필요할 때마다 불러와 쓸 수 있습니다.

```
> data1 = read.csv("sample1.csv")
> data1
    Gender  Salary
1   M       100
2   M       200
3   F       300
4   M       400
5   F       500
```

우리가 불러온 데이터는 5개의 관측치가 있고 2개의 변수가 있습니다. 첫 번째 변수의 이름은 "Gender", 두 번째 변수의 이름은 "Salary"네요.

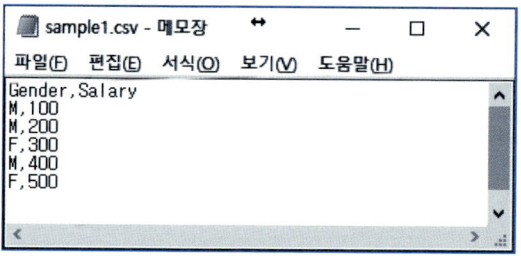

윈도우의 메모장에서 sample1.csv 파일을 열어 보면 첫 줄에 변수 이름이 저장되어 있는 것을 확인할 수 있습니다. 대부분의 데이터는 이렇게 첫 번째 행에 변수 이름이 들어와 있지만, 일부 데이터는 sample2.csv와 같이 변수 이름 없이 바로 관측치가 나올 때도 있습니다.

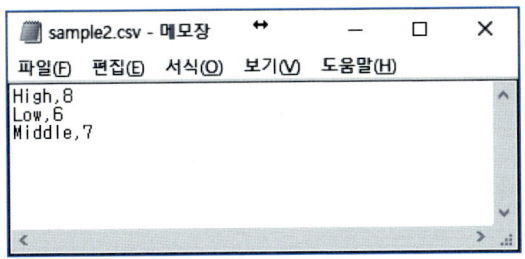

read.csv( ) 함수는 "header=TRUE" 값을 기본값 Default 으로 사용하기 때문에 첫 행을 변수 이름으로 사용합니다. 그래서 이럴 때는 read.csv( ) 안에 "header=FALSE"라는 옵션을 추가하면 됩니다. 그럼 변수 이름은 자동으로 V1, V2로 지정되고, 첫 번째 행부터 바로 관측치로 입력됩니다.

```
> read.csv('sample2.csv', header=FALSE)
      V1      V2
1   High      8
2   Low       6
3   Middle    7
```

head( ) 함수로 관측치 확인하기

subway.csv 파일은 서울 지하철 1~4호선의 승하차 인원 정보를 일별, 시간대별로 정리한 데이터입니다. 데이터를 불러오고 난 다음에는 데이터가 잘 입력되었는지 확인을 해야 하는데, 전체 데이터를 일일이 살펴보는 것은 비효율적입니다. 바로 이럴 때 head( ) 함수를 사용하면 앞에서부터 6개의 관측치를 확인할 수 있습니다.

```
> subway = read.csv("subway.csv")
> head(subway)
```

```
Console C:/Users/imkdoug/OneDrive/Writing/
> head(subway)
     역명       날짜     구분  X05.06시 X06.07시 X07.08시 X08.09시 X09.10시 X10.11시 X11.12시 X12.13시 X13.14시
1 서울역(150) 2016-12-01 승차    411     552    1792    3429    2737    2430    3161    3433    3364
2 서울역(150) 2016-12-01 하차    280    1680    4629   10313    5586    2920    2673    2506    2393
3 서울역(150) 2016-12-02 승차    434     520    1695    3456    2848    2568    3398    3926    3405
4 서울역(150) 2016-12-02 하차    255    1609    4504   10225    5322    3050    2435    3037    3103
5 서울역(150) 2016-12-03 승차    543     467     982    2080    3000    3077    4340    5121    4781
6 서울역(150) 2016-12-03 하차    260    1355    1853    2337    3223    3218    3230    3997    4507
  X14.15시 X15.16시 X16.17시 X17.18시 X18.19시 X19.20시 X20.21시 X21.22시 X22.23시 X23.24시 X00.01시 X01.02시
1    2767    3822    4143    4984    9393    5217    3492    3978    2742    1380     198       0
2    2648    2535    2905    3084    3715    2723    1794    1657    1533     761     373      32
3    2876    5175    5180    6141   10682    6169    4169    4479    4554    1794     443       0
4    2888    3391    3692    3545    5575    3389    2141    2076    1928    1074     547      64
5    4335    6565    8023    6418    6575    4904    4742    4683    4654    1697     228       0
6    4910    5323    5384    6014    5494    3803    3440    3771    3317    1642     837     131
>
```

데이터 출처: 공공데이터포털(data.go.kr)

    subway 데이터에는 총 7,378개의 관측치가 있는데, head( ) 함수를 사용하면 그중 제일 앞 6개의 관측치를 확인할 수 있습니다. 24개의 변수가 있어서 출력할 내용이 너무 많기 때문에 두 줄로 나눠져 있는 것이 보입니다. 첫 번째 변수는 역명, 두 번째 변수는 날짜, 세 번째 변수는 승차와 하차 그리고 네 번째부터는 1시간 단위로 21개의 시간대입니다. 시간대를 나타낸 네 번째부터의 변수 이름들을 보면 "X05.06"과 같은 형태인 것을 볼 수 있습니다. 원본 csv 파일에서는 변수 이름이 "05~06시"였지만, 변수 이름은 숫자로 시작할 수 없기 때문에 앞에 X가 붙었고, 특수문자인 ~는 마침표로 바뀌었습니다.

    행 번호가 1이라고 적힌 첫 번째 관측치를 살펴보면 2016년 12월 1일 서울역에서의 승차 정보를 가지고 있습니다. 5~6시에 승차한 사람 수는 411명, 14~15시에 승차한 사람의 수는 2,767명이라는 것을 말해줍니다.

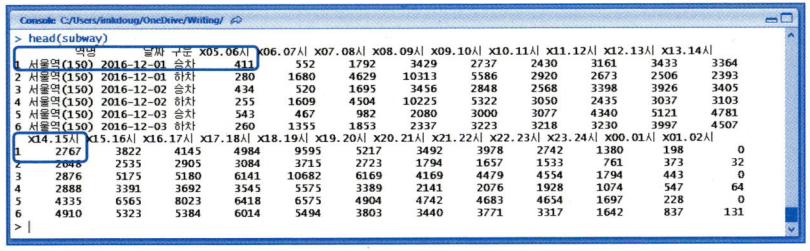

이렇게 head( ) 함수를 활용하면 R이 데이터를 정상적으로 불러왔는지 확인할 수 있을 뿐만 아니라 불러온 데이터의 특징도 간단하게 살펴볼 수 있습니다.

names( ) 함수로 변수 이름 확인하고 바꾸기

대부분 데이터 분석은 변수 단위로 이뤄집니다. 예를 들면, "키 변수를 가져와서 m 단위로 바꾸고, 평균을 구하자!" 같은 식이죠. 그럼 R에게 어떤 변수를 사용할지를 명확히 말해줘야 합니다. 그래서 먼저 R로 불러온 데이터에서 변수들이 실제로 어떤 이름으로 저장되어 있는지 살펴볼 필요가 있습니다. names( ) 함수를 쓰면 데이터에서 변수 이름만 떼어서 살펴볼 수 있습니다.

> names(subway)
 [1]   "역명"   "날짜"   "구분"   "X05.06시" "X06.07시" "X07.08시"
 [7] "X08.09시" "X09.10시" "X10.11시" "X11.12시" "X12.13시" "X13.14시"
[13] "X14.15시" "X15.16시" "X16.17시" "X17.18시" "X18.19시" "X19.20시"
[19] "X20.21시" "X21.22시" "X22.23시" "X23.24시" "X00.01시" "X01.02시"

대개 편의상 변수 이름은 영어로 지정을 합니다. 그리고 의미가 통한다면 짧을수록 활용하기가 편하죠. 원본 데이터의 변수 이름을 그대로 사용할 필요도 없습니다. names( ) 함수와 =을 활용해서 24개의 변수 이름을 바꾸려고 합니다. 첫 번째 변수의 이름은 "Station", 두 번째는 "Date", 세 번째는 "InOut"으로 바꾸고, 시간대를 나타내는 네 번째 이후의 모든 변수는 paste0( ) 함수를 사용해서 "H"에다가 숫자를 붙여서 표현했습니다. 그리고 이 값들을 모두 c( ) 함수로 묶은 다음 =을 활용해서 names(subway)에 저장을 했습니다. 그런 다음 다시 names( ) 함수로 데이터 안의 변수 이름을 확인해보면 깔끔하게 잘 수정된 것을 확인할 수 있습니다.

```
> names(subway) = c("Station","Date","InOut", paste0("H", 5:25))
> names(subway)
 [1]  "Station"   "Date"      "InOut"   "H5"    "H6"    "H7"
 [7]  "H8"        "H9"        "H10"     "H11"   "H12"   "H13"
[13]  "H14"       "H15"       "H16"     "H17"   "H18"   "H19"
[19]  "H20"       "H21"       "H22"     "H23"   "H24"   "H25"
```

여기서 R의 특징을 살펴볼 수 있습니다. names( ) 함수는 변수의 이름이라는 저장되어 있는 값을 불러올 때 사용할 뿐만 아니라 새로운 이름을 저장할 위치 역할도 할 수 있습니다. 즉, 다른 프로그래밍 언어들에 비해 R의 명령어가 직관적이라는 장점을 보여주는 한 예입니다.

str( ) 함수로 데이터 구조 확인하기

변수의 이름을 확인했다고 해서 데이터를 다 이해한 것은 아닙니다.

이 데이터에는 몇 개의 관측치가 있는지, "Date"라는 변수 속에는 어떤 값들이 있는지 하나하나 살펴봐야 합니다. 하지만, 데이터의 양이 방대하면 변수를 하나씩 떼어 내어 일일이 살펴보는 것은 참 번거로운 일입니다. 바로 이럴 때 str( ) 함수를 실행하면 데이터의 구조Structure를 손쉽게 확인할 수 있습니다. 앞서 서울 지하철 데이터에 str( ) 함수를 적용해 데이터의 구조를 살펴보겠습니다.

> str(subway)

```
Console C:/Users/imkdoug/OneDrive/Writing/
> str(subway)
'data.frame':	7378 obs. of  24 variables:
 $ Station: Factor w/ 119 levels "가락시장(340)",..: 52 52 52 52 52 52 52 52 52 52 ...
 $ Date   : Factor w/ 31 levels "2016-12-01","2016-12-02",..: 1 1 2 2 3 3 4 4 5 5 ...
 $ InOut  : Factor w/ 2 levels "승차","하차": 1 2 1 2 1 2 1 2 1 2 ...
 $ H5     : num  411 280 434 255 543 260 372 179 499 465 ...
 $ H6     : num  552 1680 520 1609 467 ...
 $ H7     : num  1792 4629 1695 4504 982 ...
 $ H8     : num  3429 10313 3456 10225 2080 ...
 $ H9     : num  2737 5586 2848 5322 3000 ...
 $ H10    : num  2430 2920 2568 3050 3077 ...
 $ H11    : num  3161 2673 3398 2435 4340 ...
 $ H12    : num  3433 2506 3926 3037 5121 ...
 $ H13    : num  3364 2393 3405 3103 4781 ...
 $ H14    : num  2767 2648 2876 2888 4335 ...
 $ H15    : num  3822 2535 5175 3391 6565 ...
 $ H16    : num  4145 2905 5180 3692 8023 ...
 $ H17    : num  4984 3084 6141 3545 6418 ...
 $ H18    : num  9595 3715 10682 5575 6575 ...
 $ H19    : num  5217 2723 6169 3389 4904 ...
 $ H20    : num  3492 1794 4169 2141 4742 ...
 $ H21    : num  3978 1657 4479 2076 4683 ...
 $ H22    : num  2742 1533 4554 1928 4654 ...
 $ H23    : num  1380 761 1794 1074 1697 ...
 $ H24    : num  198 373 443 547 228 837 46 188 182 274 ...
 $ H25    : num  0 32 0 64 0 131 0 0 0 22 ...
>
```

먼저 첫 줄을 보면 이 데이터는 "data.frame"이라는 형식으로 저장되어 있다는 걸 보여줍니다. data.frame 형식은 R에서 사용하는 기본적인 데이터 형식으로, 변수들을 묶어서 데이터를 만들었다고 생각하면 됩니다. 이어서 관측치 개수를 나타내는 obs와 변수 개수를 나타내는 variables를 볼 수 있습니다. 총 7,378개의 관측치Observations가 있고, 24개의 변수Variables가 있다고 합니다.

그 아래로는 각 변수의 특징이 나옵니다. subway라는 데이터 속에는 총 24개의 변수가 있는데, 데이터의 하위에 변수가 있다는 의미로 변수 이름 앞에 "$"가 붙어 있습니다. "Station"과 "Date", "InOut" 옆에는 범주형 변수를 의미하는 "Factor"라는 글자를 볼 수 있습니다. 우리가 앞에서 살펴본 것처럼 범주형 변수 속에서 관측치들이 가질 수 있는 값은 몇 가지 수준으로 정해져 있습니다. 예를 들어, 변수 "Station"의 경우 119개의 역 중에 하나의 값을 가질 수 있고 "Date"는 12월 1일부터 31일까지 31개의 값을 가질 수 있습니다. "InOut"은 승차와 하차 둘 중 하나의 값을 가질 수 있고요. 그래서 "Factor" 뒤에는 이 변수가 몇 개의 수준을 가지는지를 알려줍니다. "w/"는 "with"를 의미합니다. 즉, "InOut"의 "Factor w/ 2 levels"는 2개의 수준을 가지는 범주형 변수라는 의미입니다. 앞의 세 변수를 제외한 나머지 변수들은 지하철 이용 승객 수를 의미하므로 숫자라는 뜻에서 "num"이 붙어있습니다.

View( ) 함수로 스프레드시트 확인하기

Excel과 같은 스프레드시트 프로그램에 익숙한 사람에게는 R이 불편할 수 있습니다. Excel에서는 데이터를 한눈에 살펴볼 수 있는데, R에서는 변수를 하나씩 살펴봐야 하거나 몇 개의 관측치만 볼 수 있기 때문이죠. 물론 굳이 전체 데이터를 볼 필요가 없고 변수 단위로 연산을 하면 더 효율적이지만, 그래도 아쉬울 수 있습니다. 이럴 때는 View( ) 함수를 입력하면 스크립트에서 데이터의 전체적인 구성을 훑어볼 수 있습니다.

```
> View(subway)
>
```

혹은 RStudio의 오른쪽 위에 있는 환경창에서 데이터 이름을 클릭해도 똑같이 View( ) 함수가 실행됩니다. 그럼 스크립트 창에 새로운 탭이 활성화되면서 우리가 지정한 데이터가 스프레드시트 형태로 표시가 됩니다.

변수나 관측치가 많을 때에는 일부분만 보이게 되어 있어서 추가 값들을 보려면 스크롤을 해야 한다는 점에 유의해야 합니다.

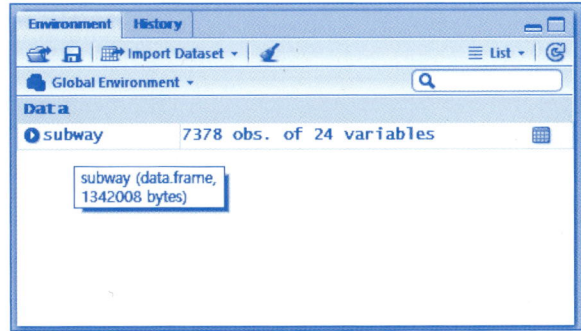

$를 활용한 변수 선택하기

앞서 살펴본 막대그래프나 상자그림은 하나의 변수를 표현할 때 사용합니다. 데이터 속에 있는 수많은 변수 중에서 딱 하나의 변수만을 선택해서 살펴보는 것이죠. 앞서 대괄호 [ ]로 인덱스를 사용하는 방법을 배웠지만, 또 다른 방법이 있습니다. 바로 str( )에서 잠깐 등장한 $를 사용하는 것입니다.

```
> subway[, 4]
[1] 411 280 434 255 543 260 372 179 499 465 489 292 …
(이하 생략)

> subway$H5
[1] 411 280 434 255 543 260 372 179 499 465 489 292 …
(이하 생략)
```

subway[, 4]는 subway 데이터에서 4번째 변수를 가져옵니다. 하지만, 이런 식으로 데이터를 불러오려면 우리가 원하는 변수가 몇 번째인지를 확인해야 합니다. 만약 변수의 이름을 알고 있다면, 데이터 이름 뒤에 $를 붙이고 바로 뒤에 변수 이름을 붙여 특정한 변수만 선택할 수 있습니다. 변수의 순서와 이름 중에서 편한 것을 활용해서 대괄호 인덱스나 $를 활용하면 됩니다.

factor( ) 함수로 범주형 변수 만들기

변수는 크게 연속형 변수와 범주형 변수로 나뉩니다. 그런데 가끔 데이터를 만들 때 범주형 변수를 숫자로 입력할 때가 많습니다. 이를 가리켜 흔히 코딩Coding이라고 하는데요. 성별을 "남자", "여자"로 입력하기보다 1, 2, 3, … 처럼 순서대로 입력하면 데이터를 만들기도 편하고, 저장용량도 줄어듭니다. 코드집을 따로 만들어서 1은 "남자", 2는 "여자"를 의미하는 것을 알리기만 하면 되죠. 그런데 이 방식에는 한가지 문제가 있습니다. 1과 2로 구성된 변수 성별이 우리가 보기에는 범주형 변수지만, R이 보기에는 숫자일 뿐입니다. read.csv( )와 같은 함수는 외부 데이터를 불러와 인식할 때 한 변수의 모든 관측치가 숫자면 숫자 형식으로 인식하고, 문자가 하나라도 있으면 factor 형식으로 인식합니다.

```
> demo = read.csv("gender_age.csv")
> demo
  Gender Age
1      1  30
2      2  20
3      1  20
4      2  20
5      1  30
6      2  30

> str(demo)
'data.frame'    :   6 obs. of  2 variables:
$ Gender        :   int 1 2 1 2 1 2
$ Age           :   int 30 20 20 20 30 30
```

$Gender와 $Age의 값 앞에 붙어 있는 "int"는 숫자 형식 중에서도 정수Integer로만 이뤄진 변수를 의미합니다. 범주형 변수를 숫자로 인식하게 되면 나중에 불편한 상황이 발생합니다. 예를 들어, 범주형 변수를 요약

할 때는 기본적으로 수준별로 관측치의 개수를 세지만, 연속형 변수로 잘못 인식한 범주형 변수에 대해서는 평균을 구합니다. 그래서 factor( ) 함수를 써서 factor 형식으로 바꿔줍니다.

```
> demo$Gender
[1] 1 2 1 2 1 2

> factor(demo$Gender)
[1] 1 2 1 2 1 2
Levels: 1 2
```

결과를 보면 원래 변수를 선택한 것과 factor( ) 함수로 형식을 바꾼 것에 큰 차이가 없는 것 같지만, factor( )로 범주형 변수로 바꾸면 관측치들의 값 아래에 "Levels: 1 2"와 같이 수준 정보가 출력된 것을 볼 수 있습니다. 눈에 보이는 것은 똑같지만 1, 2는 숫자가 아니라 문자의 역할을 하고 있는 것이죠.

$를 활용한 변수 수정과 추가하기

앞에서 실행한 "factor(demo$Gender)" 명령어를 하나씩 뜯어 봅시다. 명령어 자체는 demo 데이터에서 Gender 변수를 선택한 다음 factor 형식으로 바꿔 출력하라는 뜻입니다. 즉, 원래 demo 데이터 속의 Gender 변수는 여전히 int 형식인 것이죠. 데이터 속 변수를 수정하기 위해서는 값을 저장할 때 사용했던 =을 사용합니다.

```
> demo$Gender = factor(demo$Gender)
> str(demo)
'data.frame'      :    6 obs. of  2 variables:
 $ Gender         :    Factor w/ 2 levels "1","2": 1 2 1 2 1 2
 $ Age            :    int  30 20 20 20 30 30
```

 범주형 변수로 바꾼 demo 데이터의 Gender 변수를 demo 데이터의 원래 Gender 변수에 덮어씌웠습니다. 그러고 나서 str( ) 함수로 변수의 형식을 확인해보면 factor 형식으로 바뀐 것을 확인할 수 있습니다. 같은 방법으로 새로운 변수도 추가할 수 있습니다.

```
> paste0(demo$Gender, "_", demo$Age, "대")
[1] "1_30대" "2_20대" "1_20대" "2_20대" "1_30대" "2_30대"
```

 paste0( ) 함수에 변수 Gender와 Age를 넣고 "_"와 "대"를 붙였습니다. 그럼 두 변수를 적절히 붙여 새로운 변수를 만들어주는데요, 이 값을 새로운 변수 "Group"으로 추가해봅시다. 먼저 저장할 데이터 이름을 적고 $를 붙입니다. 그리고 바로 뒤에 새 변수 이름을 적고 = 뒤에 새 변수에 저장할 값을 넣어줍니다. str( )을 통해 결과를 확인해보면 새 변수 "Group"이 제대로 추가된 것을 확인할 수 있습니다.

```
> demo$Group = paste0(demo$Gender, "_", demo$Age, "대")
> str(demo)
'data.frame':    6 obs. of  3 variables:
 $ Gender : Factor w/ 2 levels "1","2": 1 2 1 2 1 2
 $ Age    : int  30 20 20 20 30 30
 $ Group  : chr  "1_30대" "2_20대" "1_20대" "2_20대" ...
```

이 경우 paste0( ) 함수로 글자를 붙였기 때문에 새로운 변수인 Group 의 형식은 문자^{Character}인 것을 확인할 수 있습니다. 필요하다면 앞서 배웠던 대로 factor( ) 함수를 이용해 범주형 변수로 변환하면 됩니다.

한가지 주의할 점은 새로운 변수에 들어갈 값의 개수는 원래 데이터의 관측치 개수만큼이라는 것입니다. 만약 관측치는 10개인데, 새로운 변수에 넣은 값은 3개면, 자동으로 3개의 값이 반복되어 입력되므로 주의해야 합니다.

levels( ) 함수로 범주형 변수의 수준 확인하고 바꾸기

성별이라는 변수의 데이터는 1, 2로 코딩되었지만, 데이터를 보는 우리 입장에서는 "남자", "여자"가 보기에 훨씬 편합니다. 혹시 모를 오해와 혼선을 줄일 수도 있죠. 그렇다고 Gender 변수의 관측치를 하나하나 찾아가며 1을 "남자"로, 2를 "여자"로 바꾸는 일은 비효율적입니다. 수준의 이름을 바꿀 때는 levels( ) 함수를 활용하면 손쉽게 해결할 수 있습니다.

```
> levels(demo$Gender)
[1] "1" "2"
```

levels( ) 함수 안에 범주형 변수를 넣으면 범주형 변수의 수준을 확인할 수 있습니다. 이 수준들의 이름을 바꾸고 싶을 때는 또 다시 =을 활용합니다. 이전의 수준 이름에 새로운 이름을 덮어 쓰는 것이죠.

```
> levels(demo$Gender) = c("1_남자", "2_여자")
> demo
  Gender Age Group
1 1_남자  30  1_30대
2 2_여자  20  2_20대
3 1_남자  20  1_20대
4 2_여자  20  2_20대
5 1_남자  30  1_30대
6 2_여자  30  2_30대
```

명령어를 실행하고 나면 demo 데이터의 Gender 변수의 수준은 더 이상 1, 2가 아니라 "1_남자", "2_여자"로 바뀝니다. 수준 이름만 바뀌었는데 어떻게 이렇게 손쉽게 전체 데이터가 바뀔까요? 비밀은 factor 형식의 특징에 숨어 있습니다.

```
> demo$Gender
[1] 1_남자 2_여자 1_남자 2_여자 1_남자 2_여자
Levels: 1_남자 2_여자
```

Gender 변수를 선택해보면 모든 값이 글자로 들어와 있는 것처럼 보이지만, as.numeric( ) 함수를 사용해 저장된 값을 숫자로 바꿔보면, Gender 변수는 실제로 "1 2 1 2 1 2"라는 숫자 형태로 저장되어 있는 것을 확인할 수 있습니다.

```
> as.numeric(demo$Gender)
[1] 1 2 1 2 1 2
```

첫 번째 관측치는 1의 값을 가지는데, 이 1은 수준 중에서 첫 번째 값을 참조해서 "1_남자"라는 결과를 출력합니다. 2라는 값 역시 수준에서 두 번째 값 "2_여자"를 참조하는 것이죠. 그래서 각 관측치들의 숫자들이 참조하는 수준을 바꾸면 우리 눈에 보이는 결과도 달라집니다.

which( ) 함수로 조건과 일치하는 관측치 찾기

앞서 논리연산을 실행하면 결과가 TRUE 혹은 FALSE로 나오는 것을 살펴봤습니다. 이 논리연산을 데이터 속 변수에 대해서도 실행할 수가 있습니다. 예를 들어, demo 데이터에서 논리연산을 활용하면 Age 변수가 30인지 아닌지를 판단할 수 있습니다. 6개의 관측치 중에서 1, 5, 6번째 값만 Age 값이 30이기 때문에 TRUE를 출력하고, 나머지 3개의 관측치에 대해선 FALSE를 출력합니다.

```
> demo$Age == 30
[1] TRUE FALSE FALSE FALSE TRUE TRUE
```

가끔 조건을 만족하는 관측치가 데이터의 어디에 위치하고 있는지 궁금할 때가 있습니다. 그럴 때 which( ) 함수 안에 논리연산으로 조건을 넣으면, 결괏값이 TRUE인 관측치의 번호를 출력해줍니다. &를 활용하면 여러 가지 조건을 모두 만족하는 관측치가 몇 번째인지 확인할 수 있습니다. 나이는 30대고 성별은 남자인 데이터의 위치를 다음과 같이 찾을 수 있습니다.

```
> which(demo$Age == 30)
[1] 1 5 6

> which(demo$Age==30 & demo$Gender=='1_남자')
[1] 1 5
```

결과를 살펴보면 모든 조건을 만족하는 데이터는 1번과 5번인 것을 확인할 수 있습니다.

[ ]와 논리연산으로 관측치 선택하기

실제 데이터 분석에서는 조건을 만족하는 관측치가 몇 번째인지를 확인하는 것으로 끝나는 것이 아니라, 조건을 만족하는 관측치가 어떤 특징을 가지고 있는지 살펴봐야 합니다. 즉, 데이터에서 조건을 만족하는 관측치를 선택하는 것인데요, 방법은 간단합니다. 대괄호 인덱스에 조건을 넣습니다. 그럼 which( )와 마찬가지로 결과가 TRUE인 관측치의 데이터만 출력됩니다. 일반적인 데이터에서는 조건과 일치하는 관측치를 선택하기 때문에 콤마로 구분된 대괄호 인덱스 중에서 콤마 앞의 행 부분에 조건문을 넣습니다.

```
> demo[demo$Age==30 & demo$Gender=='1_남자', ]
  Gender Age Group
1 1_남자   30 1_30대
5 1_남자   30 1_30대
```

마찬가지로 나이대는 30대, 성별은 남자인 조건을 만족하는 1, 5번 관측치의 데이터가 선택된 결과를 볼 수 있습니다.

subset( ) 함수로 부분 데이터 선택하기

대괄호 인덱스를 사용하면 조건에 맞는 관측치를 선택할 수도 있고 필요한 변수만 선택할 수도 있습니다. 그러나 조건이 복잡해지면 대괄호 안이 복잡해져서 조건을 확인하기 어렵다는 단점이 있습니다. 이럴 때는 데이터의 부분 집합Subset을 만들어주는 subset( ) 함수를 사용하면 편합니다.

subset( ) 함수 속에는 제일 먼저 작업 대상인 데이터 이름이 필요합니다. 그리고 관측치를 선택할 조건을 입력합니다. 마지막으로 선택하고 싶은 변수를 "select=" 옵션에 적습니다. 앞서 다뤘던 subway.csv 데이터를 다시 활용해 예제를 살펴봅시다.

> subdata1 = subset(subway, Station %in% c("강남(222)", "명동(424)"))
> str(subdata1)
'data.frame':   124 obs. of 24 variables:
(이하 생략)

> subdata2 = subset(subway, Station %in% c("강남(222)", "명동(424)") & Date=="2016-12-24")
> str(subdata2)
'data.frame':   4 obs. of 24 variables:
(이하 생략)

첫 번째 명령어는 subway 데이터에서 Station 변수의 값이 "강남(222)" 혹은 "명동(424)"인 관측치만 선택을 합니다. str( ) 함수로 확인해보면 전체 7,378개의 관측치가 아닌 강남과 명동 두 역의 데이터에 해당하는 124개의 관측치만 선택된 것을 확인할 수 있습니다. 그다음에는 Date 변수를 기준으로 크리스마스이브인 12월 24일의 데이터만 선택했습니다. 역시 관측치는 더 줄었고, 12월 24일에 강남역과 명동역에서 승하차한 인원만을 포함한 각 데이터가 만들어집니다.

만약 이 부분 데이터에서 전체 변수가 아니라 승하차를 구분하는 변수 "InOut"과 밤 11시 이후의 승객 수를 의미하는 "H23", "H24", "H25"만 필요하다면, "select=" 옵션을 사용해서 다음과 같이 표현할 수 있습니다.

```
> subdata3 = subset(subway, Station %in% c("강남(222)", "명동(424)")
   & Date=="2016-12-24", select=c(Station, InOut, H23, H24, H25))

> subdata3
        Station   InOut    H23    H24    H25
1969    강남(222)   승차    3848   100    0
1970    강남(222)   하차    2204   254    0
6743    명동(424)   승차    3818   3      0
6744    명동(424)   하차    796    79     0
```

subset( ) 함수를 활용해서 조건과 필요에 따라 총 4개의 관측치와 5개의 변수가 선택되었습니다. 결과에서 첫 열에 보이는 "1969"와 같은 숫자는 원래 데이터에서의 행 번호를 의미합니다. subset( ) 함수의 장점은 대괄호 인덱스와 달리 변수를 활용한 논리연산에서 "데이터 이름$" 부분을 생략할 수 있다는 것입니다. 데이터의 부분을 선택할 때 당연히 데이터 속 변수를 기준으로 조건을 만들기 때문에 subset( ) 함수에서는 "데이터 이름$"을 생략할 수 있습니다.

dim( ) / nrow( ) / length( ) 함수로 변수/데이터의 크기 확인하기

데이터를 새로 불러오거나 데이터에서 부분 선택을 하면 몇 개의 관측치와 변수가 있는지 확인해야 합니다. str( ) 함수를 사용해도 되지만, str( ) 함수는 데이터의 구조 전체를 보여주기 때문에 관측치와 변수를 일일이 세야 하는 번거로운 과정이 필요합니다. 바로 이럴 때 dim( ) 함수를 사용하면 관측치와 변수의 개수만 확인할 수 있습니다. nrow( ) 함수는 관측치의 개수만 계산하고, length( )는 하나의 변수 속에 몇 개의 값이 있는지를 계산합니다. 이 3개의 함수를 사용한 결과를 확인하기 위해 강남역과 명동역의 관측치만 뽑아낸 subdata1 데이터를 이용해보겠습니다.

```
> dim(subdata1)
[1] 124 24

> nrow(subdata1)
[1] 124

> length(subway$Station)
[1] 7378

> length(levels( subway$Station))
[1] 119
```

두 역의 관측치만 뽑아낸 subdata1 데이터에는 124개의 관측치와 24개의 변수가 있다는 것을 확인할 수 있습니다. subway 데이터에서 Station 변수를 선택한 다음 length( )로 관측치 개수를 세면 당연히 총 관측치 개수인 7,378개가 나옵니다. Station 변수의 수준을 가져온 다음 length( ) 함수를 적용하면 Station 변수의 수준이 몇 개인지 쉽게 확인할 수 있습니다.

write.csv( ) 함수로 데이터를 csv 파일로 내보내기

보통 분석 작업은 R에서 실행하고 분석 결과 보고서 작성은 Word나 PowerPoint 같은 문서 작성 프로그램에서 이뤄질 때가 많습니다. 결과를 하나하나 복사해서 붙여넣는 것은 비효율적이기 때문에 대부분 R에서 만든 결과 데이터를 csv 파일로 저장해서 사용합니다. csv 파일을 읽어올 때는 read.csv( ) 함수를 사용했지만, csv 파일로 내보낼 때는 write.csv( ) 함수를 사용합니다.

> write.csv(subdata3, "C:/R/result.csv")
> write.csv(subdata3, "result.csv", row.names=FALSE)

write.csv( ) 함수의 첫 부분에는 저장할 R 데이터 이름을 적고, 두 번째에는 저장될 csv 파일의 경로와 이름을 지정합니다. 경로를 직접 지정해도 되지만, 두 번째 명령어처럼 경로를 생략하고 파일 이름만 적으면 앞서 설정한 작업 폴더에 저장됩니다. 기본값으로 행 번호 혹은 행 이름을 함께 저장하는데, 필요 없을 때는 "row.names=FALSE" 옵션으로 저장하지 않을 수 있습니다.

install.packages( ) 함수로 패키지 설치하기

R이 가진 최대의 장점은 훌륭한 전문가들의 분석 레시피를 손쉽게 사용할 수 있다는 것입니다. 그렇다고 해서 모든 레시피를 미리 저장해 둔다면 복잡해지기만 할 뿐입니다. 그래서 R은 필요한 레시피를 그때그때 다운받을 수 있는 기능을 만들었습니다. 덕분에 전문가들이 자신의 분석 알고리즘을 구현한 함수와 예제 데이터 등을 패키지로 모아 서버에 업로드하면 우리는 install.packages( ) 함수를 써서 간단하게 패키지를 다운받고 R 분석 환경에 추가할 수 있습니다.

교차표를 요약할 때 사용할 수 있는 훌륭한 패키지 "ca"를 설치해보겠습니다. 함수 안에 패키지 이름을 적되 반드시 따옴표를 붙여줘야 합니다.

```
> install.packages("ca")
```

콘솔창에 다음과 같은 문구가 뜬다면 설치에 성공한 것입니다.

```
> install.packages('ca')
trying URL 'https://cran.rstudio.com/bin/windows/contrib/3.3/ca_0.70.zip'
Content type 'application/zip' length 119243 bytes (116 KB)
downloaded 116 KB

package 'ca' successfully unpacked and MD5 sums checked

The downloaded binary packages are in
        C:\Users\imkdoug\AppData\Local\Temp\Rtmp4yAIsb\downloaded_packages
> |
```

패키지를 다운받기 위해서는 인터넷에 연결되어 있어야 합니다. 또한, 윈도우의 경우 관리자 권한으로 RStudio를 실행하지 않으면 패키지 설치 권한이 없으므로 오류가 발생합니다.

library( ) 함수로 패키지 불러오기

패키지를 설치했다고 해서 항상 사용할 수 있는 것은 또 아닙니다. 계속해서 패키지를 실행한 상태일 필요도 없고요. 필요할 때만 불러서 쓰는 것이 더 효율적입니다. 설치한 패키지를 불러오려면 library( ) 함수를 사용합니다.

```
> library(ca)
>
```

함수를 실행한 결과를 보면 아무것도 나타나지 않는 것을 볼 수 있습니다. 무소식이 희소식입니다. "library(ca)"가 정상적으로 실행되면 아무런 반응이 없습니다. 만약 패키지 이름을 잘못 입력하거나 설치하지 않은 패키지를 불러오면 오류 메시지가 뜨는 것을 볼 수 있습니다.

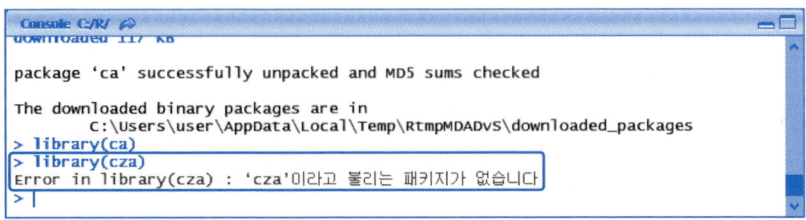

이제부터는 ca 패키지에 포함된 함수와 예제 데이터를 마음대로 사용할 수 있습니다. 간단한 예로 "smoke"를 실행하면 ca 패키지의 부서별 흡연인구를 교차표로 요약한 예제 데이터를 확인할 수 있습니다.

```
> smoke
       none  light  medium  heavy
  SM    4     2      3       2
  JM    4     3      7       4
  SE    25    10     12      4
  JE    18    24     33      13
  SC    10    6      7       2
```

지금까지 31개의 기본적인 R 연산자, 함수, 기능들을 살펴봤습니다. 조금 생소하겠지만 이 내용들과 각 분석에 알맞은 함수만 조합을 하면 대부분의 분석을 무리 없이 실행할 수 있습니다. 이제부터 실제 데이터들을 이용해 다양한 분석 예제들을 직접 실행해보면서 함께 살펴보겠습니다.

95% R로 분석 다시 보기

모두가 빅데이터의 실용성과 전망을 말하지만, 정작 내 앞의 작은 데이터조차 다룰 수 있는 사람은 많지 않습니다. 물론 익숙하지 않은 프로그램을 써서 데이터를 분석하는 것이 쉬운 일은 아니지만, 간단한 요약부터 R로 실습해보며 R 사용법을 익히고 조금씩 더 복잡한 분석을 배우면 됩니다. 예제 데이터를 활용해서 앞에서 살펴본 개념과 분석 방법들을 실습해봅시다.

데이터를 가만히 보면서 머릿속으로 분석하는 것은 쉽습니다. '이런 식으로 이렇게'하면 훌륭한 결과가 나올 것 같은데, 문제는 '그런 식으로 그렇게'하는 과정이 낯설다는 것이죠. 이번에는 앞에서 살펴본 개념들과 분석 예제들을 직접 R에서 실행해보겠습니다. 색깔과 패키지를 활용하면 그래프를 더 매력적으로 그릴 수 있지만, 이 책에서는 편의를 위해 기본 함수로만 그래프를 그렸습니다(색깔과 패키지의 활용 방법은 데이터아트프로젝트 웹페이지에서 별도로 다루도록 하겠습니다). 예제 데이터들은 다양한 출처로부터 수집되었고, 각 데이터를 활용할 때 출처를 명시했습니다. 특히 SK텔레콤 빅데이터허브(bigdatahub.co.kr)의 통화량 데이터와 정부 공공데이터포털(data.go.kr)에는 흥미로운 데이터들이 많으니 참고하시길 바랍니다.

이 장에서 실행할 명령어 스크립트와 예제 데이터는 모두 데이터아트프로젝트 웹페이지 (dataartproject.xyz)에서 다운로드 가능합니다.

하나의 연속형 변수를 요약하기

내 연봉은 어느 정도 순위에 있을까?

한국납세자연맹(koreatax.org)에서는 연말정산 데이터를 기반으로 연봉 탐색 서비스를 제공합니다. 자신의 연봉을 입력하면 전체 근로소득자 중에서 상위 몇 %에 해당하는지를 알려주는 것입니다. 연봉 탐색기를 바탕으로 가상의 기업을 만들어 이 회사에 근무하는 10,000명의 연봉 데이터를 만들었습니다.

```
> data = read.csv('salary_data.csv')
> head(data)
  salary
1   2930
2   6122
3   3301
4    979
5   4926
6   2328
> nrow(data)
[1] 10000
```

※ 예제 데이터 이름 : salary_data.csv

데이터 속에는 10,000개의 관측치가 있고, 이 관측치는 각각 누군가의 연봉(만원 단위)을 뜻합니다. 즉, 첫 번째 "2930"이라는 값은 누군가의 연봉이 2,930만원이라는 것을 의미합니다. 그럼 이 데이터로 간단하게 요약을 해봅시다. 먼저 편의상 data 데이터에서 salary 변수를 선택한 다음 salary라는 이름으로 저장합니다.

```
> salary = data$salary
> salary
 [1]    2930   6122   3301    979   4926   2328     82   6879    672
[10]     350   1812    158   5105   4945    170   3914   2042   1966
[19]    1020   4899   1575   2714   1451    686   1403   3429   7034
[28]    3485   3721   3215   5755   2087    160    276   3208   2855
[37]    1055   2648   4901   1377    108   6167   3005    472   2253
(이하 생략)
```

값들이 섞여 있어서 패턴을 찾기가 힘듭니다. 오름차순으로 정렬을 해 볼까요? 정렬을 할 때는 sort( ) 함수를 사용합니다.

```
> sort(salary)
 [1]   0  0  1  1  1  2  2  3  3  3  4  4  4
[14]   4  5  6  6  7  7  7  7  8  8  9  9
[27]   9 10 10 10 10 10 12 13 13 13 13 14 14
[40]  15 15 16 17 17 18 18 18 18 19 20 20 20
[53]  20 21 21 21 22 23 23 24 24 24 24 24 25
(이하 생략)
```

10,000개의 관측치를 오름차순으로 정렬하자 작은 값부터 큰 값까지 차례대로 나옵니다. 그럼 가장 먼저 나온 0이 최솟값, 가장 나중에 나오는 값이 최댓값이 됩니다. 하지만 관측치들이 워낙 많기 때문에 최댓값을 찾으려면 한참을 가야 합니다. 이런 경우 수작업으로 찾기보다는 함수를 활용합니다.

```
> min(salary)
  [1] 0
> max(salary)
  [1] 86669
> median(salary)
  [1] 2276
```

min( ) 함수는 최솟값Minimum, max( ) 함수는 최댓값Maximum, median( ) 함수는 중앙값Median을 계산합니다. 결과를 살펴보면 최솟값은 0원, 최댓값은 8억 6,669만원이고 중앙값은 2,276만원인 것을 확인할 수 있습니다.

10% 순서대로 한줄서기에서 다뤘던 다섯 숫자 요약 중에서 최솟값, 최댓값, 중앙값 3개의 값은 확인했고 25%와 75%에 해당하는 Q1과 Q3값을 계산해보겠습니다. quantile( ) 함수는 분위수를 계산해주는데, 다음 예제와 같이 변수와 함께 0과 1사이의 분위수를 입력하면 됩니다.

```
> quantile(salary, 0.9)
  90%
  6637
> quantile(salary, 0.25)
  25%
  1194.75
> quantile(salary, 0.75)
  75%
  4221.25
```

첫 번째 예제 "quantile(salary, 0.9)"를 보면 90% 지점, 즉 상위 10%의 연봉을 계산한 것이 보입니다. 소수점 이하는 반올림해서 Q1은 1,195만원, Q3는 4,221만원인 것을 확인할 수 있습니다. 결과가 명확하긴 하지만, 과정이 다소 번거롭습니다. 이렇게 힘들게 다섯 숫자를 확인할 필요 없이 summary( ) 함수를 사용하고 함수 안에 변수를 넣어 주기만 하면 다섯 숫자가 계산됩니다.

```
> summary(salary)
   Min.  1st Qu.  Median   Mean  3rd Qu.   Max.
      0     1195    2276   3140     4221  86669
```

합계와 평균, 분산과 표준편차도 개념은 복잡하지만, 계산은 어렵지 않습니다. 합계는 sum( ), 평균은 mean( ), 분산은 var( ), 표준편차는 sd( ) 함수를 쓰기만 하면 바로바로 결과가 나옵니다.

```
> sum(salary)
[1] 31404486

> mean(salary)
[1] 3140.449

> var(salary)
[1] 10782551

> sd(salary)
[1] 3283.68
```

만약 내 희망연봉이 4,000만원이라면 이 회사에 있는 10,000명의 연봉 중 상위 몇 %나 될지 궁금할 때는 어떻게 할까요? 부등호를 사용해서 논리연산을 하면 됩니다. 변수에 대해 논리연산을 하면 각각의 관측치가 4,000보다 큰지 아닌지를 판단해서 TRUE 혹은 FALSE 값을 출력합니다. TRUE는 1, FALSE는 0과 같으니까 sum( ) 함수로 모두 더하면 조건과 일치하는 관측치의 수를 계산할 수 있습니다. 그런 다음 평균을 계산하는 mean( ) 함수를 활용하면 전체 중에서 조건과 일치하는 관측치의 비율을 계산할 수 있습니다.

```
> salary > 4000
 [1] FALSE  TRUE FALSE FALSE  TRUE FALSE FALSE  TRUE FALSE
[10] FALSE FALSE FALSE  TRUE  TRUE FALSE FALSE FALSE FALSE
[19] FALSE  TRUE FALSE FALSE FALSE FALSE FALSE FALSE  TRUE
[28] FALSE FALSE FALSE  TRUE FALSE FALSE FALSE FALSE FALSE
[37] FALSE FALSE  TRUE FALSE FALSE  TRUE FALSE FALSE FALSE
(이하 생략)

> sum(salary > 4000)
[1] 2700

> mean(salary > 4000)
[1] 0.27
```

계산 결과 4,000만원은 상위 27% 정도 되는 연봉이네요. 다만, 이 데이터는 중도 퇴사자나 중도 입사자 등의 연말정산 정보도 포함되어 있어서 과하게 작은 값들이 있다는 것을 주의해야 합니다. 실제 연봉의 중앙값 혹은 평균값 등은 계산된 것보다 더 높을 수 있습니다.

데이터는 숫자로 요약하지만, 더 효과적으로 표현하려면 그래프를 활용해야 합니다. 지금까지 얻은 다섯 숫자를 상자그림으로 표현해봅시다. 상자그림은 boxplot( ) 함수를 사용합니다. boxplot( ) 함수를 실행하면 화면 오른쪽의 보조창에서 만들어진 상자그림을 볼 수 있습니다.

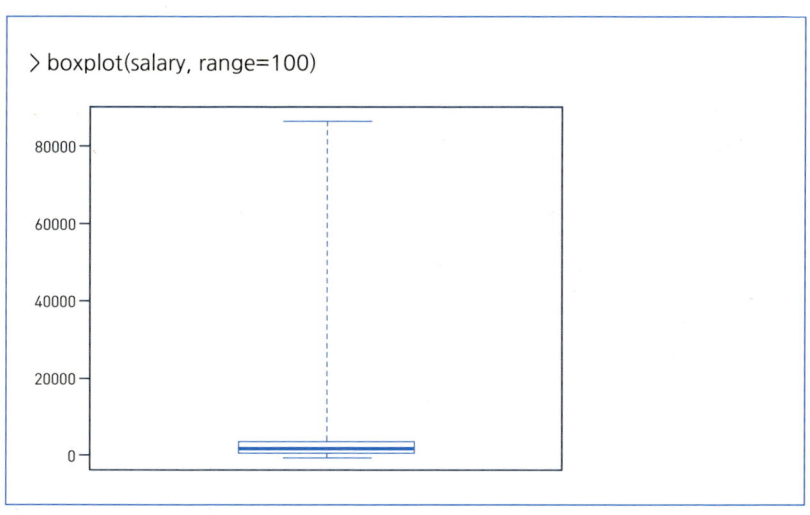

상자그림은 다섯 숫자를 5개의 가로 선으로 표현하므로 총 4개의 구간이 만들어집니다. 전체 데이터를 25%씩 나눈 다섯 숫자의 특성에 따라 4개 구간에 각각 2,500명이 들어갑니다. 그림을 보면 아래쪽에 있는 구간 3개는 아주 좁은 반면 제일 위에 있는 구간 1개는 아주 넓습니다. 사람 수는 똑같은데 구간이 좁으면 그만큼 많은 사람들이 빽빽히 모여 있다는 것을 의미하겠죠? 이것은 아래쪽 75%의 연봉은 서로 비슷한 수준인데, 나머지 상위 25%의 연봉은 큰 차이로 높다는 것을 의미합니다. 그렇다면 이번에는 boxplot( ) 함수에 슬쩍 넣은 "range=100" 옵션을 지우고 실행해 볼까요?

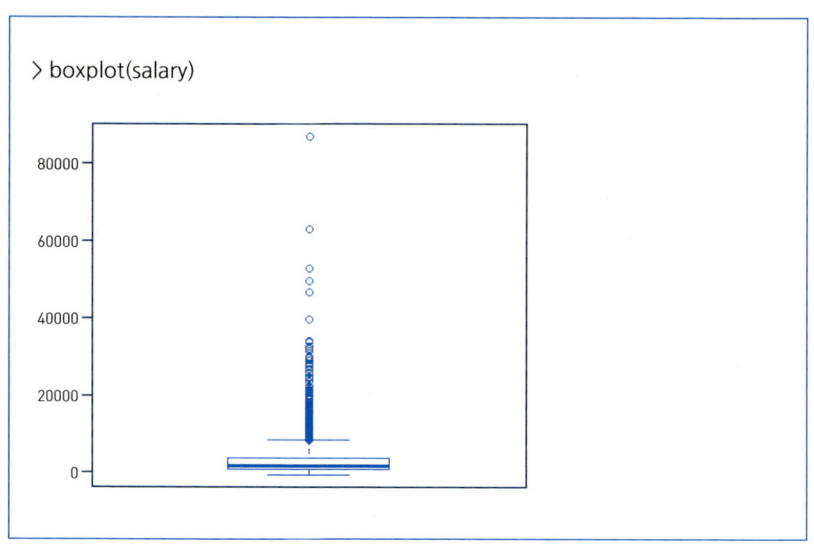

 첫 번째 상자그림과 어떤 차이가 있을까요? 첫 번째 상자그림에서 가장 높은 가로선은 최댓값과 똑같은 8억 너머에 있었는데, 이제 한참 내려와 1억 언저리에 있습니다. 그리고 마지막 가로선보다 위에 있는 관측치, 즉 연봉이 높아도 너무 높은 사람들은 점으로 표현되어 있고요. 우리 사회에서 평균치보다 훨씬 많은 연봉을 받는 사람들을 고액연봉자라고 부르듯이, 통계에서도 일반적인 값보다 훨씬 큰 값들을 **이상치**Outlier 라고 부릅니다(이상치를 정하는 데는 몇 가지 기준들이 있지만, 이 책에서는 설명을 생략하겠습니다). 조금 일반적인 연봉 금액대를 살펴보기 위해서 연봉 1억 미만의 관측치만 선택해서 다시 상자그림을 그려봅시다.

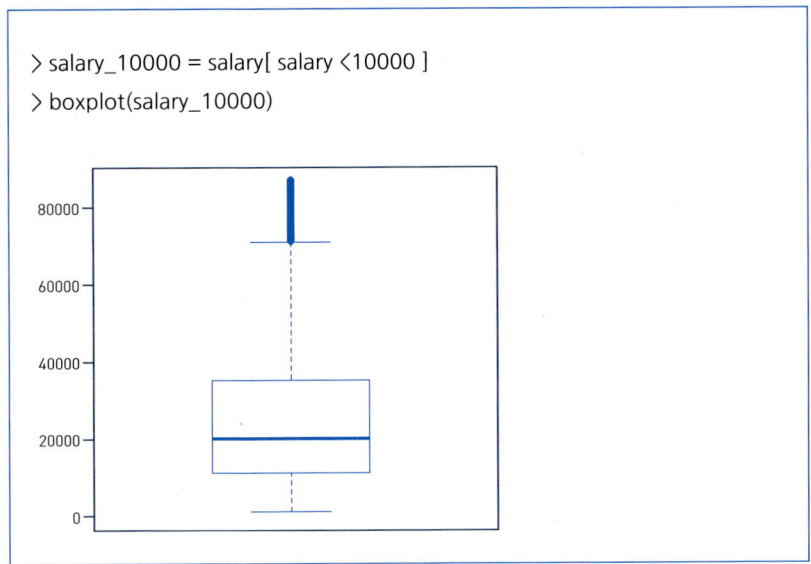

　물론 이번에도 점으로 표시된 일부 고액연봉자들이 있지만, 차이가 어마어마하게 벌어져 있던 앞의 상자그림보다는 훨씬 보기가 좋아졌습니다. 그래도 여전히 아래쪽 구간은 좁고 위로 갈수록 구간이 넓어집니다. 즉, 연봉이 낮을수록 비슷한 연봉을 받는 사람이 많고, 연봉이 높아질수록 격차가 심해진다고 할 수 있습니다.

　이번에는 연봉 데이터를 히스토그램으로 그려봅시다. 상자그림과 달리 히스토그램은 연봉을 같은 간격의 금액대로 나누고, 각 금액대에 몇 명의 사람이 있는지를 세어 막대의 높이로 표현합니다. hist( ) 함수에 변수를 넣으면 히스토그램이 그려집니다. 세로축은 사람 수를 나타내고 가로축은 연봉을 나타냅니다.

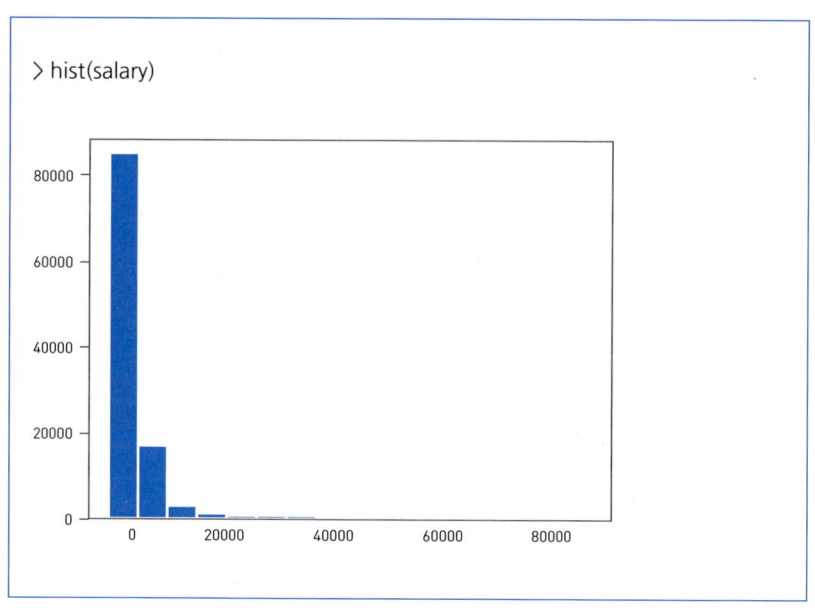

　상자그림에서 살펴본 것과 같이 대부분의 사람들이 비교적 낮은 연봉을 받기 때문에 0에 가까울수록 막대의 높이가 높은 것을 확인할 수 있습니다. 그리고 연봉이 높아질수록 점점 막대 높이가 낮아지는 걸 보면 직장생활에서 큰돈을 버는 게 얼마나 어려운지 알 수 있습니다. 역시 1억 미만의 관측치만 가져와서 "breaks=" 옵션에 seq( ) 함수를 사용해서 연봉금액대를 좀 더 잘게 나눠 500만원 단위로 구간을 설정한 히스토그램을 그려봅시다.

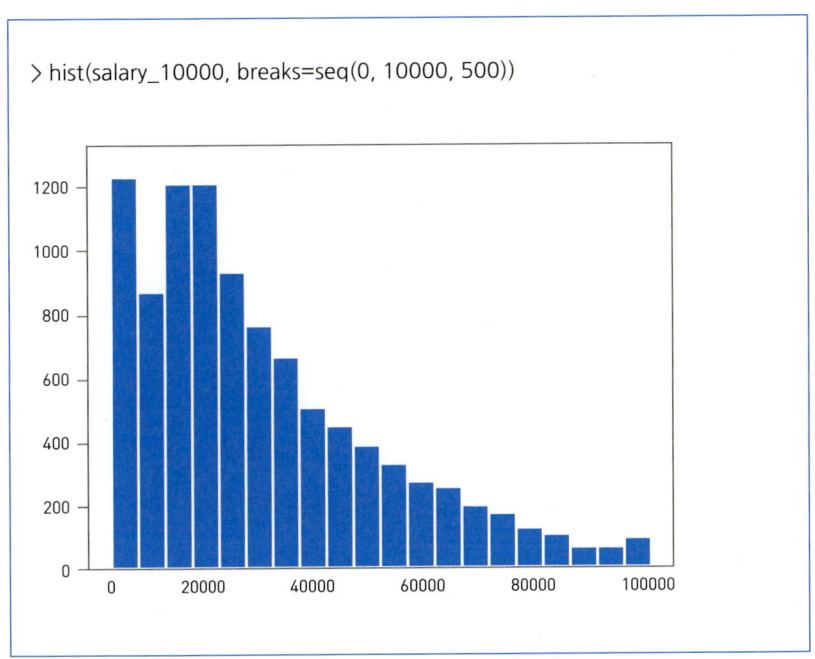

연봉 구간이 높아질수록 막대의 높이가 낮아집니다. 특이한 것은 0~500만원 구간의 막대가 500~1,000만원대보다 훨씬 높은데, 이는 앞서 말했듯이 중도 입사자, 중도 퇴사자의 영향으로 보입니다. 하나의 연속형 변수는 이렇게 상자그림과 히스토그램이면 충분히 특징을 살펴볼 수 있습니다.

하나의 범주형 변수를 요약하기

병원을 가장 자주 찾는 사람은 누굴까?

공공데이터포털(data.go.kr)에서는 각 정부부처에서 공개한 데이터들을 볼 수 있습니다. 그중에서 건강보험공단에서 공개한 100만 건의 진료내역 정보를 살펴봅시다. 원본 데이터는 2015년에 있었던 약 100만 건의 진료내역을 담고 있지만, 우리는 서울의 외래 진료내역인 약 200만 건의 데이터를 살펴봅시다. 200만 건의 데이터를 담고 있는 csv 파일의 용량은 약 70mb로 정도로 큰 편은 아니지만, Excel에서는 불러올 수 있는 최대 행 개수 2^{20}인 1,048,576를 넘기 때문에 열지 못합니다. 먼저 read.csv( ) 함수로 데이터를 불러오고 str( ) 함수를 통해 구성을 살펴봅시다.

```
> treat = read.csv("treat.csv")
> str(treat)
'data.frame'    :   2016783 obs. of  5 variables:
$ MONTH         :   int  12 12 12 12 12 12 12 12 12 12 ...
$ AGE           :   Factor w/ 18 levels "01_0-4세","02_5-9세",..: 13 16 11 ...
$ SEX           :   int  2 1 2 2 2 2 2 2 2 2 ...
$ DSBJT         :   Factor w/ 20 levels "가정의학과","내과",..: 11 11 11 11 ...
$ MAIN_SICK     :   Factor w/ 1407 levels "A02","A03","A04",..: 460 446 ...
```

※ 예제 데이터 이름 : treat.csv

이 데이터는 원본 데이터에서 5개의 변수를 선택하고 적절히 변환해 만들었습니다. 숫자로 코딩되어 있던 AGE^{연령대}와 DSBJT^{진료과목}을 건강보험공단의 코딩 표를 참고하여 보기 쉽게 수정했습니다. MAIN_SICK^{주상병}은 환자가 병원에서 진료를 받을 때 질병의 종류를 구분한 코드입니다.

str( ) 함수를 실행한 결과를 살펴보면 수정이 필요한 부분을 발견할 수 있을 것입니다. 바로 MONTH 수진월와 SEX 성별입니다. 이 변수들은 의미상 범주형 변수지만 편의상 int라는 정수 형식으로 저장되어 있습니다. 이 변수들을 factor( ) 함수를 사용해서 범주형 변수로 바꾸고 levels( ) 함수를 사용해서 수준 이름도 바꿔봅시다.

```
> treat$MONTH = factor(treat$MONTH)
> treat$SEX = factor(treat$SEX)
> levels(treat$SEX)
[1] "1" "2"
```

먼저 factor( ) 함수를 사용해서 MONTH와 SEX를 모두 범주형 변수로 바꿉니다. 그러고 나서 SEX의 수준을 확인해보면 "1"과 "2"인 것을 확인할 수 있습니다. levels( ) 함수로 각각 "1_남", "2_여"로 바꿉니다. 그런 다음 str( ) 함수로 다시 구조를 확인해보면, 모두 범주형 변수로 잘 변형된 것을 확인할 수 있습니다.

```
> levels(treat$SEX) = c("1_남", "2_여")
> str(treat)
'data.frame'    :   2016783 obs. of  5 variables:
 $ MONTH        :   Factor w/ 12 levels "1","2","3","4",..: 12 12 12 12 12...
 $ AGE          :   Factor w/ 18 levels "01_0-4세","02_5-9세",..: 13 16 11...
 $ SEX          :   Factor w/ 2 levels "1_남","2_여": 2 1 2 2 2 2 2 2 2 2 ...
 $ DSBJT        :   Factor w/ 20 levels "가정의학과","내과",..: 11 11 11 11...
 $ MAIN_SICK    :   Factor w/ 1407 levels "A02","A03","A04",..: 460 446 ...
```

이제 본격적으로 범주형 변수 요약을 해봅시다. 관측치가 200만 개가 넘지만, 과정은 간단합니다. 관측치가 늘어나면 데이터 공간에 점만 몇 개 더 찍힐 뿐이라는 것을 알고 있으니까 걱정할 필요가 없습니다. 그저 각 변수의 수준별로 몇 개의 관측치가 있는지 숫자를 세기만 하면 됩니다. 이때는 표를 만들어 주는 table( ) 함수를 사용합니다.

```
> table(treat$MONTH)

     1       2       3       4       5       6
174597  154287  182596  181855  168122  145505
     7       8       9      10      11      12
154800  158540  168524  173414  168221  186322
```

200만 건의 진료 데이터로부터 MONTH 변수를 활용해서 월별 진료 건수를 계산했습니다. 건수가 많으니까 1,000건 단위로 바꿔봅시다. 방금 만든 표를 1,000으로 나누고 round( ) 함수로 반올림합니다.

```
> round(table(treat$MONTH) / 1000)

  1   2   3   4   5   6   7   8   9  10  11  12
175 154 183 182 168 146 155 159 169 173 168 186
```

훨씬 깔끔하게 정리된 것처럼 보이지만, 12개의 숫자를 한꺼번에 살펴보는 것이 쉽지는 않습니다. 확실히 숫자보다는 그림이 비교하기엔 편합니다. 이 표를 막대그래프로 그려서 살펴봅시다. 막대그래프는

barplot( ) 함수를 사용합니다. 방금 만든 표를 그대로 barplot( ) 함수 속에 넣습니다. 세로축이 진료건수, 가로축이 월을 나타냅니다.

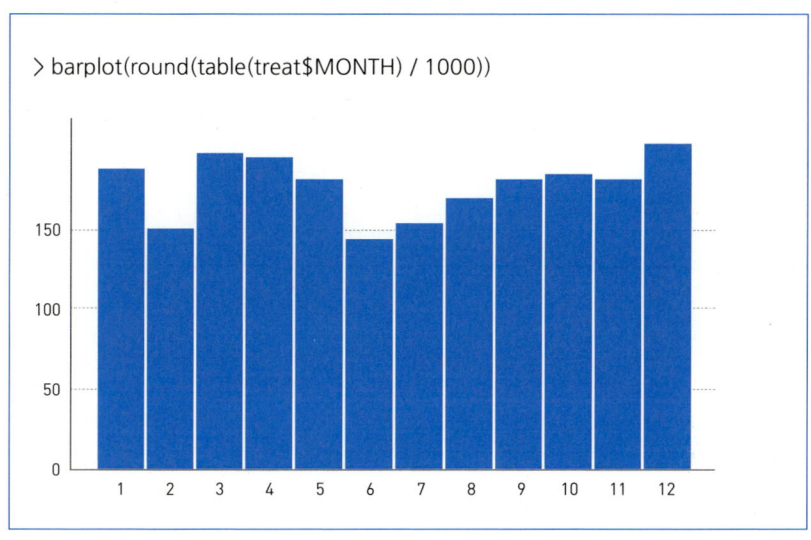

진료일수가 짧은 2월이 아무래도 진료건수가 적습니다. 6월에 최저진료건수를 기록하지만, 이후 점점 환자 수가 늘어나네요. 유독 환절기에는 진료건수가 늘어나는 것도 확인할 수 있습니다. 그럼 이번에는 AGE 변수를 활용해서 데이터를 요약한 막대그래프를 그려볼까요?

막대그래프를 그릴 때 수준 이름이 길면 서로 겹치는 경우가 발생할 수 있습니다. 이럴 때는 "las=2" 옵션을 추가해서 이름을 90도로 회전시킬 수 있습니다.

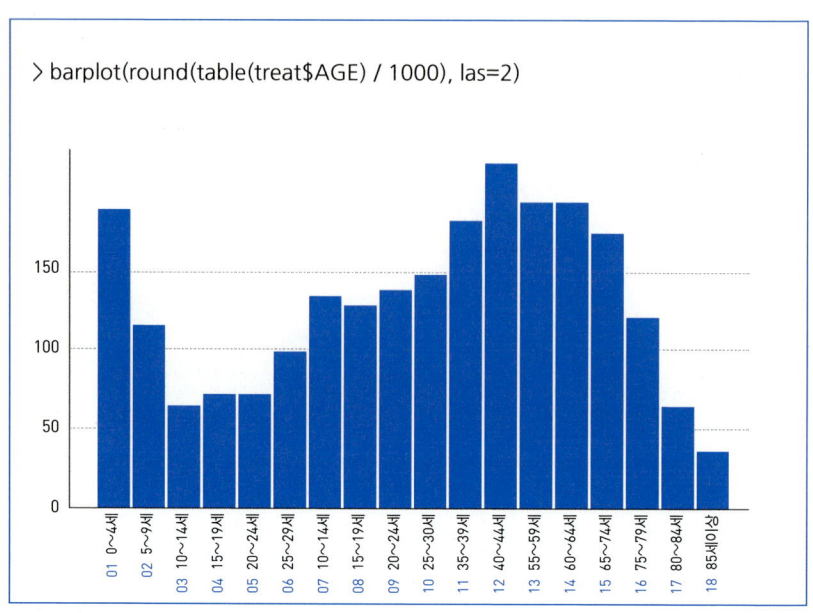

아무래도 5세 미만 아기들의 진료건수가 많습니다. 그리고 가장 튼튼한 청소년기로 접어들면서 진료건수가 줄어들고 20대 후반부터 점점 진료건수가 늘어납니다. 70세 이상부터 진료건수가 급격히 줄어드는 것은 병원에 가는 횟수가 줄었다고 보기보다는 해당 인구가 줄었다고 보는 편이 합리적일 것 같습니다. 만약 이 그림을 파이 차트에 그리면 어떻게 될까요? 함수 이름만 바꿔서 pie( ) 함수를 사용해봅시다.

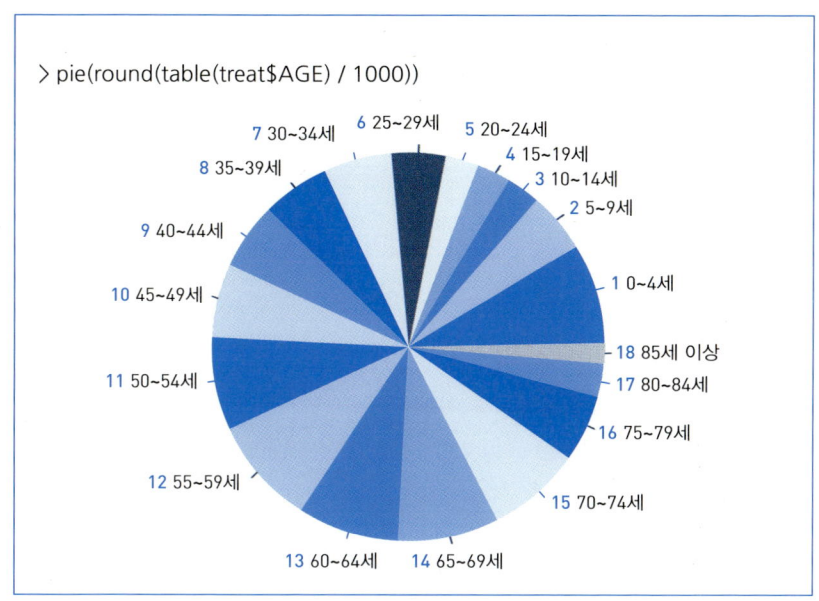

이처럼 변수의 개수가 많을 때 파이 차트를 사용하면 복잡하기만 할 뿐, 수준별 차이를 보여주는 데는 한계가 있습니다. 예를 들어, 파이 차트에서 나란히 붙어있는 "08_35-39세"와 "09_40-44세" 중 어느 쪽이 더 비중이 큰지를 확인하는 것조차 힘듭니다. 그래서 하나의 범주형 변수를 그림으로 표현할 때는 되도록 막대그래프를 활용하는 것이 좋습니다.

두 개의 범주형 변수의 관계 찾기

성별이나 연령에 따라 아픈 곳이 다를까?

바로 이어서 두 개의 범주형 변수를 요약해봅시다. 변수가 2개가 되는 순간, 분석의 목적은 명확합니다. 두 변수 사이에 어떤 관계가 있는지 살펴보는 것이죠. 물론 범주형 변수는 2개가 되어도 할 수 있는 것이 많지 않습니다. 결국 두 변수의 조합별로 몇 개의 관측치가 있는지 개수를 세면 됩니다. 하나의 변수를 요약할 때와 똑같이 table( ) 함수를 써서 교차표를 만들 수 있습니다. 차이가 있다면 이번에는 table( ) 함수 안에 콤마로 구분해서 두 개의 변수를 넣는 것입니다. 먼저 AGE와 SEX를 넣어볼까요?

```
> table(treat$AGE, treat$SEX)

              1_남      2_여
  01_  0-4세    84391   77220
  02_  5-9세    52402   46407
  03_  10-14세  29765   27431
  04_  15-19세  31413   29411
  05_  20-24세  24710   36752
  06_  25-29세  30705   54537
  07_  30-34세  38341   75842
  08_  35-39세  42272   68918
  09_  35-39세  49677   68486
  10_  40-44세  52625   75166
  11_  45-49세  62114   95169
  12_  50-54세  70529  113771
  13_  55-59세  68529   98913
  14_  60-64세  69066   98229
  15_  65-69세  67366   83405
  16_  75-79세  44145   60798
  17_  80-84세  22575   34632
  18_  85세이상 11027   20044
```

쭉 훑어보면 남자가 많은 연령대도 있고 반대로 여자가 많은 연령대도 있습니다. 보통 이렇게 교차표를 만들고 나면 절대적인 숫자를 비교하기보다는 행 백분율과 열 백분율을 계산해서 상대적인 숫자를 살펴봅니다. 행 백분율은 각 행의 합계를 1로 봤을 때 각각의 열이 차지하는 비중이 얼마나 큰지를 살펴보는 것이고, 열 백분율은 반대로 각각의 행 비율을 살펴봅니다. 앞서 계산한 교차표에서 행 백분율을 계산하면 연령대별로 성비를 살펴볼 수 있고, 열 백분율을 계산하면 성별로 연령대 분포를 확인할 수 있습니다. R에서는 비중을 의미하는 영어 단어 "proportion"에서 이름을 딴 prop.table( ) 함수를 사용해서 행 백분율과 열 백분율을 계산할 수 있습니다.

일단 교차표를 만들어 적당한 이름으로 저장한 후 prop.table( ) 함수에 넣습니다. 그리고 콤마 뒤에 1을 넣으면 행 백분율, 2를 넣으면 열 백분율을 계산해줍니다. R은 기본값으로 소수점 8번째자리까지 보여주지만, round( ) 함수를 써서 2번째자리로 반올림합니다.

먼저 "t_AGE_SEX"라는 이름으로 교차표를 저장하고 "prop.table(t_AGE_SEX, 1)"로 행 백분율을 계산한 뒤 round( ) 함수로 반올림했습니다.

```
> t_AGE_SEX = table(treat$AGE, treat$SEX)
> round(prop.table(t_AGE_SEX, 1), 2)

            1_남    2_여
01_  0-4세   0.52   0.48
02_  5-9세   0.53   0.47
03_  10-14세  0.52   0.48
04_  15-19세  0.52   0.48
05_  20-24세  0.40   0.60
06_  25-29세  0.36   0.64
07_  30-34세  0.34   0.66
08_  35-39세  0.38   0.62
09_  35-39세  0.42   0.58
10_  40-44세  0.41   0.59
11_  45-49세  0.39   0.61
12_  50-54세  0.38   0.62
13_  55-59세  0.41   0.59
14_  60-64세  0.41   0.59
15_  65-69세  0.45   0.55
16_  75-79세  0.42   0.58
17_  80-84세  0.39   0.61
18_  85세이상 0.35   0.65
```

재밌는 것은 20세 이전까지는 남자의 비중이 높지만, 부모의 품을 떠난 20세 이후부터는 남자의 비중이 40% 수준으로 떨어진다는 것입니다. 남자가 더 튼튼해서라기보다는 아파도 병원을 자주 찾지 않는 것으로 추측할 수 있습니다.

이번에는 열 백분율로 성별 연령대 분포를 살펴볼까요? prop.table( ) 함수에서 숫자 1만 2로 바꾸면 됩니다. 남자와 여자 사이에 큰 차이는 없어 보입니다.

```
> round(prop.table(t_AGE_SEX, 2), 2)

                1_남    2_여
    01_ 0-4세    0.10   0.07
    02_ 5-9세    0.06   0.04
    03_ 10-14세  0.03   0.02
    04_ 15-19세  0.04   0.03
    05_ 20-24세  0.03   0.03
    06_ 25-29세  0.04   0.05
    07_ 30-34세  0.05   0.07
    08_ 35-39세  0.05   0.06
    09_ 35-39세  0.06   0.06
    10_ 40-44세  0.06   0.06
    11_ 45-49세  0.07   0.08
    12_ 50-54세  0.08   0.10
    13_ 55-59세  0.08   0.08
    14_ 60-64세  0.08   0.08
    15_ 65-69세  0.08   0.07
    16_ 75-79세  0.05   0.05
    17_ 80-84세  0.03   0.03
    18_ 85세이상 0.01   0.02
```

그렇다면 성별에 따라서 아픈 곳이 다를 수 있고, 그 결과가 진료과목의 차이로 나타나지 않을까요? 이번에는 DSBJT와 SEX의 교차표를 봅시다. 먼저 t_DSBJT_SEX로 교차표를 저장하고 살펴보겠습니다.

```
> t_DSBJT_SEX = table(treat$DSBJT, treat$SEX)
> t_DSBJT_SEX
```

	1_남	2_여
가정의학과	23084	30858
내과	301448	375998
마취통증의학과	9959	14310
방사선종양학과	1456	2497
비뇨기과	31288	18622
산부인과	948	84793
성형외과	2305	1872
소아청소년과	57119	57195
신경과	11513	16922
신경외과	12478	16828
안과	54417	78565
영상의학과	943	1622
외과	26576	36104
응급의학과	7992	8826
이비인후과	91732	114036
재활의학과	10238	13339
정신과	18134	24400
정형외과	133522	205032
피부과	54387	61572
흉부외과	2113	1740

교차표에 있는 숫자들을 살펴보면 전반적으로 어떤 진료과목에 진료 건수가 많은지, 또 환자들이 성별에 따라 어떤 진료를 많이 받는지 알 수 있습니다. 바로 앞의 예제처럼 행 백분율과 열 백분율을 계산하면 좀 더 자세한 정보를 확인할 수 있겠죠. 그러나 이렇게 교차표를 만들면 정

보를 숫자로 확인할 수는 있지만, 역시 여러 숫자를 인식하고 비교하는 것은 참 힘든 일입니다. 그래서 숫자로 채워진 표 대신 색깔로 표현된 그래프, 열지도를 그려보겠습니다.

R에서는 heatmap( ) 함수를 활용하면 열지도를 간단히 그릴 수 있습니다. 다만, 여러 가지 옵션값들을 적절히 잘 설정해야 하는데 자세한 내용은 생략하고 지금은 heatmap( ) 함수의 첫 번째 값에 교차표를 넣으면 된다는 것만 기억하고 넘어가겠습니다(옵션값을 설정하는 방법은 데이터아트 프로젝트 웹페이지를 참고하세요).

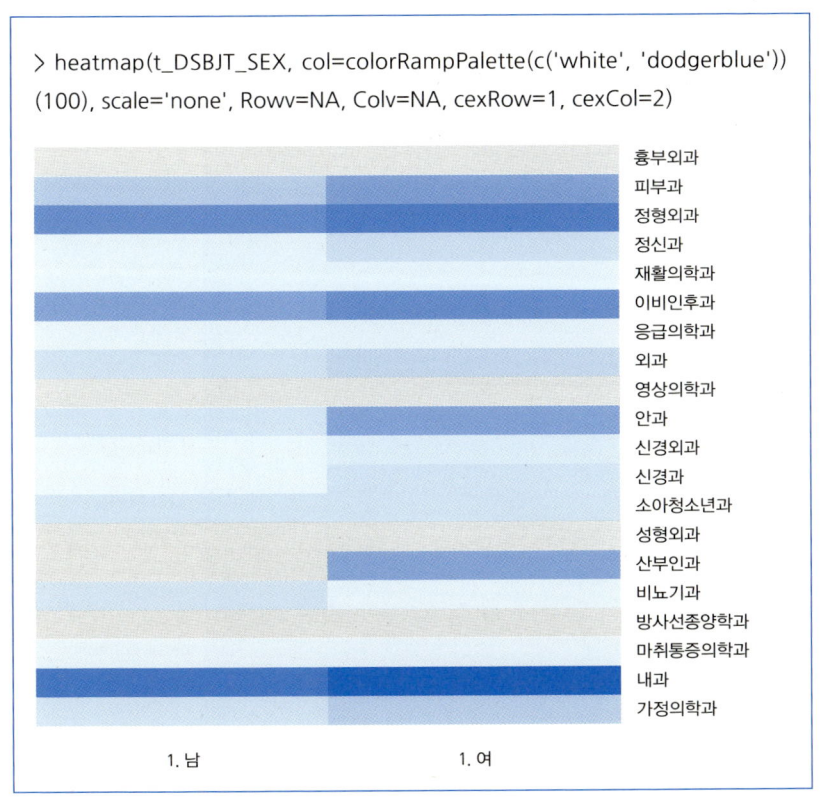

일반적으로 교차표에서 숫자가 크면 클수록 색이 짙어지고, 작으면 작을수록 흰색에 가깝게 표현됩니다. 내과가 워낙 진료건수가 많다 보니 남녀 모두 가장 진하게 표시되어 있고, 나머지는 잘 보이지 않을 정도로 연한 상태입니다.

이번에는 교차표 대신, 행 백분율을 넣어서 진료과목별 성비를 열지도로 표현해봅시다. "t_DSBJT_SEX" 대신 행 백분율을 계산한 "prop.table(t_DSBJT_SEX, 1)"을 넣습니다.

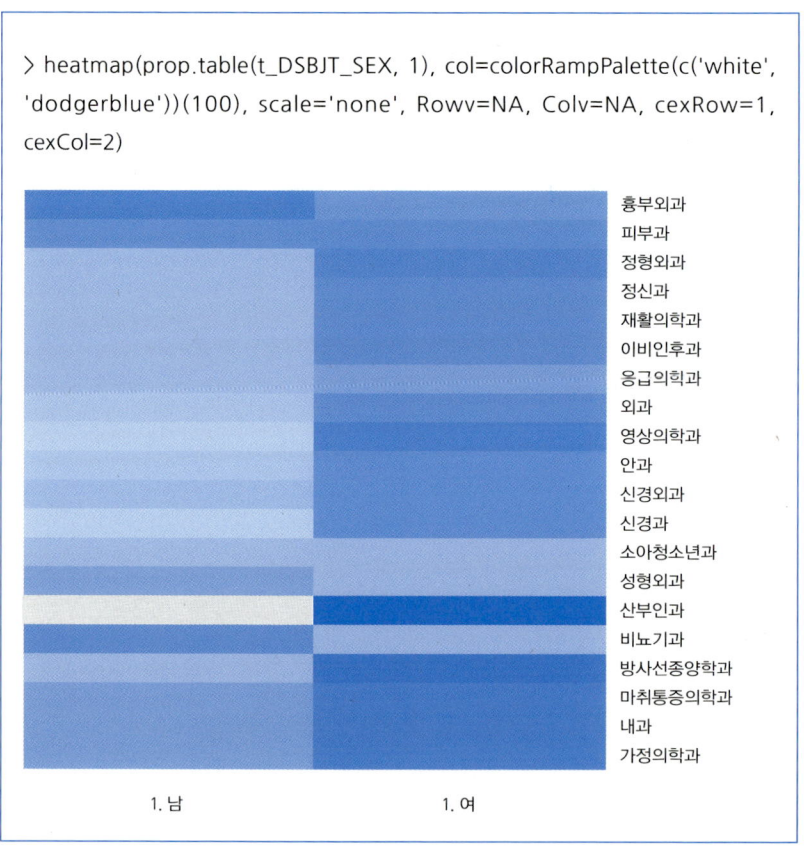

여성의 색깔이 전반적으로 남성의 색깔보다 짙은 것을 보면 여성 환자의 비율이 많다고 볼 수 있습니다. 당연히 산부인과는 여성 환자의 비율이 거의 100%에 가까우므로 아주 짙은 색을 보입니다. 반면 남성의 비율이 높은 진료과목은 비뇨기과, 성형외과, 흉부외과가 있습니다. 결과가 약간 의아할 수도 있지만 이 데이터는 건강보험이 적용되는 외래 진료만 포함하고 있다는 걸 감안해야 합니다.

이번에는 진료과목 중 내과만 자세히 살펴보겠습니다. 내과 진료건에서 MAIN_SICK와 AGE의 관계를 보면 연령에 따라 어떤 병에 많이 걸리는지를 확인할 수 있습니다. 먼저 DSBJT가 "내과"인 관측치만 선택합니다. 그리고 MAIN_SICK와 AGE의 교차표를 만듭니다. 문제는 MAIN_SICK, 주상병의 종류가 1,407개로 너무 많아서 그림으로 표현하는 것도 힘들다는 것입니다.

```
> internal = subset(treat, DSBJT=='내과')
> t_MS_AGE = table(internal$MAIN_SICK, internal$AGE)
> dim(t_MS_AGE)
[1] 1407  18
```

무조건 다양하고 많다고 해서 좋은 건 아닙니다. 결과에서도 의미 있는 부분만 선택해서 보여주면 됩니다. 그럼 방금 만든 교차표도 전체 주상병이 아니라 진료건수가 많은 주상병만 살펴봐도 되지 않을까요? 어떤 병이 진료건수가 많은지 확인하기 위해 행 합계를 계산해봅시다. 앞서 만든 교차표에서 행 합계를 계산하면 AGE에 따라 나뉘어져 있는 진료건수를 합쳐서 주상병별 진료건수를 계산할 수 있습니다. 이때 rowSums( ) 함수를 사용합니다. 함수 안에 교차표를 넣으면 행 합계가 계산되고, 주상병별 진료건수를 확인할 수 있습니다. 그럼 이 행 합계를 기준으로 분석 결과에 보여줄 행을 선택합니다. 대괄호 인덱스와 논리 연산을 활용해서 2만 건 이상인 MAIN_SICK만 선택합니다. 그리고 열 지도를 그려봅시다.

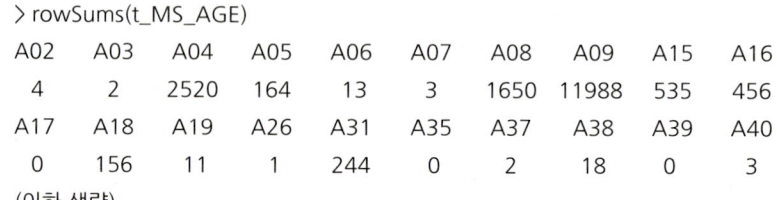

```
> t_MS_AGE2 = t_MS_AGE[rowSums(t_MS_AGE)> 20000, ]
> heatmap(t_MS_AGE2, col=colorRampPalette(c('white', 'dodgerblue'))
(100), scale='none', Rowv=NA, Colv=NA, cexRow=1.5, cexCol=1.5)
```

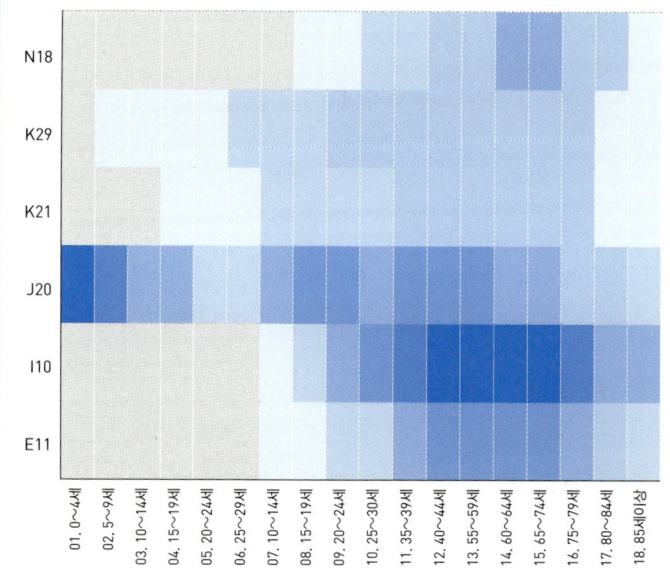

연령대에 따라서 주상병에 확연한 차이가 있습니다. 주상병 코드들을 검색해보면 다음과 같습니다.

MAIN_SICK	상병 한글명
N18	만성 신장병
K29	위염 및 십이지장염
K21	위-식도역류병
J20	급성 기관지염
I10	본태성 고혈압
E11	2형 당뇨병

이제 열지도의 의미가 더욱 와닿습니다. 젊은 사람들은 다른 곳은 비교적 괜찮지만 스트레스를 받아서인지 위염으로 고통받고 있습니다. 어린 아이들은 급성 기관지염(감기) 때문에 내과를 찾고 어른들은 각종 성인병과 만성질환으로 내과를 찾고 있네요. 중년에 접어들수록 고혈압과 당뇨로 병원을 찾게 되고, 노년에는 신장병으로 진료를 받는 사람이 많다는 것이 보입니다.

마지막 내용은 조금 도전적입니다. 우리는 두 범주형 변수의 관계를 살펴보기 위해 교차표를 만들었습니다. 숫자를 피하기 위해서 열지도에서 색깔로 표현했지만 색깔이 많아지면 역시나 이해하기 어려워집니다. 교차표 속에 숨어 있는 수준 간의 연관성을 살펴볼 수 있는 또 다른 방법은 없을까요? 바로 **대응분석**Correspondence analysis이 있습니다. 대응분석은 교차표의 행 백분율과 열 백분율을 고려해서 서로 비슷하거나 관련이 깊은 수준들을 재표현하는 방법입니다.

대응분석은 교차표에 적절한 행렬 연산을 적용해서 직접 계산할 수 있습니다. 그러나 이 부분은 이 책에서 다루는 범위를 훨씬 벗어나게 되어 생략하겠습니다. 자세한 내용은 구글 검색이나 위키피디아 등을 참고하시길 바랍니다.

```
> install.packages("ca")
> library(ca)
```

대응분석을 위해서는 ca 패키지를 다운받아야 합니다. Install.packages( ) 함수로 ca 패키지를 설치하고 library( ) 함수로 불러옵니다. 그리고 방금 만든 교차표를 ca( ) 함수에 넣고 바로 plot( ) 함수로 그림을 그립시다.

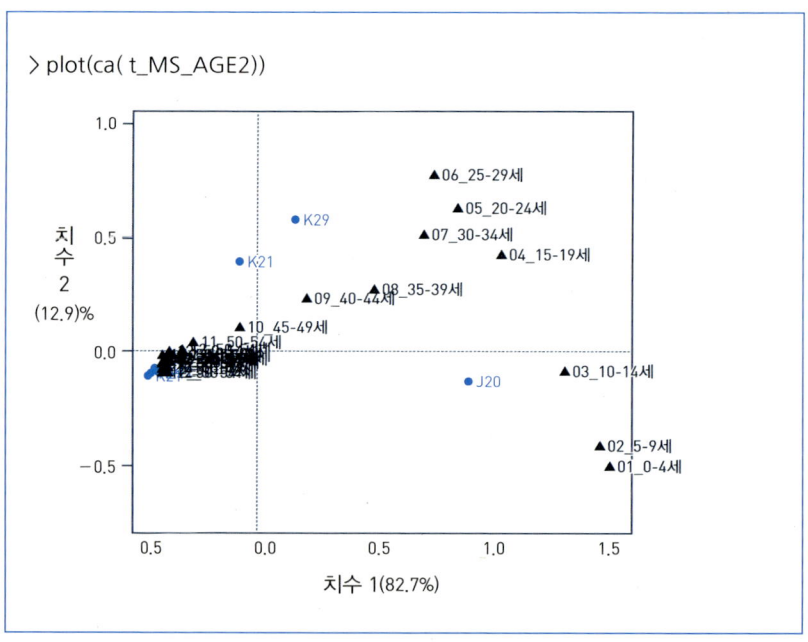

대응분석의 이론적인 내용은 뛰어넘고, 그림으로 표현된 결과 위주로 살펴봅시다. 2차원 그림을 보면 첫 번째 축에는 82.7%, 두 번째 축에는 12.9%라는 숫자가 적혀 있습니다. 우리가 직접 행 백분율과 열 백분율을 살펴보면 연령대별로 상대적으로 비중이 높은 주상병, 혹은 특정 주상병에서 상대적으로 비중이 높은 연령대를 확인할 수 있습니다. 어린이는 급성기관지염(J20), 중년은 고혈압(I20)이나 당뇨(E11), 노년은 신장병(N18)과 관련이 깊죠. 물론 반대로 관련이 없거나, 크진 않지만 조금 관련이 있거나 역시 크진 않지만 조금 덜 관련이 있을 수도 있습니다.

첫 번째 축에 적힌 82.7%는 그런 모든 정보, 즉 진료과목과 연령대로 엉켜 있는 모든 차이의 82.7%를 설명한다는 것을 의미합니다. 어떤 정보들이 있는지 그림을 함께 살펴볼까요? 파란색 점들은 MAIN_SICK 수준들이고 책에서는 까만색으로 표시되지만, 실제 R의 그래프에서는 빨갛게 표시되는 점은 연령대입니다. 왼쪽에 파란 N18, I10, E11이 모여 있는데, 이것은 이 3개의 주상병은 연령대 구성이 비슷하다는 의미입니다.

마찬가지로 50세 이상의 연령대도 함께 모여 있는데, 이는 이 연령대에서의 주상병 분포 패턴이 비슷하다는 의미입니다. 그리고 50세 이상의 연령대와 N18, I10, E11 상병이 가까운 것은 다른 상병이나 연령대보다 상대적으로 더 밀접한 관계가 있다는 것을 의미합니다. J20의 경우 낮은 연령대와 관련이 깊고, K21과 K29가 위쪽에 있는 것은 함께 위쪽에 있는 중간 연령대와 비교적 관련이 깊다는 것을 의미합니다. 즉, 대응분석은 같은 변수 속에 있는 서로 비슷한 패턴을 보이는 수준들을 묶어주고, 또 다른 변수에 있는 서로 비중이 높아 관련이 깊은 수준을 묶어줍니다. 이론적인 부분을 다루지는 않았지만, 한 번쯤은 살펴볼 만합니다.

  지금까지 다양한 방법으로 범주형 변수를 분석해봤습니다. 이론적으로는 어려운 내용일지라도 사용법을 조금만 익히면 R에서 분석을 실행하고 결과를 확인하는 것은 누구나 할 수 있습니다. 자신감을 갖고 두 연속형 변수의 관계를 탐색해봅시다.

두 개의 연속형 변수의 관계 찾기

과연 아빠의 키는 아들 키에 얼마나 큰 영향을 줄까?

  바로 이어서 두 개의 연속형 변수의 관계를 살펴보겠습니다. 100여 년 전, 피어슨이라는 통계학자가 아빠 키와 아들 키의 관계에 관심을 갖고 1,078쌍의 아버지와 아들의 키 데이터를 모았습니다. 바로 이 데이터로 연속형 변수의 관계를 살펴봅시다.

  먼저 read.csv( ) 함수로 데이터를 불러옵니다. 데이터 이름은 heights로 지정했습니다.

```
> heights = read.csv('heights.csv')
> head(heights)
  father   son
1  165.2 151.8
2  160.7 160.6
3  165.0 160.9
4  167.0 159.5
5  155.3 163.3
6  160.1 163.2

> nrow(heights)
[1] 1078
```

※ 예제 데이터 이름 : heights.csv

이 데이터에는 각각 아빠 키, 아들 키를 의미하는 두 개의 변수 father와 son이 있습니다. 첫 번째 관측치를 살펴보면, 이 가족에서 아빠는 키가 165.2cm이고 아들은 151.8cm네요. 이런 식으로 1,078개의 아버지와 아들 키 데이터가 정리되어 있습니다. 원본 데이터는 인치(inch) 단위지만 우리가 사용하는 센티미터(cm)로 단위를 바꿨습니다. 우리는 표준화를 배웠기 때문에 데이터의 단위를 바꿔도 전혀 문제가 되지 않는다는 것을 알고 있습니다! 그럼 두 변수의 관계를 살펴보기 전에 먼저 각 변수의 특징을 살펴볼까요? summary( ) 함수에 데이터를 넣고 실행하면, 각 변수별로 다섯 숫자 요약의 결과를 보여줍니다. 키의 평균이나 중앙값을 보면 확실히 다음 세대인 아들의 키가 조금 더 큰 것을 확인할 수 있습니다.

```
> summary(heights)
     Father                    son
 Min.    :  149.9       Min.    :  148.6
 1st Qu  :  167.1       1st Qu  :  170.0
 Median  :  172.1       Median  :  174.3
 Mean    :  171.9       Mean    :  174.5
 3rd Qu  :  176.8       3rd Qu  :  179.0
 Max.    :  191.6       Max.    :  199.0
```

상자그림도 그려볼까요? 상자그림은 하나의 연속형 변수를 요약하고 표현하는 방법입니다. 즉, 두 변수를 각각 상자그림으로 그려야 합니다. 그러나 R은 사용자에게 상당히 호의적이죠. boxplot( ) 함수에 데이터를 넣고 실행하면 아빠와 아들의 상자그림을 나란하게 그려줍니다.

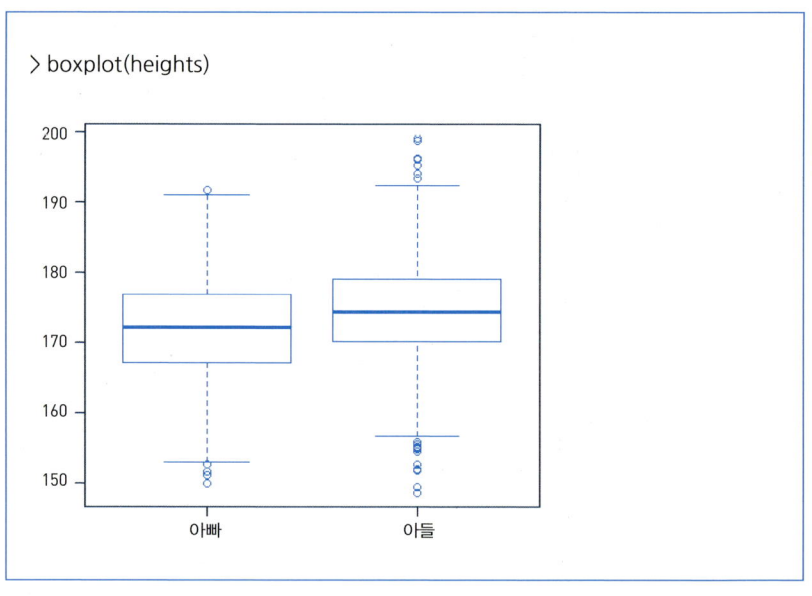

전체적으로 아들 키의 상자그림이 아빠 키의 상자그림보다 조금 더 높이 걸려 있습니다. 즉, 세대가 지나면서 전반적으로 키가 커진 것을 알 수 있습니다. 따라서 중앙값도 커졌고, 당연히 평균도 높아졌겠죠. 최댓값도 더 커졌지만, 안타깝게도 최솟값은 더 작아졌습니다. 두 상자그림에서 키 분포의 특징을 살펴볼 수 있습니다. 연봉 데이터와는 달리 중간 50% 구간의 간격은 좁고, 위아래 구간의 간격은 넓은 것이 보입니다. 키가 많이 작거나 많이 큰 일부를 제외하면 대부분 중앙값 근처의 무난한 키를 가지고 있는 좌우 대칭 분포 형태를 보입니다. 아들의 키만 히스토그램으로 살펴보면 이런 특징이 더욱 확실히 드러납니다. 세로축은 아들의 수를 나타내고 가로축은 키를 나타냅니다.

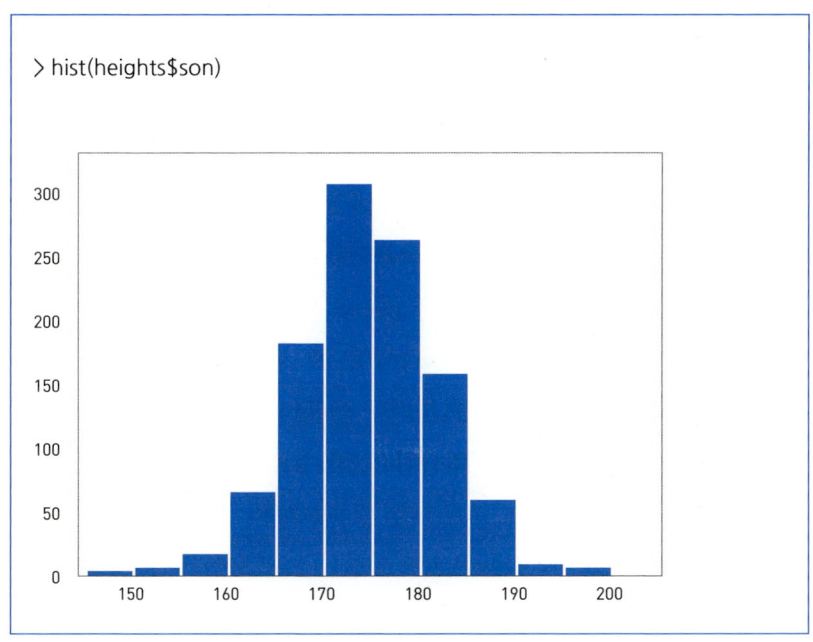

두 개의 상자그림을 나란히 그린다고 해서 두 변수의 관계를 알 수는 없습니다. 왜냐면 상자그림은 요약된 정보를 그래프로 표시한 것이고 두 변수의 관계를 살펴보기 위해서는 요약하기 전의 값을 살펴봐야 하기 때문입니다. 따라서 요약하기 전의 두 변수의 값을 그대로 좌표로 활용한 산점도를 그리면 됩니다. R에서는 plot( ) 함수를 활용해서 산점도를 그릴 수 있습니다. plot( ) 함수에 heights를 넣으면 첫 번째 변수 father를 가로축(x축) 좌표로, 두 번째 변수 son을 세로축(y축) 좌표로 활용해서 2차원 공간에 점을 찍습니다. 관측치의 개수인 1,078개만큼의 점이 찍히고, 이 점이 만드는 패턴을 통해서 두 변수의 관계를 찾아낼 수 있습니다.

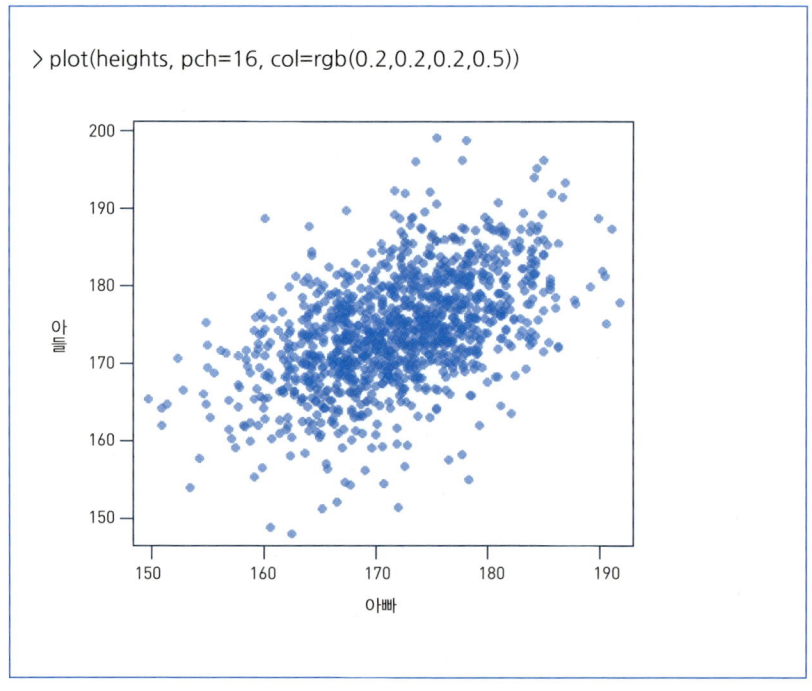

"pch=" 옵션으로 점 모양을 바꾸고, "col=" 옵션과 rgb( ) 함수를 활용해서 불투명한 회색으로 표현했습니다. 좀 더 효과적인 표현을 위해 가로축에서 아빠의 평균 키에 수직선을 그리고, 세로축에서 아들의 평균 키에 수평을 추가해보겠습니다. 보조선을 추가하려면 abline( ) 함수를 사용해야 합니다. "v=" 옵션으로 수직선, "h=" 옵션으로 수평선을 추가할 수 있습니다. "lty=2" 옵션으로 선 종류^{line type}를 점선으로 바꿨습니다.

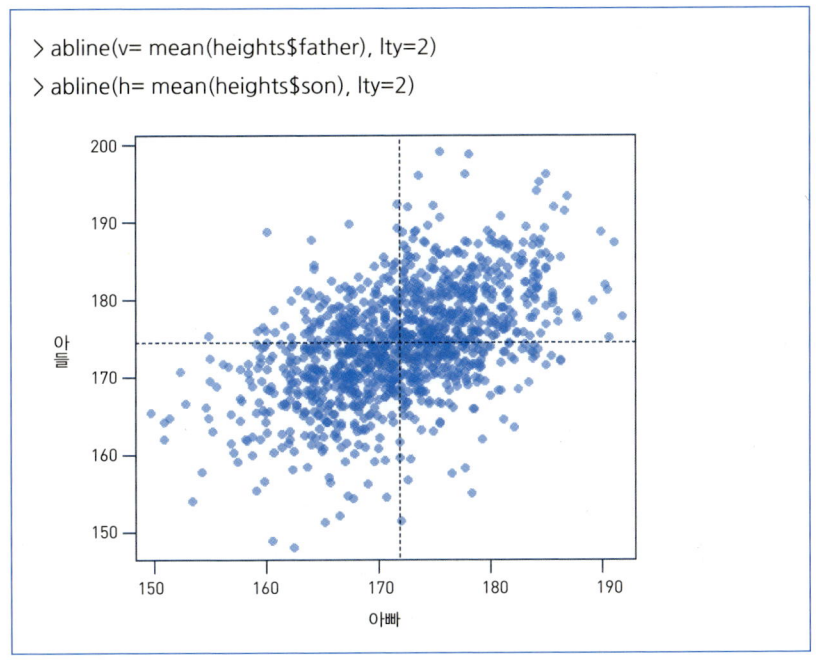

아빠의 평균 키와 아들의 평균 키에 그은 2개의 보조선은 2차원 평면을 4등분합니다. 오른쪽 위에서부터 반시계 방향으로 제1사분면, 제2사분면, 제3사분면, 제4사분면이라고 부르죠. 제1사분면의 점들은 아빠도 평균보다 키가 크고, 아들도 평균보다 키가 큰 가족입니다. 대각선에 위치한 제3사분면은 아빠와 아들 모두 평균보다 키가 작은 가족입니다. 이 두 집단은 완전히 달라 보이지만, '아들의 키는 아빠의 키에 영향을 받는다'는 의미를 나타냅니다. 반면 제2, 4사분면의 점들은 아빠와 아들 중 한쪽은 평균보다 크지만 나머지 한쪽은 평균보다 작아서 제1, 3사분면과는 반대로 '아들의 키는 아빠의 키에 영향을 받지 않는다'는 의미를 지니죠. 눈으로 보기에도 제1, 3사분면에 관측치가 많아 보입니다. 정말 그런지 상관계수를 계산해볼까요? 상관계수는 cor( ) 함수에 연속형 변수로 이뤄진 데이터를 넣어 구할 수 있습니다.

```
> cor(heights)

            father        son
father    1.0000000   0.5010942
son       0.5010942   1.0000000
```

변수의 조합에 따라 상관계수 행렬이 만들어지는데, 어떤 변수와 변수 자신의 상관계수는 당연히 1이 나옵니다. 아빠 키^{father}와 아들 키^{son}의 상관계수는 0.5로 계산됩니다.

사실 상관계수로 두 변수의 관계를 명확하게 설명하기는 어렵습니다. 상관계수의 부호가 +냐 −냐에 따라서 같은 방향으로 움직이는지, 반대로 움직이는지는 정도만 알 수 있을 뿐입니다. 그래서 선형회귀를 사용합니다. 아빠 키로 아들 키를 예측하는 회귀분석에 대한 자세한 내용은 **80% 아빠 키 유전 확률, 25%**에서 살펴봤으니 지금은 R에서 어떤 함수를 사용하는지 알아봅시다. 복잡한 이론적인 배경과 달리 R에서는 lm( )이라는 함수로 간단히 회귀모형을 적합할 수 있습니다.

> lm_heights = lm(son ~ father, data=heights)

lm( ) 함수는 뒤에서부터 살펴봅시다. 먼저 "data=" 옵션에 우리가 사용할 데이터 이름을 적습니다. 그리고 그 앞에 모형식^{Formula}을 만듭니다. 모형식은 우리가 어떤 변수에 관심이 있는지, 그 관심 변수를 어떤 변수로 설명할 것인지를 표현합니다. 아빠 키와 아들 키가 서로 관련이 있다고 해서 아들 키가 아빠 키에 영향을 준다고 생각하는 사람은 없습니다. 유전적인 영향으로 아빠 키가 아들 키에 영향을 주었을 것이라고 생각하죠. 그래서 son, 아들 키가 관심 변수가 됩니다. 그리고 아빠 키로 그 관심 변수를 설명하려고 합니다. R의 모형식에서는 이 관계를 "son"이 먼저 나온 다음 "~"를 붙이고 그 뒤에 "father"를 붙여 "son ~ father"로 표현합니다. 회귀모형을 적합하면 모형과 관련된 많은 값들이 계산되는데, 단순히 출력하고 버리지 않기 위해서 "lm_heights"로 저장했습니다.

> summary(lm_heights)

summary( ) 함수는 변수를 요약할 때뿐만 아니라 적합된 모형에 대한 요약을 할 때도 사용합니다. "summary(lm_heights)"로 모형의 요약을 살펴봅시다.

```
Console C:/Users/imkdoug/OneDrive/Writing/data/
> summary(lm_heights)
call:
lm(formula = son ~ father, data = heights)

Residuals:
    Min      1Q  Median      3Q     Max
-22.5957 -3.8614  0.0091  4.1230 22.7570

Coefficients:
            Estimate Std. Error t value Pr(>|t|)
(Intercept) 86.10257    4.65558   18.49   <2e-16 ***
father       0.51391    0.02706   18.99   <2e-16 ***
---
Signif. codes:  0 '***' 0.001 '**' 0.01 '*' 0.05 '.' 0.1 ' ' 1

Residual standard error: 6.191 on 1076 degrees of freedom
Multiple R-squared:  0.2511,   Adjusted R-squared:  0.2504
F-statistic: 360.8 on 1 and 1076 DF,  p-value: < 2.2e-16
>
```

많은 값 중에서 첫 번째로 관심을 가져야 할 숫자는 바로 변수 father의 p-값입니다. 결과에서 father라는 변수 이름이 나오고, 그 줄 제일 끝에 "Pr(>|t|)"에 해당하는 값이 바로 변수 father의 p-값입니다. 이 p-값은 먼저 계산된 t-값을 적절한 t-분포에 넣어 계산합니다. 그리고 '의미 없는 수많은 변수들에 비해서 이 변수가 얼마나 특이할 만큼 관심 변수를 잘 설명하는지'를 의미하죠. 바로 이 p-값으로 아빠 키가 아들 키에 의미 있는 영향을 미치는지 아닌지를 판단할 수 있습니다. p-값에 해당하는 "2e-16"은 $2/10^{16}$을 의미합니다. 즉, 계산된 p-값이 $2/10^{16}$보다 작고 "아빠 키는 아들의 키에 전혀 영향력이 없다"고 판단하기에는 실제 아빠 키의 영향력이 매우 큰 것이죠. 그럼 아들 키는 어떻게 결정될까요? "(Intercept)"의 "Estimate"에 해당하는 86.10257은 모두 기본적으로 갖고, 아빠 키에 0.51391 를 곱한 만큼을 더합니다. 즉, 다음 식이 아들 키에 대한 선형회귀모형식이 됩니다.

$$\text{아들 키} = 0.51391 \times \text{아빠 키} + 86.10257$$

소수점의 차이가 있지만, 우리가 직접 계산했던 것과 동일한 식이 나옵니다. 굳이 직접 계산할 필요 없이 R을 활용하면 되겠죠?

회귀모형의 결과에서 또 다른 정보를 찾아봅시다. 아래쪽에 있는 "R-Squared" 값은 결정계수로, 이 식을 통해 아들 키를 얼마나 설명할 수 있는지를 말해줍니다. 약 25%입니다. 나머지 75%는 우리가 가진 데이터로는 알 수 없는 엄마의 키나 환경의 영향 혹은 자연의 신비라고 할 수 있습니다. 그럼 아들 키의 25%밖에 설명할 수 없는 이 식이 과연 의미가 있을까요? 이것 역시 요약 결과에서 확인할 수 있습니다. **80% 아빠 키 유전 확률, 25%**의 마지막 부분에서 살펴본 것처럼 F-분포를 활용하면 모든 아들 키를 전체 평균으로 예측하는 것보다 아빠 키를 활용해서 예측하는 것이 얼마나 의미 있는지를 판단할 수 있습니다. 결과 중에서 제일 아래의 "F-Statistic"의 p-값이 역시 거의 0에 가까우므로 충분히 의미 있는 모형이라고 판단할 수 있습니다.

차이를 설명하는 간단한 통계 모형 살펴보기

누가, 언제 치킨을 가장 많이 먹을까?

앞에서 우리는 두 변수의 관계를 살펴봤습니다. 교차표로 두 범주형 변수의 관계를 찾고, 산점도로 두 연속형 변수의 연결고리를 탐색했습니다. 그렇지만 우리 주변에서 가장 흔한 변수의 관계는 하나의 연속형 변수와 하나의 범주형 변수입니다. 바로 그룹별 평균을 비교하는 일이죠. 콘솔창에 "InsectSprays"를 입력하면 **55% 점심 뭐 먹지?**에서 살펴본 6개의 살충제별 성능 차이를 정리한 데이터를 확인할 수 있습니다.

```
> InsectSprays
   count spray
1    10    A
2     7    A
3    20    A
4    14    A
   (이하 생략)
```

이 데이터에는 2개의 변수가 있는데 하나는 살충제의 종류를 뜻하는 spray, 나머지 하나는 죽은 벌레 수를 의미하는 count입니다. 일단 각 spray별 count의 평균을 계산해볼까요? 그룹에 따라서 데이터를 요약할 때에는 aggregate( ) 함수와 모형식을 활용합니다.

```
> aggregate(count ~ spray, data=InsectSprays, mean)
   spray    count
1     A    14.500000
2     B    15.333333
3     C     2.083333
4     D     4.916667
5     E     3.500000
6     F    16.666667
```

먼저 "data=" 옵션에 데이터 이름을 넣고 앞쪽에는 모형식을 적습니다. 지금 우리가 궁금한 것은 살충제라는 그룹마다 죽은 벌레 수이기 때문에 벌레 수 count가 먼저 나오고 ~ 다음으로 살충제 spray가 붙습니다. 그리고 제일 마지막에는 그룹별로 계산할 함수를 적습니다. 그룹별 평균을 계산하기 위해서 "mean"을 넣었습니다. 결과를 살펴보면 살충제 A, B, F는 14마리 이상의 꽤 많은 벌레를 죽인 반면 C, D, E는 효과가 썩 좋지 않습니다.

좀 더 차이를 확실하게 볼 수 있도록 그룹별로 상자그림을 그려볼까요? boxplot( ) 함수에 모형식을 그대로 넣어줍니다. 그룹별 평균은 숫자 하나로 그룹의 특징을 간편하게 비교할 수 있지만, 그룹별 상자그림은 전반적인 분포를 비교할 수 있어서 좋습니다.

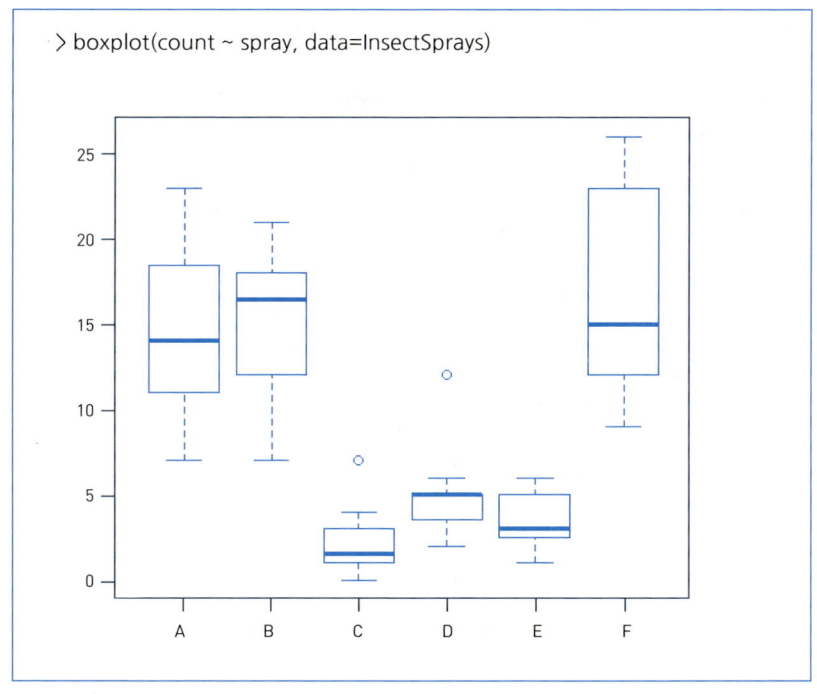

이제 살충제별 성능 차이가 확연히 드러납니다. 살충제 A, B, F가 확실히 전반적으로 성능이 좋아보입니다. 하지만, 이 상자그림만으로 살충제에 성능 차이가 있다고 판단할 수 있을까요? 아직은 아닙니다. 분산분석을 통해 spray라는 변수가 count의 차이를 충분히 잘 설명하고 있는지 확인해야 합니다. 모형식은 그대로 사용하되 분산분석을 뜻하는 "Analysis Of Variance"라는 단어에서 세 글자를 딴 함수 aov( )를 사용합니다.

```
> aov_spray = aov(count ~ spray, data=InsectSprays)
> summary(aov_spray)

            Df  Sum Sq  Mean Sq  F value  Pr(>F)
spray        5    2669    533.8    34.7   <2e-16 ***
Residuals   66    1015     15.4
```

분산분석을 실행한 aov( ) 함수의 실행 결과는 선형회귀의 lm( ) 함수의 실행 결과와 똑같이 해석할 수 있습니다. 결과에서 그룹의 역할을 한 범주형 변수 spray가 있고, 제일 오른쪽에 p-값이 있습니다. 이번에도 p-값은 거의 0이 나왔습니다. spray에 따른 count에 차이가 없다고 보기엔 너무 큰 차이를 가지고 있다는 의미입니다. 눈으로 봐도 스프레이에 따라 차이가 컸으니, 어쩌면 당연한 결과라고 볼 수 있습니다.

이번에는 조금 새로운 데이터를 살펴보려고 합니다. SK텔레콤 빅데이터허브(bigdatahub.co.kr)에서 제공하는 치킨 주문 통화량 데이터입니다. 원본 데이터를 공유할 수 없기 때문에 요약, 변형한 데이터를 예제로 활용합니다. 먼저 데이터를 불러옵시다.

```
> call_chicken = read.csv('call_chicken.csv')
> head(call_chicken)
    기준일     요일 시군구 연령대 성별 통화건수
1 20170201   수   강남구  10대   남    55
2 20170201   수   강남구  10대   여    27
3 20170201   수   강남구  20대   남   115
4 20170201   수   강남구  20대   여    82
5 20170201   수   강남구  30대   남   148
6 20170201   수   강남구  30대   여   126
```

※ 예제 데이터 이름 : call_chicken.csv

    이 데이터는 SK텔레콤의 통화량을 바탕으로, 한 달간 서울시의 25개 자치구/일일/연령대/성별에 따른 치킨 업종 통화건수를 가지고 있습니다. 이 데이터를 보고 어떤 궁금증이 떠오르나요? 누가 치킨을 많이 먹는지 궁금하지 않나요? 결국 통화건수가 어떤 변수와 관련이 있는지 확인하면 이 궁금증이 해결됩니다. 일단 간단한 요약부터 살펴보겠습니다. aggregate( ) 함수와 boxplot( ) 함수를 사용하면 그룹별 요약 값을 계산하고 상자그림을 그릴 수 있습니다. 먼저 시군구에 따라 치킨 주문 통화건수에 차이가 있는지 살펴봅시다.

```
> aggregate(통화건수~시군구, data=call_chicken, sum)
   시군구   통화건수
1   강남구    35655
2   강동구    23656
3   강북구    19582
4   강서구    47481
5   관악구    31151
6   광진구     8442
7   구로구    17571
8   금천구    11327
9   노원구    26267
10  도봉구     8276
11  동대문구   13013
12  동작구    11807
13  마포구    18382
14  서대문구   22772
15  서초구    25422
16  성동구    16235
17  성북구    19321
18  송파구    30338
19  양천구    10354
20  영등포구   30152
21  용산구    18129
22  은평구    22884
23  종로구    10691
24  중구     17876
25  중랑구    16049
```

이유는 정확히 모르겠지만 강서구가 47,481건으로 치킨 주문 통화량이 가장 많습니다. 그리고 도봉구가 8,276건으로 가장 적습니다. 인구수와 치킨 업종 점포 수 등 다양한 요소로 설명이 가능하겠지만, 우선은 지금 가지고 있는 데이터에만 집중을 하겠습니다. 구별 상자그림을 그려보겠습니다.

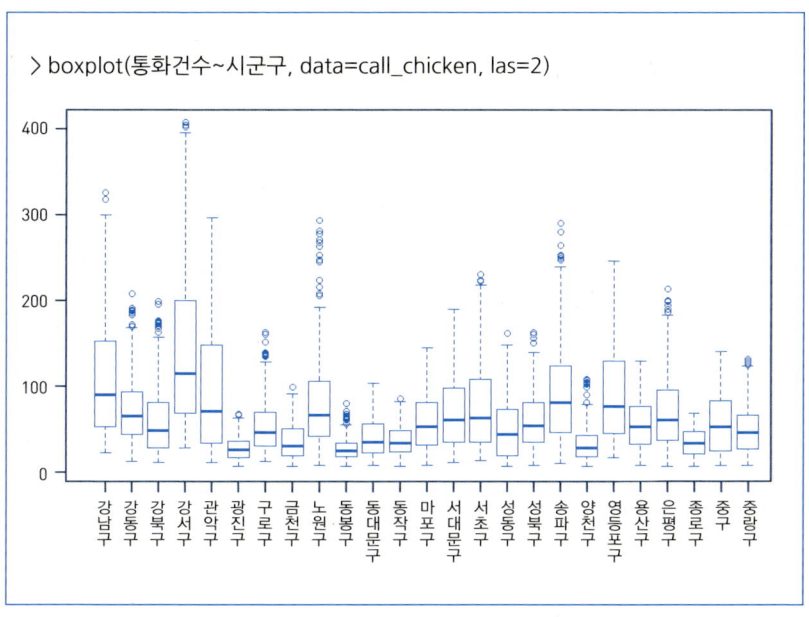

구별 통화건수의 차이가 클 뿐만 아니라 매우 다양한 분포를 보여줍니다. 즉, 그룹의 역할을 하는 자치구별로 치킨업종 통화건수가 다르다고 볼 수 있습니다. 그렇다면 분산분석 결과는 어떨까요?

```
> summary(aov(통화건수~시군구, data=call_chicken))
              Df    Sum Sq   Mean Sq  F value  Pr(>F)
시군구         24   6265645   261069   141.8    <2e-16 ***
Residuals    8365  15396289    1841
```

분산분석의 결과를 살펴보면 역시 시군구의 p-값이 0에 가까우므로 자치구별 치킨 주문 통화량에는 유의미한 차이가 있다고 할 수 있습니다. 연령대나 성별 차이는 어떨까요? 요일별 차이는 없을까요? 상자그림이나 그룹별 요약은 생략하고 분산분석을 해보면 다음과 같습니다.

```
> summary(aov(통화건수~연령대, data=call_chicken))
            Df  Sum Sq   Mean Sq  F value  Pr(>F)
연령대        5  8228983  1645797  1027    <2e-16 ***
Residuals  8384 13432951    1602

> summary(aov(통화건수~성별, data=call_chicken))
            Df  Sum Sq   Mean Sq  F value  Pr(>F)
성별          1   138583   138583   54.01  2.18e-13 ***
Residuals  8388 21523351    2566

> summary(aov(통화건수~요일, data=call_chicken))
            Df  Sum Sq   Mean Sq  F value  Pr(>F)
요일          6   946229   157705   63.82  <2e-16 ***
Residuals  8383 20715704    2471
```

여러 개의 결과가 있지만 우리는 p-값들만 살펴보면 됩니다. 모든 변수의 p-값이 조금씩 다르긴 하지만 유의수준 0.05보다 훨씬 작기 때문에 모든 변수들이 차이를 잘 설명합니다. 즉, 연령대와 성별, 요일에 따라서 치킨주문 통화량에 차이가 있다고 결론을 낼 수 있습니다. 그럼 우리의 분석 결과는 "치킨주문 통화량은 연령대, 성별, 요일, 그리고 시군구마다 다르다"가 됩니다. 어쩌면 너무나 당연한 이야기일 수도 있겠네요. 그렇다면 조금만 관점을 바꿔보겠습니다. 차이를 잘 설명하는 4개의 변수 중에서 가장 통화량의 차이를 크게 설명하는 변수는 무엇일까요? 사실 지금까지 살펴본 분석으로는 판단할 수가 없습니다. 왠지 p-값이 더 작으면 더 중요한 변수일 것 같지만 p-값은 유의성 검정에서만 활용될 뿐, 서로 조건이 다른 변수들의 p-값을 비교하는 것은 의미가 없습니다. 바로 이런 상황에서 통계 모형을 활용합니다. 회귀모형을 비롯한 다양한 통계 모형 중에서 이번에는 의사결정나무^{Decision Tree}, 줄여서 트리 모형을 살펴보겠습니다.

트리 모형을 활용하기 위해서는 패키지가 필요합니다. 모형 적합에 사용되는 "rpart"는 워낙 자주 사용되다 보니 R을 설치할 때 자동으로 함께 설치되어 있습니다. 적합된 트리 모형을 살펴보기 위해선 시각화가 필요하기 때문에 시각화에 사용되는 "rpart.plot" 패키지를 따로 설치합니다. 그리고 두 패키지를 모두 library( ) 함수로 불러옵시다.

```
> install.packages("rpart.plot")
> library(rpart)
> library(rpart.plot)
```

트리 모형을 적합할 때는 패키지 이름과 똑같은 rpart( ) 함수를 사용합니다. 그리고 지금까지 계속 써왔던 모형식을 넣어줍니다. 대신 ~ 뒤에 하나의 변수만 넣는 것이 아니라 +로 연결해서 모든 변수를 넣습니다. 순서는 상관없습니다. 관심 변수 하나를 여러 개의 설명 변수로 한 번에 설명하겠다는 의미죠. 그리고 결과는 rpart_call로 저장합니다.

```
> rpart_call = rpart(통화건수~시군구+연령대+성별+요일, data=call_chicken)
> rpart_call
1) root 8390 21661930.00  61.12431
2) 연령대=10대,50대,60대이상 4190  1370614.00  31.41575
  … (중간 생략)
3) 연령대=20대,30대,40대 4200 12903950.00  90.76214
  … (중간 생략)
>
```

트리 모형은 하나의 변수를 활용한 조건으로 하나의 그룹을 2개의 작은 그룹으로 나눕니다. 그리고 나눠진 각각의 그룹을 또다시 2개씩 더 작은 그룹으로 나누는 작업을 반복합니다. rpart_call을 살펴보면 결과를 확인할 수 있지만, 조금 복잡하니까 rpart.plot( ) 함수로 그림을 그려서 살펴봅시다.

```
> rpart.plot(rpart_call)
```

rpart.plot( ) 함수에 rpart( ) 함수로 만든 트리 모형의 결과를 넣으면 시각화해줍니다. 앞서 살펴본 텍스트로는 정보를 쉽게 파악하기가 어렵기 때문에 시각화가 유용합니다. 결과가 상당히 복잡한데요, 일단 가장 윗부분을 함께 살펴봅시다.

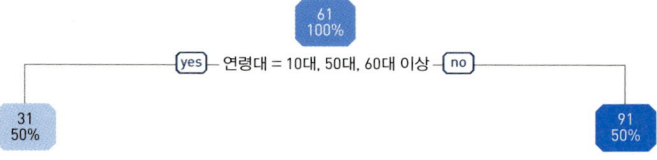

트리 모형이 가장 먼저 선택한 변수는 연령대입니다. 전체 평균 통화 건수 61건 중 연령대가 10대, 50대, 60대 이상인 사람들의 평균 통화건수는 그 절반인 31건이지만, 20대, 30대, 40대의 평균 통화건수는 91건으로 1.5배 늘어났습니다. 두 그룹을 비교하면 3배나 차이가 나네요. 언뜻 보면 분산분석과 비슷해 보이지만, 트리 모형은 한 변수를 기준으로 두 개의 그룹으로만 나눕니다. 그래서 연령대를 3개씩 묶어 두 그룹을 만들었죠. 지금은 연령대 수준이 3개씩 묶였지만 항상 그런 것은 아닙니다. 2개-4개로 묶일 수도 있고, 1개-5개로 묶일 수도 있죠. 그 수많은 조합 중에서 지금의 조합이 나눠진 두 그룹의 평균 차이를 가장 크게 만들기 때문에 선택되었습니다. 연령대 외에 다른 변수들을 사용할 수도 있습니다. 시군구 조합이나 요일 조합, 성별에 따라 두 개의 그룹으로 나눌 수도 있지만, 연령대로 나눴을 때 가장 차이가 크게 나타나기 때문에 연령대가 선택되었습니다. 즉, 차이를 설명하는 과정에서 변수들 사이에 우선순위가 매겨지는 것이죠.

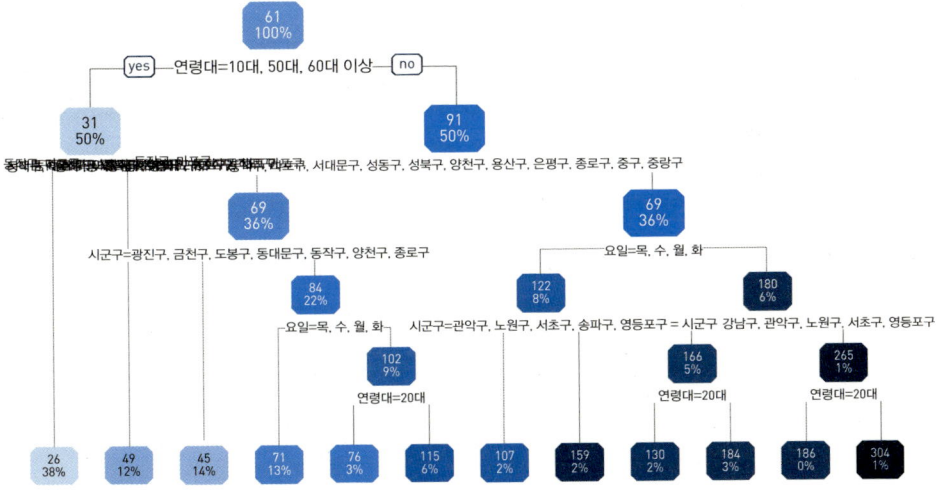

이제 전체 그림을 함께 살펴보겠습니다. 트리모형은 연령대를 기준으로 나눈 2개의 그룹 각각에서 다시 차이를 크게 만드는 기준을 정합니다. 이 예제에서는 그 다음 단계로 두 그룹 모두 시군구 변수가 선택됐습니다. 이름이 겹쳐서 잘 안 보이지만 강남구, 강서구, 노원구, 송파구, 영등포구는 다른 자치구에 비해서 통화건수가 2배나 많았습니다. 이후로도 나눠진 부분에 대해 4개의 설명 변수 중 차이를 가장 크게 만드는 기준을 정하고 데이터를 나눕니다. 전체적으로 봤을 때 요일이 눈에 띕니다. 월, 화, 수, 목과 같은 주중에 비해서 금, 토, 일 주말에는 약 50% 정도 통화량이 더 많습니다.

마지막 단계에서는 연령대가 다시 등장합니다. 처음에 연령대를 기준으로 20대, 30대, 40대가 묶이긴 했지만, 확실히 20대에 비해서 경제적 상황이 안정적이고 자녀가 있을 확률이 높은 30대, 40대의 주문량이 많다는 것을 확인할 수 있습니다.

이 트리 모형은 한번 사용된 변수라고 해서 제외하지는 않고 필요하다면 또 사용합니다. 트리 모형의 결과를 살펴볼 때 꼭 위에서부터 그룹을 나누는 과정을 살펴볼 필요는 없습니다. 먼저 관심 있는 하위 그룹을 선택하고 어떤 조건을 가지고 있는지 살펴볼 수도 있죠. 결국 치킨을 언제 어디서 가장 많이 시키는지는, 평균 304건으로 가장 평균값이 높은 맨 아래 오른쪽 그룹을 역으로 추적해보면, 주말에 강서구에서 치킨을 주문하는 30대/40대 고객이라는 것을 확인할 수 있습니다.

지금까지 기본적인 R 사용법부터 패키지를 활용해 복잡한 알고리즘을 간단하게 사용하는 방법까지 짧게 실습을 했습니다. R이라는 프로그램은 처음이라서 낯설고 어려울 수 있지만 조금만 익숙해지면 수많은 분석들을 단 몇 줄의 명령어로 실행할 수 있는 유용한 도구가 됩니다. 매일 보던 데이터를 R 속에서 살펴보면, 똑같은 데이터로도 더 많은 인사이트를 얻어낼 수 있습니다.

0% 대학만 가면 끝일 줄 알았는데

고등학교 때는 대학만 들어가면 지긋지긋한 공부도 끝이 날 줄 알았습니다.
대학을 졸업하고 취업만 하면 인생이 잘 풀릴 줄 알았죠. 이제 끝났다 싶으면 또 다시 처음부터 시작되는 것이 우리의 삶이네요.

    통계에 관심은 있지만 막연한 두려움이 있는 분들을 위해서 이 책을 썼습니다. 복잡한 수식을 나열하기보다는 수식에 담긴 의미를 글과 그림으로 표현하려고 애썼습니다. 이해를 돕기 위해 선택한 방법이지만 수식은 수식대로 힘들고, 글은 글대로 이해하기 어려울 수도 있습니다. 그러나 이렇게라도 통계 개념에 대해서 이야기를 하고 싶었습니다.

    데이터 분석을 위해서는 무엇보다 통계 개념을 이해하는 것이 중요합니다. 물론 수많은 데이터 분석 도구들이 나왔고 누구든 몇 줄의 명령어와 몇 번의 클릭으로 똑같은 분석을 만들어 낼 수 있죠. 그러나 내가 확인하고 싶은 차이가 무엇인지, 그리고 그 차이를 확인하고 검증하는 데 어떤 방법을 써야 하는지 모른다면, 그리고 요약값들과 검정 결과들이 무엇을 의미하는지 모른다면 아무리 꼼꼼하게 잘 정리된 결과라도, 아무리 좋은 도구라도 무용지물이죠. 분석가의 생각이나 가치가 담겨 있지 않은 분석은 의미가 없습니다. 분석 방향을 알맞게 설정하고, 분석 결과를 올바르게 해석하려면 통계 개념이 꼭 필요합니다.

    그렇다고 분석 도구의 가치를 깎아내리는 것은 아닙니다. 분석 도구는 필수입니다. 이 책에서 다룬 예제들은 개념을 이해하기 위해서 가져온 정말 간단한 데이터입니다. 그럼에도 필요한 값들을 계산하기 위해서 사칙연산을 포함한 온갖 연산과 분포를 활용하죠. 손으로 데이터를 분석할 수 있는 세상은 끝난 지 오래입니다. 이제는 데이터 분석에 컴퓨터 프로그래밍은 없어선 안 될 도구입니다.

분석 도구의 종류도 다양합니다. 대부분 한 번쯤은 써봤을 마이크로소프트의 Excel과 데이터 분석을 위해서 특화된 SAS나 SPSS도 유명합니다. R이나 Python 같은 분석 언어들도 한 번쯤 이름은 들어봤을 겁니다. 이 많은 프로그램 모두 각자의 장단점이 있어 우열을 가리기가 힘듭니다. 그래도 이 책을 읽고 계신 여러분을 위해 그중 하나를 꼽으라면 전 R을 추천합니다. 일단 무료이고 원하는 분석은 대부분 할 수 있을뿐더러 다른 도구들에 비해서 통계와 더 친하기 때문입니다. 하지만, 아쉽게도 R과 관련된 체계적인 한글 콘텐츠가 많지 않아서 혼자 공부하는 것이 어려울 수 있습니다. 웹사이트 데이터아트프로젝트(dataartproject.xyz)를 방문하시면 이 책에서 다룬 분석 예제를 포함한 다양한 R 관련 콘텐츠를 제공할 예정이니 많은 관심 부탁드립니다. 여러 모로 부족한 내용이지만 통계를 이해하는 데 도움이 되고, 또 통계와 조금이라도 가까워지셨기를 바랍니다. 아울러 어려운 글을 포기하지 않고 마지막까지 붙들고 계신 여러분을 응원합니다.

끝.

찾아보기

용어	PART 1~3	PART 4 (R실습)
%in%		256
AB 테스트	123	330
aggregate( )		328
barplot( )		303
boxplot( )		295
BR31		244
c( )		250
cbind( )		258
cor( )		324
dim( )		284
factor( )		274
F-값	201	
F-분포	197	
F-통계량	201	
head( )		267
heatmap( )		311
hist( )		297
lm( )		324
install.packages( )		286
length( )		284
levels( )		278
library( )		287
max( )		292

용어	PART 1~3	PART 4 (R실습)
mean( )		293
median( )		292
min( )		292
names( )		269
nrow( )		284
paste( )		251
pie( )		304
plot( )		316
p-값	153	
Q1	34	
Q3	34	
quantile( )		292
R		234
rbind( )		258
read.csv( )		262
rep( )		250
round( )		302
rowSums( )		313
rpart( )		335
Rstudio		236
seq( )		247
str( )		270
subset( )		282

용어	PART 1~3	PART 4 (R실습)
substr( )		253
sum( )		293
summary( )		293
table( )		302
t-값	172	
t-검정	178	
t-분포	172	
t-테스트	178	
t-통계량	172	
var( )		293
View( )		272
which( )		280
write.csv( )		285
결정계수	227	
경험적 확률	66	
계수	59	302
공분산	83	
관측개체	22	
관측치	22	
교차표	89	306
기댓값	68	
기술 통계량	28	
기준값	154	
다섯 숫자 요약	33	293
단순선형회귀	228	

용어	PART 1~3	PART 4 (R실습)
대응분석		315
데이터 공간	22	
데이터 요약	19	
도수분포표	37	
독립	99	
독립성검정	196	
막대그래프	61	303
모수	165	
모의 실험	66	
모자이크 그림	110	
모집단	138	
모형식		325
밀도	161	
백분위수	32	
범주형 변수	58	277
변수	21	272
분산	41, 125	293
분산분석	123	330
분위수	31	292
분포	144	
분할 정복	110	
사분면	78	
사분위수	33	292
산점도	76	322
상관계수	85	324

용어	PART 1~3	PART 4 (R실습)
상관관계	81	
상자그림	34	295
선형회귀모형	217	324
수준	58	
순서 통계량	31	
스크립트		241
심슨의 역설	107	
연속형 변수	30	290
열 백분율	91	307
열지도	94	311
유의성 검정	157	
유의수준	156	
의사결정나무 모형	115	335
이론적 확률	66	
자유도	176	
정규분포	160	
정렬	31	
조건	105	
조건부 평균	104	
조건부 확률	104	
종속	99	
중심화	51	
중앙값	33	292
차원	23	
척도화	53	

용어	PART 1~3	PART 4 (R실습)
최댓값	31	292
최솟값	31	292
추정	169	
카이제곱값	191	
카이제곱분포	192	
카이제곱통계량	191	
코딩		275
콘솔창		241
통계 모형	116, 212	
통계량	28	
파이차트	61	304
패키지		239
평균	39	293
표본	138	
표본평균의 표준편차	167	
표준편차	46	293
표준화	49	
행 백분율	91	307
행렬		258
확률	65	
확률모형	70	
확률밀도함수	161	
회귀분석	228	324
히스토그램	36	297